양나래 변호사의 이혼 상담소

양나래 지음

길벗

양나래 변호사의 이혼 상담소

초판 발행 · 2024년 5월 31일

지은이 · 양나래
발행인 · 이종원
발행처 · (주)도서출판 길벗
출판사 등록일 · 1990년 12월 24일
주소 · 서울시 마포구 월드컵로 10길 56(서교동)
대표전화 · 02)332-0931 | **팩스** · 02)323-0586
홈페이지 · www.gilbut.co.kr | **이메일** · gilbut@gilbut.co.kr

기획 및 책임편집 · 민보람(brmin@gilbut.co.kr) | **제작** · 이준호, 손일순
마케팅 · 정경원, 박민주 | **유통혁신** · 한준희 | **영업관리** · 김명자 | **독자지원** · 윤정아

디자인 · 박찬진 | **교정** · 한진영 | **CTP 출력 · 인쇄** · 상지사피앤비 | **제본** · 경문제책

ISBN 979-11-407-1006-5(03300)
(길벗 도서번호 020246)

정가 18,800원

독자의 1초까지 아껴주는 길벗출판사

(주)도서출판 길벗 | IT교육서, IT단행본, 경제경영서, 어학&실용서, 인문교양서, 자녀교육서 www.gilbut.co.kr
길벗스쿨 | 국어학습, 수학학습, 어린이교양, 주니어 어학학습, 학습단행본 www.gilbutschool.co.kr

독자의 1초를 아껴주는 정성!
세상이 아무리 바쁘게 돌아가더라도
책까지 아무렇게나 빨리 만들 수는 없습니다.
인스턴트 식품 같은 책보다는
오래 익힌 술이나 장맛이 밴 책을 만들고 싶습니다.

땀 흘리며 일하는 당신을 위해
한 권 한 권 마음을 다해 만들겠습니다.
마지막 페이지에서 만날 새로운 당신을 위해
더 나은 길을 준비하겠습니다.

독자의 1초를 아껴주는 정성을
만나보십시오.

오랜 시간
치열하게 고민하고 결정하셨다면,
그게 어떤 것이든
그것은 정말 옳은 결정일 거예요.

톨스토이가 쓴 소설 〈안나 카레니나〉의 첫 문장은 이렇게 시작합니다. '행복한 가정은 서로 닮았지만, 불행한 가정은 모두 저마다의 방식대로 불행하다.'

9년 차 이혼 전문 변호사로 쉼 없이 사건을 수행하고 상담하다 보니, 어느덧 2000명이 넘는 의뢰인과 이혼 고민을 함께 나누었습니다. 수많은 고민을 함께하면서 〈안나 카레리나〉의 첫 문장이 지독하게 공감되어 씁쓸한 순간들도 많았습니다. 하지만 인생에서 가장 힘든 시기를 보내는 분들과 오랜 시간 함께 고민하고 그 아픔에 공감하다 보니 아프고 불행하다고 느끼는 힘든 시간도 결국은 다 지나가기 마련이고, 각기 다른 사연들도 조금씩 닮은 점이 있다는 것을 알게 되었지요.

대개 우리는 나와 비슷한 일을 겪은 사람의 이야기를 보고 들으면서 위안을 얻기도 하고, 내 결정의 방향을 정하기도 합니다. 그래서인지 수없이 많이 상담하며 가장 많이 듣는 질문은 "변호사님, 다른 사람들은 이런 상황에 어떻게 하나요? 저만 이렇게 불행한 일을 겪나요?"입니다. 이런 질문을 받을 때마다 비슷한 일을 겪은 분들이 많을 뿐만 아니라 모두 힘든 시간을 이겨내고 지금 누구보다도 행복하게 지내고 있다고 답하면, "그럼 저도 이겨낼 수 있겠죠?"라며 힘든 시간을 헤쳐 나갈 용기를 내더군요. '불행한 일이 나에게만 일어나는 것은 아니구나' 라며 큰 위안을 받기도 하고요. 이렇듯 많은 사건을 겪으며 쌓인 일종의 '데이터베이스'를 토대로 답을 드렸을 뿐인데, 어느덧 저는 변호사이자 돗자리를 깐 듯 상대 심리를 예측하고 아픈 마음까지 어루만지는 심리상담사와 같은 존재가 되어있었습니다.

이런 경험을 반복하다 보니, 서로가 아픔에 공감하고 나아가 개별 사례에서 발생할 법률적 쟁점을 미리 알고 대처할 수 있도록 공개 사연을 받아 소개하는 창구가 있으면 좋겠다는 생각이 들어 유튜브를 시작했습니다. 유튜브에서 사연을 소개하고 그 사연에 공감하는 사람들이 늘어나면서 다양한 사연이 쌓였지요. 나 같은 피해자가 더는 없어야 한다며 반드시 자기 사연을 온 세상에 알려달라고 방문 상담하는 분, 사연 속 주인공과 같은 일을 겪었는데 내가 먼저 경험담을 알렸다면 사연 속 주인공이 이런 일을 겪지 않았을까, 혹은 내가 이 사연을 먼저 알았다면 나에게는 이런 일이 생기지 않았을까 하는 생각이 든다면서 자기 사연도 꼭 소개하면 좋겠다는 분들이 많아졌습니다.

책에 실린 사례들은 이처럼 내 이야기를 공유하고 싶다며 보낸 사연과, 저와 진행한 소송 중에서 공개하는 데에 동의한 사건 중 많은 분이 겪을 수 있는 비슷한 사례들을 추려 법률적 쟁점이 잘 드러나도록 각색하여 구성하였습니다. 실무에서 빈번하게 발생하는 대표 사례를 중심으로 다루었기에, 부부 문제가 있는 독자에게는 고민을 해결하는 데 도움이 될 것이라 생각합니다.

2022년 통계청에 따르면, 19만 1000여 쌍이 결혼하고 9만 3000여 쌍의 부부가 이혼한 것으로 나타났습니다. 혼인 신고한 부부 중 50%쯤이 헤어지고 있는 것이지요. 이 통계는 혼인 신고를 완료한 법률상 부부 중 이혼한 경우만 집계한 것이므로, 혼인 신고를 하지 않은 사실혼 부부의 이혼까지 합한다면 통계치보다 더 높으리라 생각됩니다. 이렇게 이혼율이 높아지고 이혼이 더 이상 흠이 아닌 시대가 되었다지만, 여전히 이혼은 너무도 두렵고 막막한 일입니다. 치열하게 고민하여 이혼을 결심하고 변호사에게 소송 절차를 위임하면 결혼은 단숨에 깨끗이 정리되는 줄 알지만, 소송이 시작된 후 필연적으로 거치는 생소하고 어려운 법률 절차와 소송 외에 발생하는 다양한 분쟁을 겪다 보면 오히려 소송 전보다 심적인 고통이 가중되기도 하고요.

저는 반려묘를 네 마리 키우는데요. 고양이들이 조금이라도 아프면 도대체 이게 얼마나 심각한 일인지 얼마나 치료를 받아야 하고 치료를 받으면 괜찮은 것인지 등을 정확히 알지 못해서 드는 두려움과 불안으로 동물병원에 들어가기 전부터 눈물을 훌쩍이고는 합니다. 흔히 공감은 다른 이의 고통이 내 마음 안에 스며드는 것이라고 하던가요? 저는 참 단순하게도 제가 동물병원에 갈 때마다 느끼는 이 막연한 불안과 두려움, 수의사 선생님의 설명 한마디 한마디에 불안이 가시고 앞으로 고양이들을 어떻게 돌봐야 할지 마음먹는 이 과정이 의뢰인들이 저를 찾아와 궁금증을 해결하고 마음의 위안을 얻는 것과 비슷하겠다는 생각이 들었습니다.

이에, 저 자신도 명확히 알지 못하는 영역에서 두려움과 불안을 느끼고, 이를 사전에 쉽게 알고 대비할 수 있으면 참 좋겠다고 생각했던 때를 떠올리며 인터넷 검색만 하면 누구나 알 수 있는 원론적이고 뻔한 이야기가 아니라, 실제 소송에서 발생하는 '진짜' 현실적인 분쟁에 관해 알기 쉽게 풀어내어 책에 담아냈습니다. 독자들이 이 책을 읽으며, '어려운 게 하나도 없는데, 도대체 뭐가 어려워서 쉽게 썼다는 것이지?'라고 생각하신다면 더할 나위 없이 행복할 것 같습니다.

오랜 시간 치열하게 고민하고 결정하셨다면, 그게 어떤 것이든 그것은 정말 옳은 결정일 거예요. 당신의 결정을 지지하고 응원합니다. 이 책이 당신의 치열한 고민의 과정을 함께하는 동반자가 되기를 바랍니다.

2024년 봄
양나래

Spacial thanks to

저는 참 인복이 많은 사람입니다. 제 삶의 모든 순간에는 언제나 귀인이 있었고, 그들의 도움이 있었기에 지금의 제가 있다고 해도 과언이 아니지요. 내 인복의 시작점, 인생의 모든 순간을 조건 없는 사랑으로 채워준 우리 가족, 한마음 한뜻으로 든든한 지원군이 되어주는 '법률 사무소 나래' 사무실 식구들, 늘 함께 고민을 공유하고 조력을 아끼지 않는 나의 '믿을 구석' 동기 오영재 변호사, 머릿속으로만 그리던 책이 이 세상에 나올 수 있도록 아낌없는 도움을 주신 민보람 편집자님. 제 글을 독자 분들이 잘 이해할 수 있도록 다듬어 주신 한진영 실장님. 이렇게 다듬은 글을 더 빛나게 디자인해 주신 박찬진 실장님 모두에게 온 마음을 다해 깊은 감사를 전합니다. 그리고, 나의 전부나 다름없는 작고 소중한 고양이들 쭈냐, 로나, 뽀냐, 꾸냐! 사랑해. 엄마랑 건강하고 행복하게 살자!

그래서, '왜' 이혼하는 거예요?

: 기상천외한 이혼 사례와 법률 상담 이야기

사례01 | 배우자의 무능력 ·········· 18

결혼하고 10년 넘게 수입이 없었던 남편,
여자만 가정주부 하라는 법 있느냐며
당당하게 나오는데, 미치겠습니다!

사례02 | 아내의 의부증 ·········· 25

남편이 불륜을 저질러 놓고
오히려 제 의부증 때문에 고통스럽다며
적반하장으로 이혼하자고 해요. 이게 말이 되나요?

사례03 | 이혼 후 알게된 불륜 ·········· 31

이혼 이후에 배우자의 불륜을 알게 되었어요.
억울하고 답답해서 죽을 것 같습니다.
이 이혼, 무를 수 없나요?

사례04 | 부부의 출산 문제 ·········· 37

아이 없이 둘이 행복하게 살자더니,
이제는 아이를 낳지 않는 제가 유책 배우자라네요.
이렇게 말을 바꿔도 되는 건가요?

사례05 | 반려동물 양육 ·········· 44

남편과 성격 차이로 이혼하기로 했는데,
남편이 함께 입양해서 키운 강아지를
데려가겠다고 합니다. 전 강아지가 없으면
살 수 없어요! 어떻게 해야 하죠?

남편의 폭행에 시달리다가,
외도를 하고 말았어요.
남편은 제가 유책 배우자이니,
죽을 때까지 이혼은 안 해주겠답니다.

졸혼하고 각자의 생활을
존중하자고 했더니, 남편이 원하던 바라며
동의하고 불륜을 시작했습니다.
졸혼했으면 불륜해도 되는 건가요?

아들도 놓고 집을 나갔던 아내.
10년 넘게 남처럼 별거하다가,
이혼하려면 재산을 내놓으라네요.
정말로 재산 분할 해야 하나요?

남편의 외도 증거를 잡으려고
차 안에 녹음기를 설치해 증거를 확보했어요.
그런데 남편이 제가 범죄자라며
형사고소를 하면서 이혼을 요구합니다.

남편이 다른 곳도 아닌 집에서,
제가 없는 틈을 타 불륜을 저질렀어요.
너무 괘씸한데, 주거침입으로
형사고소도 할 수 있나요?

PART 2

어떻게 다시 결혼 생활을 유지하게 되었나요?

: 이혼 위기 극복 사례

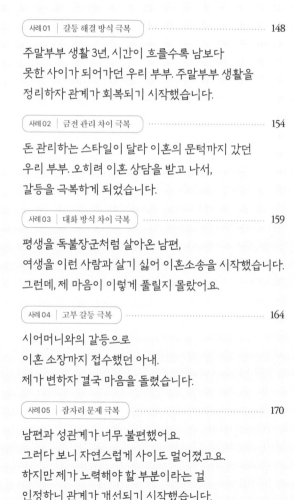

그때 이혼하길 정말 잘했어요!

: 이혼 후 행복해진 사례

PART 3

바람난 남편이 상간녀와 새살림을
차리겠다고 끝없이 이혼을 요구했어요.
그런데, 이혼하고 2년 뒤에
남편이 울면서 절 찾아오더군요.

이혼을 결정하지 못하고 오래도록
남보다 못하게 살다가 이혼했습니다.
그냥 그렇게 쭉 살았다면
더 많은 재산을 뺏겼을 수도 있었다고
생각하니 끔찍합니다.

가정 폭력에서 벗어나는 건 불가능할 줄 알았어요.
이혼하고 나니 드디어 숨통이 트이는 것 같습니다.
저 같은 피해자가 더는 없었으면 좋겠어요.

이혼 결심 후 마주치는
'진짜' 이혼의 현실

: 이혼소송 전 꼭 알아야 할 상황

PART 4

이혼 상담 절차, 어떻게 진행되나요?
: 궁금한 Q & 친절한 A

이혼소송 절차, 어떻게 진행되나요?

: 쉽게 따라가는 단계별 키 포인트

PART
6

다양한 이혼 사례를 접하면 '다른 사람들도 이렇게 사는구나. 나만 힘든 줄 알았는데 비슷한 갈등을 겪는 사람이 많구나'하는 위안을 얻기도 하고, '나와 상황은 비슷한데 법적 쟁점은 이런 것이 있고 이렇게 해결하는구나' 하고 정보를 얻기도 하지요. 유튜브로 받은 공개 사연과 사건 중 익명으로 공개 및 활용하는 데 동의한 사례들을 각색하여, 실제 사건에서 빈번하게 접하는 법적 쟁점을 살펴보았습니다. 다양한 사례를 통하여 약간의 위안과 함께, 내가 겪거나 혹은 겪을지도 모를 법률적 쟁점에 대한 정보를 얻기를 바랍니다.

PART
1

그래서,
'왜' 이혼하는
거예요?

**: 기상천외한 이혼 사례와
법률 상담 이야기**

결혼하고 10년 넘게 수입이 없었던 남편, 여자만 가정주부 하라는 법 있느냐며 당당하게 나오는데, 미치겠습니다!

66

변호사님. 저는 결혼 생활 10년 동안 남편한테서 생활비를 한 푼도 받아 본 적 없어요. 왜냐고요? 명문대 출신 남편이 수년 간 준비하던 시험에 실패하고 그놈의 명문대 부심, 그놈의 실패한 전문직에 대한 미련 때문에 아예 경제 활동을 포기하고 집에 눌러앉았거든요. '그래, 본인은 얼마나 힘들겠어.' 그렇게 이해하고 또 이해하려 했어요. 그런데, 집에서 놀고먹기만 하는 남편을 보고 있자니 '자식 하나 키우는 것도 버거운데, 남편까지 키워야 하나.' 하는 생각에 너무 속상해서 화병에 우울증까지 생겼습니다. 남편 잘못으로 시험에 떨어진 것은 아니니 제가 다 참아야 하나요? 저, 정말 미치겠어요.

99

"결혼은 평생 서로를 부양하고 책임져야 하는 것이라 사랑만으로 결혼해서는 안 돼. 가정환경이나 경제력 등 전반적으로 모든 걸 고려해서 결혼해야지. 결혼은 현실이야." 이와 비슷한 말, 참 많이 들어보셨을 겁니다.

이번 상담 사례는 사랑으로도 극복하기 어려웠던 남편의 무능력으로 인해 이혼을 결심한, 결혼 10년 차 초등학생 자녀를 키우는 아내의 사연입니다.

아내는 대학 졸업 후 바로 대기업에 취업한 '커리어 우먼'이었습니다. 원하던 직장에 취업하고 안정적으로 경제 활동을 하게 되자, 자연스럽게 '아, 나도 좋은 사람을 만나 결혼하고 싶다.'라는 생각이 들었지요. 마침 그때, 회사 동기가 지금의 남편과 만남을 주선해 주었습니다. 명문대를 졸업하고 전문직 자격증 시험을 준비하고 있다며, 대학교 재학 시절에도 손에 꼽히는 우등생이었고 성실하기로 소문 났으니 합격은 시간 문제라 했습니다. 지금 수험생인 것은 고려하지 말고 오로지 사람 자체만 보라고 했고요.

소개팅으로 만난 남편은 대화도 잘 통하고 유머 코드도 맞았어요. 그리고 연애하면서 겪어 보니 '이렇게까지 성실하게 공부하는 사람이 또 있을까? 진짜 곧 합격하겠네.'라는 생각도 들었지요. 연애하면 할수록 이 사람과 결혼하면 좋겠다는 생각이 들었지만, 남편은 아직 시험에 합격하지도 않았는데 결혼하기는 좀 부담스럽다며 결혼을 미뤘습니다. 하지만 아내는 어차피 결혼할 것이라면 빨리 해서 안정적인 환경에서 공부하는 것이 더 좋지 않을까 하는 생각이었죠. "결혼하고 당신이 합격할 때까지 내가 뒷바라지할 테니, 걱정하지 말고 결혼하자!"라며 아내가 먼저 청혼했고, 남편도 더 이상 미루지 않고 동의해 결혼은 빨리 진행되었습니다.

그렇게 시작된 결혼 생활. 아내는 내심 남편이 1~2년 내에 시험에 합격하리라 기대했지만 남편은 4번째 결혼기념일까지도 합격하지 못했습니다.

남편　"여보, 미안해. 아무래도 이건 내 길이 아닌가 봐. 이번에도 불합격이야. 이제 이 시험은 포기할까 해. 당신 볼 면목이 없네. 미안해."

아내　"괜찮아! 당신 4년 동안 최선을 다했잖아. 능력 있고 성실하니까 뭘 해도 다 잘할 거야. 난 당신을 믿어!"

아내도 그동안 투자한 시간과 비용이 아깝기는 했지만 혼자 경제 활동하며 아이를 양육하는 것이 점점 버거워졌기에 남편이 시험을 포기하는 것에 동의했지요. 그리고 내가 속상하고 답답한 것보다 남편이 속상하고 답답한 마음이 더 크리라 생각해서 시험에 관한 이야기는 아예 꺼내지도 않았습니다. 앞으로가 더 중요하니까요. 그런데, 남편이 시험을 포기한 후부터 가정에 불화가 시작되고 말았습니다.

아내　"여보. 이번에 채용 공고 많이 떴던데 지원했어? 거기에 당신 동기들도 많이 다니잖아! 복지도 좋다던데!"

남편　"아니. 안 했어. 거기는 합격해도 문제야. 난 신입사원으로 들어가는 건데, 이미 대학교 후배들이 입사 선배들이잖아. 나도 체면이 있지. 어떻게 후배들 밑으로 들어가."

아내　"자기야. 우리가 그런 것까지 신경 쓸 상황이 아니잖아. 시험공부 하다가 시작이 늦어진 건데 그런 부분은 어느 정도 감수해야 하지 않을까?"

남편　"뭐야? 시험에 떨어졌으니까 다니기 싫은 회사라도 억지로 가라는 거야? 시험 떨어진 사람은 선택권도 없어?"

아내　"아…, 아니야. 그런 뜻이 아니야…. 미안해."

남편은 노력한다고는 했지만 여러 가지 이유를 대며 지원하지 않는 회사가 태반이었고, 남편 기준에 맞는 회사에서는 남편의 경력 단절 때문인지 불합격 소식만 전해왔습니다. 이렇게 남편은 또, 취업 준비를 이유로 2년 남짓한 시간을 보내고야 말았습니다.

아내　"여보, 아무래도 나이도 있고 그래서 취업이 잘 안되나 봐. 이제 우리 애도 초등학교 입학하면 교육비도 많이 들어갈 텐데, 단기 아르바이트라도 조금씩 해보는 건 어떨까?"

남편　"당신, 지금 내가 돈 못 번다고 눈치 주는 거야? 당신만 믿고 결혼하라고 해서 결국 이렇게 된 거 아니야? 내가 명문 대학 나와서, 이 나이 먹고 아르바이트나 해야겠어? 당신이 나 무시하는 거 다 알아. 그러니까 아르바이트라는 말이 나오지!"

결국 남편은 아이가 초등학교에 들어갈 때까지 아무런 경제 활동을 하지 않았습니다. 그리고 시간이 갈수록 밖에 나가는 것을 극도로 꺼리며 집안에만 있었지요. 아내는 남편이 시험에 합격하리라 믿고 결혼한 것도 본인의 선택이니 자신이 책임지자는 마음으로, 가장이 되기로 결심했습니다. 그 대신 본인이 경제 활동에만 집중할 수 있도록 남편이 자녀의 양육 및 집안일을 전담해 주기를 바랐습니다.

하지만, 이것도 역시 헛된 욕심이었을까요? 남편은 경제 활동을 포기한 후부터 마치 생산적인 활동 자체를 포기한 사람처럼 행동했습니다.

남편 　"애는 엄마가 보살펴야지 어떻게 아빠가 챙겨? 등하교 데려가는 것도 당신이 해. 다들 엄마가 오는데 우리 애만 계속 아빠가 와봐. 엄마 없는 애라고 왕따 당해."

남편 　"아~씨. 내가 평생 음식을 안 해 봤는데 어떻게 밥을 해? 당신, 나 무시해? 밥은 당신이 해!"

종일 아무것도 안 하고 집에서 텔레비전과 컴퓨터만 들여다보는 남편, 회사에서는 회사 일, 집에서는 집안일, 24시간 내내 모든 것을 다 책임지는 이 버거운 시간을 10년째 견뎌온 아내는 더 이상 이 결혼 생활을 이어 나갈 자신이 없어졌습니다.

안타까운 사연을 가지고 온 아내가 저에게 묻는 질문은 세 가지입니다.

Q. 결혼 전, 남편의 시험 준비에 저도 동의했어요. 시험에 떨어져도 괜찮으니까 나만 믿고 열심히 공부하라고도 했고요. 시험에 떨어지고 싶어서 떨어진 것도 아니라는 남편 말대로, 남편에게는 유책 사유가 없나요?

: 아내가 남편의 시험 준비에 동의했고 뒷바라지를 약속했다 하더라도, 그것은 '합의한 시험 기간'에 한한 것이지요. 부부는 서로를 부양할 의무가 있으므로(민법 제826조) **남편이 아내와 합의하에 시험을 포기한 이후, 남편은 아내와 자녀를 부양하려는 최선의 노력을 다해야 합니다.** 하지만, 남편은 시험에 떨어진 후 가정을 부양하기 위한 최소한의 노력도 하지 않았을 뿐 아니라 **남편, 아빠로서 해야 할 역할을 모두 포기한 채 생활했지요.** 이러한 남편의 행동 때문에 아내의 정신적 고통이 극심할 것은 너무도 당연하고요. 이는 **민법 제840조 제6호 '기타 혼인을 유지하기 어려운 중대한 사유가 있을 때'에 해당하는 유책 사유가 될 것으로 보입니다.**

Q. 남편이 그렇게 이혼하고 싶으면 친정에서 마련해 준 집을 재산 분할로 반 떼어주고 이혼하라고 하네요. 남편이 결혼 기간 수입이 전혀 없었는데도 재산 분할을 해야 하나요?

: 현재 아내 명의인 집이 오롯이 친정의 도움으로 마련한 것이고 결혼 생활 동안 남편의 소득이 전혀 없었더라도, 부부가 공동 생활을 한 10년 동안 남편이 그 재산의 유지·가치 감소에 기여한 것이 있다고 보아 **분할 대상 재산에 포함된 이후 재산 분할이 될 것으로 보입니다. 다만, 분할 재산에 대한 남편의 기여도가 현저히 낮음을 다투어야 합니다.** 남편이 경제 활동을 하지 않아 해당 부동산에 채무가 발생했다든지, 혹은 부동산을 처분할 수밖에 없는 상황에 놓였다는 등의 **특수한 사정이 있다면 법률상 주장이 달라질 수 있습니다.**

Q. 남편은 경제 활동을 하지 않으니 이혼하면 당연히 아이는 제가 키우는 것이고 양육비를 한 푼도 줄 수 없다고 주장합니다. 남편이 이렇게 계

속 경제 활동을 하지 않으면, 저는 남편에게 양육비를 전혀 받을 수 없나요? 이 말이 모두 사실인가요?

: **아닙니다!** ① 자녀 양육권은 '자녀의 복리'를 최우선으로 정하기에, 부모와 자녀의 정서적 친밀도, 이혼 이후 거주 형태 및 양육 환경, 보조 양육자의 유무 등 자녀에게 영향을 미치는 다양한 요소를 종합해 고려합니다. 따라서, 경제 활동을 하지 않더라도 다른 부분에서 상대 배우자보다 양육 환경이 적합하다고 판단되면 양육자로 지정될 수 있습니다. 실제로 아내가 전업주부라 경제 활동을 하지 않지만 다른 환경이 자녀 복리에는 더욱 적합하다고 법원이 판단하여 양육자로 지정하기도 하고요. ② 부부 중 한쪽이 자녀의 양육자로 지정되면 비양육자는 양육자에게 양육비를 지급해야 합니다. 양육비는 법원에서 정한 '양육비 산정 기준표'의 부부 합산 소득 및 자녀 나이에 따라 정합니다. **소득이 없더라도 부모로서 최소한의 부양 의무를 이행해야 하므로, 최소 양육비(월 30~40만 원)을 부담합니다.** 또한, 비양육자인 배우자가 이혼 시점에는 소득이 없어 양육비를 최소 금액으로 정했더라도, **이혼 이후 경제 활동을 하여 소득이 생긴다면 양육비 변경 심판 청구를 통하여 양육비를 증액할 수 있습니다.** 이렇게 양육비가 정해졌음에도 불구하고 양육비를 지급하지 않으면 양육비 채권을 가진 양육권자는 양육비 이행 확보 및 지원에 관한 법률과 가사소송법에 따라, 양육비 이행 명령과 감치 명령*을 청구할 수 있습니다. 이런 절차에도 불구하고 계속 양육비를 미지급하면 <여성가족부> 홈페이지에 양육비 미지급자의 이름, 직업 등 신상이 공개될 수 있으며, 양육비를 받아야 하는 쪽에서 운전 면허 정지와 출국 금지도 신청할 수 있습니다.

---

* 감치 명령: 형사 절차와 별개로, 재판장의 명령에 따라 법원이 사법 경찰 관리·교도관·법원 경위·법원 사무관 등에게 법정 질서 위반자나 의무 불이행자 등을 구속해 교도소·구치소 또는 경찰서 유치장에 가두는 것. 최대 30일간 인신구속할 수 있다.

남편이 불륜을 저질러 놓고
오히려 제 의부증 때문에 고통스럽다며
적반하장으로 이혼하자고 해요.
이게 말이 되나요?

> 66
>
> 변호사님. 간통죄가 없어진 이후에 불륜으로 인정되는 범위가 엄청나게 넓어지지 않았나요? 아니, 그런 걸 다 떠나서 유부남이 저녁때 이성 친구와 단둘이 술 마시고 보고 싶다고 말하는 거, 이거 명백한 불륜이잖아요! 그런데 오히려 남편은 제 의부증이 심해서 도저히 살 수 없다면서 이혼소송을 하겠대요. 이게 말이 되나요? 전, 이혼하기 싫다고요!
>
> 99

　평생 한 사람만을 아끼고 사랑하기로 약속하고, 그 약속에 대한 법률적인 보호까지 받고자 '결혼'을 선택하지만, 그 약속을 끝까지 지키지 않고 '불륜'을 저지르는 사람들이 참 많습니다. 많은 매체에 나오는 다양한 불륜 사례를 보면, 나도 모르게 '혹시 내 배우자도 바람을 피우면 어쩌지?'하는 불안감이 생기기도 하고요. 지금 소개할 사연은 배우자에 대한 믿음보다 불안이 지나치게 커져 이혼할 위기에 놓인 어느 30대 아내의 이야기입니다.

사연자는 남편과 3년간 열렬한 연애 끝에 결혼했습니다. 남편은 준수한 외모와 모두에게 친절한 성격을 갖추었는데요. 결혼 전에는 장점이었던 부분이 결혼 후에는 단점이 된다는 말이 있죠? 남편의 준수한 외모와 다정함이 결혼 전에는 너무도 매력적인 장점이었지만, 결혼 후에는 사연자를 지독히 불안하게 만드는 단점이 되고 말았습니다. 남편이 모두에게 친절해서 그런지, 남편이 유부남이라는 것을 알고도 다가오는 여자들이 있었거든요. 거기에 더해, 남편은 디자인 업계에 종사하고 있어 주변에 '여자 사람'이 너무도 많았기에 아내의 불안은 사라질 날이 없었습니다.

　아내　"자기야, 자기가 너무 잘생기고 친절해서 나 진짜 불안해. 심지어 자기는 주변에 온통 여자밖에 없잖아. 자기가 신규 미팅 가는 날은 종일 우울하고 예민해. 지난번에 회사 여자 후배가 술에 취해서 전화로 당신 짝사랑하는 거 힘들다고 울면서 고백한 적도 있잖아. 그 이후로 특히 더 심해진 거 같아."

　남편　"당신이 그렇게 신경 쓰는 거 이해해. 그런 일까지 있었으니 그럴만도 하지…. 미안해. 당신 불안하지 않도록 내가 노력할게. 조금이라도 신경 쓰이는 사람 있으면 언제든지 이야기해."

　남편은 고맙게도 아내의 고민을 이해해 주고 맞춰주려 노력했습니다. 그런데도 아내의 불안은 사라질 기미가 없었죠.

　아내　"자기야, 나 자기 회사 메신저 보고 싶어. 회사 메신저 일주일치만 사진 찍어서 보여줘. 카톡 말고 메신저로 다른 사람들이랑 무슨 이야기하는지 보고 싶어. 불안해서 안 되겠어."

남편　"아…. 자기야. 회사 메신저는 보안 때문에 내가 그렇게 할 수가 없어. 잘못하다간 나 회사에서 큰일 나."

아내　"뭐야? 왜 안 보여줘? 당신 회사에서 뭐 있지? 그때 그 여자애? 어?"

그런데, 늘 아내가 상상 속에서만 일어났던 남편의 불륜을 현실이라 여기게 될 사건이 발생하고 말았습니다.

남편　"자기야. 나 지난번 프로젝트 때 친해진 A팀 선배 누나랑 프로젝트 성공 기념으로 밥 먹으면서 술 한잔하기로 했어."

아내　"단둘이?"

남편　"어. 그런데 걱정하지 마. 이 누나 애도 있는 유부녀야. 회사 일 끝나면 식사하기로 해서 집에 가면 저녁 10시는 되겠다. 인증 사진 보낼게!"

그런데, 저녁 10시에는 들어오겠다던 남편은 자정이 다 되어서야 만취해서 들어왔습니다. 아내는 심상치 않은 일이 일어났다고 생각했지요. 큰 불안에 휩싸인 아내는 곧바로 남편의 통화 목록에서 선배 누나와의 통화 기록을 확인하고, 떨리는 마음으로 자동 녹음된 통화 내용을 듣기 시작했습니다.

『나도 (…) 집에 가기 싫다 (…) 더 같이 있고 싶었어 (…) 오늘 너무 좋았어 (…) 진짜 보고 싶었어! 다음에 데이트 또 하자.』

아내   '뭐? 더 같이 있고 싶어? 너무 좋았어? 보고 싶었어? 이것들이!'

남편과 선배 누나가 불륜을 저지르고 있다고 확신한 아내는 끓어오르는 화를 누르고 다음날이 밝기만 기다렸습니다. 다음날, 남편이 출근하자 아내도 곧장 남편의 회사로 향했습니다.

아내   "내 남편이랑 바람난 A! 너, 나와!"

아내는 A를 불러내 한바탕 몸싸움을 벌였고, 이 소식을 들은 남편이 헐레벌떡 뛰어왔습니다.

남편   "자기야, 왜 이래? 미쳤어?"

아내   "뭐? 미쳐? 바람난 거 들키니까 나를 미친 사람으로 몰아가네? 나, 너희가 어제저녁에 전화 통화한 거 다 들었어. 딱 걸렸다고!"

남편   "무슨 전화 통화? 도대체 뭐 때문에 그래? 여기서 같이 들어! 내가 무슨 바람이 났다는 거야?"

많은 사람이 모인 가운데 사상 초유의 삼자대면이 시작되었습니다.

선배   『나도~ 아, 집에 가기 싫다. 나 요즘 육아 때문에 집에 가도 잠을 푹 못 자거든. 그래서 밖에서 약속 있는 날이 숨 트이는 날이야. 그래서 더 같이 있고 싶었어. 애 엄마의 일탈은 여기까지다. 남편이 오랜만에 자유 시간 줘서 정신없이 마셔 버렸네. 오늘 너무 좋았어~.』

남편 『응, 누나. 나도 프로젝트 끝나고 누나 얼굴 볼일이 없어서 진짜 보고 싶었어. 누나랑 이렇게 이야기하니까 너무 좋네. 조심히 들어가고 다음에 데이트 또 하자. 그래그래~ 들어가~~』

통화 녹음 재생이 끝난 후, 주변에서는 하나둘 소곤거리기 시작했습니다.

'에이, 무슨 저게 불륜이야? 누가 들어도 불륜은 아니지. 저런 얘기도 못하고 사는 게 말이 돼? 아내가 의부증인가 보네. 남편이 힘들겠어.'

이 사건 이후, 남편은 그동안 어떻게 해서든 아내 기분을 맞춰주려고 온갖 노력을 다했지만 더는 참을 수 없다며 강력하게 이혼을 요구하기 시작했습니다. 하지만 아내는 달랐습니다. 물론 섣부르게 판단해 회사에서 소란을 일으킨 것은 잘못이지만, 그런 행동을 유발한 것은 결국 남편이라고 생각하기 때문이지요. 유부남이 이성 친구와 늦은 시간에 만나 술을 마시고, '너무 좋다, 보고 싶었다, 데이트 또 하자.'라는 얘기를 나누는 것은 불륜으로 의심할 만하다고 생각하는 아내. 남편의 이혼 요구를 절대로 받아들일 수 없는 상황입니다.

이처럼 남편을 믿지 못해 한바탕 큰 사건을 겪은 아내는 저에게 두 가지 질문을 주었습니다.

Q. 유부남이 저녁때 이성 친구와 단둘이 술 마시는 것, 바람 아닌가요? 심지어 '보고 싶어', '더 같이 있고 싶었어', '오늘 좋았어'라는 대화까지 나눴다니까요?

: 간통죄가 폐지된 이후, 성관계의 직접적인 증거가 없어도 **불륜의 정황'이 있는 경우 불륜으로 인정됩니다.** 이에 따라 '잦은 전화 통화 내역, 메신저 대화'만을 증거로 하여 부정행위를 입증하고 이혼소송 또는 상간소송에서 승소한 사례도 많고요. 그런데 부정행위가 넓게 인정된다고 해도, 기혼자가 이성과 단둘이 술을 마신 사실, 혹은 친근한 대화를 했다는 사실 자체만으로 부정행위가 되는 것은 아닙니다. **상황의 앞뒤 정황, 대화의 맥락상 두 사람이 단순한 친분을 넘어서 '이성적인' 감정을 교류하였음이 충분히 추단되어야만 합니다.**

이 사연의 경우, '더 같이 있고 싶었어', '너무 좋았어', '데이트 또 하자'라는 대화를 나눈 상황은 있으나, 대화의 맥락상 단순한 친분 관계에서 충분히 나눌 수 있는 대화로 보입니다. 대화 내용 자체만 보아도 두 사람이 빈번하게 교류하는 사이가 아니고 오랜만에 만난 사이임을 확인할 수 있으므로, 부정한 관계로 보기는 어렵습니다.

Q. 남편이 제 의부증 때문에 도저히 같이 살 수 없다고 이혼소송을 한다는데요. 정말로 이혼당할까요? 제 불안이 유책 사유가 될 수 있나요?

: 그동안 남편은 아내가 불안해 하는 상황을 이해하고, 아내의 불안을 해소해 주려 최선을 다했습니다. 그런데도 아내는 불안을 떨치지 못했고, 결국 남편을 믿고 존중하지 못한 채 남편의 회사에서 큰 난동을 일으키고 말았지요. 이러한 행동으로 인해 **아내에 대한 신뢰가 깨진 남편이 아내와 혼인을 유지하는 것은 지극히 고통스러운 상황이라고 평가될 여지가 있습니다. 따라서 남편이 소송을 진행할 경우, 아내의 유책(민법 제840조 제6호의 사유)으로 인하여 이혼이 성립될 가능성이 큽니다.**

03
이혼 후
알게된
불륜

이혼 이후에 배우자의 불륜을 알게 되었어요.
억울하고 답답해서 죽을 것 같습니다.
이 이혼, 무를 수 없나요?

❝

아내가 약 2년 전부터 이혼하고 싶다는 말을 꾸준히 늘어놨어요. 결혼하고 나서 자기 인생은 다 사라졌고, 너무 불행하다고요. 처음에는 그냥 별것 아닌 투정이겠거니 생각했는데, 정신과를 다니면서 우울증 약까지 먹더라고요. 시간이 지나도 호전될 기미가 보이지 않았고, 아내는 이혼해 주지 않으면 죽어버릴 거라고 너무도 강력하게 나왔어요. 결국 아내를 위한다는 마음으로 마지못해 이혼했습니다. 그런데, 알고 보니 그렇게 이혼하고 싶었던 이유가 불륜남 때문이었습니다! 저, 정말 답답해 죽을 것 같아요.

❞

'세상에 영원한 비밀은 없다.', '꼬리가 길면 반드시 잡힌다.'는 말에 '맞아! 그 말이 딱 맞지!' 하고 고개를 끄덕여 본 적 있나요? 불륜을 영원히 숨길 수 있으리라 생각하고 당당하게 이혼까지 요구한 아내의 불륜을 알게 된 이후 너무도 고통스러운 시간을 보내게 된 40대 남성의 이야기입니다.

사연의 남편과 아내는 어느 모임에서 만나 결혼하고 아이도 하나 낳아 평범하고 행복한 날들을 보내고 있었습니다. 아내와 언제나 평화롭기만 한 것은 아니었지만 그래도 큰 다툼없이 여느 가정과 비슷하게 가정을 꾸려나 갔지요. 그런데, 아이가 초등학교에 들어간 이후 아내는 부쩍 "우울하다, 내 인생에서 나는 사라졌다. 당신과 결혼한 이후 너무도 불행해졌다."라는 이야기를 늘어놓기 시작했습니다. 남편은 어떻게 해서든 아내의 우울감을 풀어주기 위해 선물도 사주고 가족 여행도 계획했지요. 하지만 아내는 혼자만의 시간이 필요할 뿐 가족 여행은 오히려 숨이 막힌다며 거절하고, 아이 양육에서도 거의 손을 떼다시피 했습니다.

남편 　"여보, 너무한 거 아니야? 내가 자기 기분 풀어주려고 선물도 사주고, 맞춰줄 수 있는 건 정말 다 맞춰주고 있잖아. 그러면 당신도 노력을 좀 해야지! 내가 출장 간 주말 내내 애를 집에 혼자 두고 굶기는 게 말이 돼? 아직 엄마 손길이 필요한 나이잖아. 도대체 왜 이래?"

아내 　"사달라는 것만 사주면 다야? 나는 애 밥이나 챙겨주고 집에서 애만 쳐다보고 있어야 하는 사람이냐고! 당신이 나에 대해서 얼마나 알아? 얼마나 아냐고! 나 정신과 다녀. 이러다가 자살할 수도 있다고 병원에서 조심하래!"

아내는 소리치며 정신과에서 받아온 약 봉투를 던졌습니다. 그 순간 남편의 가슴이 쿵 하고 내려앉았지요. '내가 아내의 상태를 너무 가볍게 여겼구나, 아내가 정말 힘들었구나.' 너무도 큰 죄책감이 마음을 짓눌렀습니다. 이후 아내가 치료에 전념할 수 있게 모든 것을 다 지원해 줬음에도, 아내는 결국 자해까지 하면서 이혼을 요구했습니다. 아내는, '결혼'이라는 이 족쇄에서 풀려나지 않는 이상 예전으로 돌아갈 수 없다고 말했습니다. 남편은 아내의 이런 모습을 보고는 너무도 놀라, 사람은 살리고 봐야 한다는 마음으로 결국 아내와 협의이혼을 했습니다. 아이가 엄마랑 살고 싶다는 의사를 밝혔기에 마음이 아픈 아내가 아이를 혼자 양육하려면 돈이 필요하겠다 싶어 남편은 자기 전셋집을 구할 보증금 정도만 챙기고 재산 분할도 하지 않았고요.

이혼 신고까지 다 마치고 한 달도 채 지나지 않아, 지인을 통해 전 아내가 다른 남자와 연애한다는 이야기가 들려오기 시작했습니다. 전 아내는 이미 이혼했는데 뭐가 문제냐며, 아이와 함께 사는 집에 그 남자를 데리고 와 당당하게 연애를 즐기고 있다고요. 지인들은 전 아내가 그렇게도 강력하게 이혼을 요구했던 이유가 그 남자가 아니었을까 의심하는 얘기를 남편에게 하기도 했습니다. 그렇지만 아내가 자해하는 모습까지 보았던 남편은 절대 그럴 리가 없다며 귀담아듣지 않았습니다. 하지만 얼마 지나지 않아 지인들의 의심이 사실이었음을 확인하는 사건이 발생하고 말았습니다.

남편 　"여보세요?"

상간남 아내 　"A씨 전 남편이시죠?"

남편 　"맞는데, 누구시죠?"

상간남 아내 　"하, 이걸 말해야 할지 말지 한참 고민했어요. 그런데 그쪽도 저도 쓰레기 같은 인간들에게 당한 피해자인데, 진실을 모르고 살면 억울하실 것 같아서요. 실례를 무릅쓰고 연락드렸습니다."

남편   "아니, 그러니까. 지금 무슨 말씀을 하시는 건지 도무지 이해가 안 가서요. 무슨 일 때문에 전화하신 거죠?"

상간남 아내   "당신 부인 A, 내 남편이랑 바람나서 이혼한 거예요. 제 남편 놈이 갑자기 이혼을 요구하는 게 수상해서 증거를 모았거든요. 그 인간이 A에게 재산 챙기고 이혼하려면 남편 때문에 우울증으로 이혼하는 것처럼 병원 다니고 자해하라고 시나리오도 만들어 주었더군요. 믿기지 않으시죠? 저도 현실을 받아들이고 정신 차리기까지 참 오래 걸렸어요. 남편과 이혼소송 중입니다."

남편   "아…. 아니 그럴 리가. 어디서 이간질하는 거예요? 그럴 사람 아녜요, 모함하지 마세요!"

상간남 아내   "그렇게 못 믿으시겠다면 제가 모은 증거를 공유할게요. 제가 거짓말해서 뭐 하겠어요. 저도 하루하루 죽을 맛입니다. 내 남편과 당신 전 아내 때문에 저야말로 정신병에 걸려서 병원에 다닌다고요."

남편은 "그래도 애 엄마인데, 오랫동안 함께 살아온 정이 있는데, 그럴 리 없다."며 전화기 너머 낯선 여자의 이야기를 모두 외면하려고 했습니다. 하지만 당신의 전 아내 때문에 내 가정을 지키지 못하고 이혼소송을 선택할 수밖에 없었다던 낯선 여자가 보낸 증거를 모두 확인한 후에 더는 현실을 외면할 수 없었습니다. 그 증거들은 내 아내가 나를 배신하고, 유리한 조건으로 이혼하려 오랜 시간 철저하게 나를 속였다는 것을 인정할 수밖에 없는, 의심할 여지를 하나도 남기지 않는 너무도 확실한 증거였습니다.

남편   "당신!! 어떻게…. 어떻게 이럴 수가 있어? 말 좀 해 봐!"

아내   "하…. 미치겠네. 이미 이혼했잖아. 뭐 어쩌라고?"

남편   "그러니까 내가 이혼을 속아서 했잖아!!!! 당신 불륜도 모르고!!"

아내   "아니, 억지로 이혼했어? 기억 안 나? 우리 협의이혼이야. 왜 이래, 누가 보면 내가 뭐 협박해서 이혼한 줄 알겠다? 이미 이혼 절차 다 끝났고 우리 끝이야. 내가 이혼 전에 누굴 만나고 어쨌든, 다 지난 일이라고. 그렇게 억울하면 이혼 전에 신중히 알아보고 했어야지."

남편   "당신! 그게 할 소리야? 집 내놔! 난 당신이 불륜인 거 알았으면 재산분할 철저하게 했을 거야. 이 집에 당신 기여는 하나도 없었다고!!"

아내   "아, 진짜 답답한 소리 하네. 우리 다 끝났다고. 자꾸 여기서 이러지 마. 여기 내 집이고 우리 이제 남이야. 당장 안 나가면 경찰에 신고하고 주거침입으로 고소할 거야. 질척거리지 마."

전 아내는 미안하다는 말 한마디 없이, 적반하장으로 아주 당당하게 나왔습니다. 남편은 모든 결혼 생활, 아니 인생을 부정당하는 것 같았지요. 한동안 충격에 빠졌다가 정신을 차릴 때쯤, 남편은 현실적인 생각이 들었습니다. '내가 억울하게 속아서 재산을 다 주고 나왔는데, 이미 이혼 절차는 끝났으니 재산 분할도 끝나버린 건가? 나는 아내의 불륜을 뒤늦게 알았으니 위자료도 못 받는 것인가?' 하고요. 그래서 남편은 저에게 이런 질문을 하셨습니다.

Q. **아내의 불륜을 이혼 이후에 알았는데, 정말로 위자료는 청구할 수 없나요?**

: **아닙니다.** 협의이혼을 하면서 위자료를 미리 정하거나 **향후 위자료 청구를 포기하겠다는 내용을 명시한 합의서를 작성하지 않았다면, 혼인 기간 내에 일어난 아내의 불륜을 알게 된 날로부터 3년 이내에 아내에게 위자료 청구가 가능합니다.** 달리 말하면, 위자료 청구를 포기하겠다는 합의서를 작성하고 협의이혼을 했다면 위자료는 청구할 수 없다는 점을 유의해야 합니다. 만약 '불분명한 사유로 이혼하는 것이 아닌가?'하는 찜찜한 생각이 조금이라도 있다면 위자료를 포기한다는 합의서는 작성하지 않기를 추천합니다. 다만, 위자료를 포기하겠다는 합의서를 작성했더라도, 이후에 협의이혼이 성립되지 않았다면 그 합의서는 효력이 없습니다.

Q. **아내에게 철저히 속아서 재산 분할을 안 하고 이혼했어요. 이제라도 재산 분할을 받을 수 없나요?**

: **재산 분할 받을 수 있습니다.** 이 분의 사례처럼 협의이혼을 하며 재산 분할을 정하지 않은 경우, 협의이혼이 완료된 날로부터 2년 이내에 재산분할심판청구가 가능합니다. 다만, 이 2년은 일정한 권리를 행사할 수 있는 법정 기간인 '제척 기간'으로 **협의이혼 후 2년이 지나면 어떠한 사유로도 재산분할청구를 진행할 수 없으니 빨리 진행해야 합니다.**

Q. **전 아내 옆에서 적극적으로 시나리오를 짜며 이혼을 종용한 남자도 그냥 둘 수 없어요. 그 남자의 아내가 전해 준 증거로 상간자소송 할 수 있나요?**

: **가능합니다. 반드시 진행하세요!** 제가 무조건 권하는 소송이 바로 상간자소송(불법행위가 원인인 손해배상청구)입니다. 증거가 확실하다면 무조건 위자료를 받을 수 있는 소송일뿐더러, 마음의 상처를 치유하는 방법이기 때문이지요. 남편이 직접 수집하지 않았어도, 상간자의 아내가 주어 합법적으로 소지한 증거이기 때문에 해당 증거로 소송을 진행하는 것은 100% 가능합니다. 꼭 소송을 진행하여 잘못한 대가를 치르게 해야지요!

04

부부의
출산 문제

아이 없이 둘이 행복하게 살자더니,
이제는 아이를 낳지 않는 제가
유책 배우자라네요.
이렇게 말을 바꿔도 되는 건가요?

66 ─────────────────────────

전 원래 비혼주의자였어요. 결혼하고 싶지 않은 가장 큰 이유, 바로 출산이었습니다. 남편과 연애 때부터 나는 비혼주의자라는 것과 비혼을 선택하게 된 이유를 충분히 설명했고요. 그런데 4년 정도 연애한 후, 남편도 딩크족*으로 살고 싶다며 결혼해서 둘이 행복하게 살자고 저를 설득했어요. 이 말을 믿고 결혼했는데, 이제 와 가정이 완벽해지려면 애가 있어야 한다며 출산을 거부하는 것은 유책 사유라고 합니다. 이게 말이 되나요?

───────────────────────── 99

'연애는 필수, 결혼은 선택!'이라는 노래 가사처럼 결혼은 의무가 아닌 선택, 출산 역시 의무가 아닌 선택이라는 인식이 폭넓게 자리 잡았음에도 불구하고, '출산'에 대한 의견 차이를 줄이지 못해 갈등을 겪는 사례도 참 많습니다. 이번에 소개할 사연은 출산을 원치 않는 아내의 의견을 무시한 채 출산을 강요하는 남편으로 인해 이혼에 이르게 된 이야기입니다.

----

* 딩크족: 1980년대 후반경 처음 등장한 단어로 미국에서 나타난 새로운 가족 형태. 부부가 맞벌이하면서 자식을 의도적으로 갖지 않는 경우를 말한다.

아내　"자기야, 나 비혼주의인 거 알잖아. 비혼주의인 가장 큰 이유는 출산 때문이고. 난 아이를 낳아 기를 경제적 능력도 없고, 무엇보다 아이를 잘 키워낼 자신이 없어. 아이를 위해 희생하는 삶은 아무나 할 수 있는 게 아니야. 낳는 게 끝은 아니잖아. 나랑 결혼하는 건 아이를 포기하는 일이야. 그러니, 신중해야 하고."

남편은 위로 누나만 있고 남자 형제는 없었기 때문에, 흔히 말하는 대를 잇기 위해서는 남편의 자녀가 있어야 했습니다. 남편이 아이 없는 삶에 동의한다고 해도 남편의 가족들이 이를 받아들이지 못한다면 결혼 후 가시밭길이 예견되었기에 아내는 결혼에 부정적인 의견을 밝혔지요. 하지만 남편의 부모님(지금의 시부모님) 역시 요즘 시대에 무슨 애가 필수냐, 너희만 행복하면 그걸로 된다고 설득하여 아내는 망설임 없이 결혼하게 되었지요.

부부는 결혼하고 누구보다 행복한 신혼을 보냈습니다. 내가 왜 결혼을 망설였나 싶은 생각이 들 정도로 평생을 함께할 새로운 가족, 반려자가 생겼다는 것은 정말이지 큰 심리적 안정감을 주었습니다. 그런데, 결혼한 지 2년 반이 지난 후부터 남편은 가끔 아내 마음이 불편해지는 이야기를 하기 시작했습니다.

남편　"자기야, 내 친구 영호 있잖아. 그 새끼 결혼 절대 안 한다, 세상에서 애가 제일 싫다, 이러던 놈이 딸 낳더니 완전 딸바보 됐어. 맨날 친구들 단톡방에 사진 보내고 장난 아니야."

아내　"어머, 그래? 딸 너무 귀엽다. 영호 씨를 똑 닮았네. 애 예뻐하면 좋지!"

남편　"그렇지? 자기도 사진 보니까 너무 귀엽지? 얘기 들어 보니까 애가 진짜 순해서 육아도 쉽대!"

아내　"응. 원래 멀리서 보는 육아는 다 좋아 보이는 거야. 아마 아내는 지금 힘들어 죽을걸?"

남편　"아니래. 시터 이모 구해서 정말 편하다던데? 내 능력이면 시터도 충분히 쓰지!"

아내　"갑자기 왜 이야기가 그렇게 흐르는 거야? 무슨 말을 하고 싶은 거야, 자기?"

남편　"아...아니. 그냥 영호 딸바보인 게 웃겨서. 별 뜻 아니야."

이렇게 남편은 시간이 흐를수록 "육아가 생각보다 힘들지 않다더라. 나랑 자기 닮은 애는 어떻게 생겼을까?"라는 말을 자주 꺼내며 아이가 있었으면 하는 생각을 비추기 시작했습니다.

아내는 남편이 아이 이야기를 꺼낼 때마다 불편한 마음이 들었지만 그래도 결혼 전에 아이 없이 딩크족으로 살기로 명확히 합의했기에 크게 마음에 두지 않았습니다. 그런데, 남편의 '아이 바람'은 얼마 지나지 않아 시부모님에게도 퍼져 나갔습니다.

시어머니　"아이고…. 내가 건강검진을 받고 왔는데, 그새 몸이 안 좋아졌다고 하네. 몸이 예전 같지 않아. 내가 살아봐야 또 얼마나 살겠어. 그런데 우리 손주도 못 보고 간다고 생각하니까 참 한스럽네."

아내   "어머니, 무슨 말씀이세요?"

시어머니   "아니, 말 나온 김에 얘기하자. 그래, 내가 너 애 안 낳는다는 거 처음에 괜찮다고 한 건 맞다. 그런데 그냥 결혼해서 살다 보면 자연스럽게 생길 거라고 생각해서 허락한 거지, 애 없어도 된다는 건 진짜 내 뜻 아니었다. 애 없으면 나중에 네 남편 바람날 수도 있다. 자고로 애가 있어야 남편이 집에 마음을 붙이고 성실한 가장으로 사는 거야. 너도 진지하게 생각해 봐라. 내가 몸이 안 좋아지니까 생각이 많아지는구나."

시간이 흐를수록 남편과 시댁 식구들은 아주 노골적으로 임신을 강권하기 시작했습니다. 결혼한 여자가 임신하고 출산하는 것은 의무이며, 그 의무를 이행하지 않는 것은 유책 사유가 될 만큼 아주 치명적인 결함이라는 이야기를 시도 때도 없이 늘어놓았습니다. 남편은 시댁 식구들의 '임신 공격'을 막아주기는커녕 오히려 지원군이라도 생긴 것처럼 의기양양한 태도로 일관했고요. 결혼 전에 나눈 이야기를 꺼내면 그때와 지금은 상황이 다르다며 무시해 버리는 남편과 시댁 식구 때문에 아내는 극심한 스트레스로 체중 감소와 생리불순에 시달리는 지경이 되었습니다. 아내는 쏟아지는 임신 공격에 '내가 아이를 가질 생각이 없는데도 결혼한 것이 잘못이었나, 내가 정말 큰 죄를 짓는 것인가.'하고 알 수 없는 죄책감에 빠져 헤어 나올 수 없었습니다.

이렇게 진짜 죄인이 된 것만 같은 묘한 죄책감에 시달리던 아내에게 이혼하기로 마음먹게 된 결정적인 사건들이 연달아 발생했습니다.

아내 　"어머, 뭐야! 자기야, 피임해야지. 이게 뭐 하는 짓이야?"

남편 　"자기야, 부부 사이에 피임은 무슨 피임이야. 우리가 대학생도 아니고 이러다가 아이가 생기면 하늘에서 내려주는 건데 잘 낳아서 키워야지."

아내 　"당신 미쳤어? 어떻게 나한테 말도 안 하고 이럴 수가 있어?"

아내는 남편이 사전에 동의도 구하지 않고 피임을 안 하는 것에 엄청난 충격을 받았습니다. 다만 남편 말대로 부부 사이니까 한 번은 참아 줄 수 있다 생각하고, 남편에게 다시는 절대 피임 도구 없이는 부부 관계를 하지 않겠다는 약속을 받은 후에 남편을 용서해 주었습니다. 이 사건 이후 아내는 임신이 안 된 것을 다행으로 여겼지만, 남편은 극도로 불만스러워했고 결국은 사고가 생기고 말았습니다.

아내 　"자기야! 지금 뭐 하는 짓이야? 술 취했으면 곱게 자! 왜 이래?"

남편 　"아~씨! 나는 지금 당신이랑 자고 싶다고! 지금 하면 애가 생길 것 같아. 당신 지금쯤 배란일이지?"

아내 　"진짜 왜 이래? 부탁이야, 이러지 마. 나중에 다시 진지하게 얘기해. 그리고 그때 하자. 이러지 마! 제발! 나 지금 하고 싶지 않아!"

남편 　"부부 사이에 일일이 허락을 받아야 해? 하! 진짜 애 낳는 게 그렇게 힘드냐? 어? 우리 엄마가 저렇게 애를 원하는데, 아픈 우리 엄마 봐서라도 고집 좀 꺾어라. 진짜!"

아내   "아악! 이러지 마! 경찰에 신고할 거야!"

아내는 결국 술에 취한 남편에게 원치 않는, 강압적인 성관계를 당하고
야 말았습니다.

출산으로 인한 갈등에서 시작되어 결국 너무나 충격적인 일을 겪은 아내
는 이혼을 결심하며 저에게 이러한 질문을 주셨습니다.

Q. 출산이 아내의 의무인가요? 출산하지 않겠다는 것이 유책 사유가 되나요?

: **아닙니다. 결혼했다고 해서 원치 않는 출산을 해야 하는 '의무'가 생기는 것은 아닙니다.** 출산은 아이를 낳는 것에서 끝나는 '일회성 행동'이 아니라, 태어난 아이를 보살피고 양육해야 하는 큰 책임이 따르는 것입니다. 그러므로, 일방의 강요로 할 수 있는 일이 아니지요. 더욱이 사연 내용 속 아내는 결혼 전부터 출산하지 않겠다는 의사를 남편과 가족들에게 충분히 전했고 이에 대한 합의를 한 후에 결혼했기 때문에 더더욱 **유책 사유가 될 여지가 조금도 없습니다.** 나아가 결혼 전에 출산에 대한 의사를 명확히 하지 않고 결혼한 후 자녀 계획에 의견이 다른 경우에도, 어느 한쪽 의견을 선택한 사람에게 유책 사유를 따지기도 어려우리라 판단합니다.

Q. 남편은 아내에게 강압적으로 성관계를 했지만, 부부간의 성관계는 법적으로 보호받는 관계라 아무 잘못이 없다고 당당하게 나옵니다. 상대가 남편이라는 이유로 원치 않는 부부 관계까지도 모두 참아야 하는 것인가요?

: **아닙니다! 부부 사이에 '성적 성실' 의무가 인정된다 하더라도, 거기에 폭행, 협박에 따라 강요한 성관계를 감내할 의무가 내포되었다 할 수 없습니다.** 따라서 부부라 할지라도 성관계는 반드시 '자유로운 의사 결정'에 따라 '성관계에 대한 의사 합치'가 된 상태에서 해야 합니다. 아내가 남편에게 명확하게 성관계를 원치 않는다는 의사를 전달했는데도, 남편이 아내에게 폭행 등 유형력을 행사하여 항거 불능 상태로 만든 뒤 강압적으로 성관계를 했다면 남편에게 강간죄가 성립합니다. 나아가 남편이 이혼소송에서 유책 배우자가 되는 것은 너무도 당연한 결과이고요.

05

반려동물
양육

남편과 성격 차이로 이혼하기로 했는데,
남편이 함께 입양해서 키운 강아지를
데려가겠다고 합니다. 전 강아지가 없으면
살 수 없어요! 어떻게 해야 하죠?

"

남편과 행복한 미래를 약속하고 결혼 생활을 시작했지만 서로
남으로 산 시간이 더 길어서인지 결국 차이를 받아들이지 못
하고 이혼을 선택했습니다. 오랜 시간 신중히 논의한 끝에 내
린 결정이라 대부분 원만하게 해결되는 듯했지만, 결국 가장
중요한 문제가 합의되지 않아 저희 부부는 치열하게 다투게
되었어요. 반려견 호두(가명)를 누가 데려갈 것인지, 서로 조금
도 양보하지 않았거든요. 제가 호두를 데려오려면 어떻게 해
야 하죠?

"

반려동물을 키우는 인구가 매년 꾸준히 증가하여 최근에는 네 가구 중
한 가구는 반려동물을 기르는 것으로 나타났습니다.* 반려동물을 입양하는
순간 반려동물은 단순히 '기르는 동물'이 아니라 나와 함께 삶을 사는 '가족'
으로서 무엇과도 비교할 수 없는 소중한 존재가 되지요. 저 또한 세상 무엇

---

* KB경영연구소 발표, '2023 한국반려동물보고서' 기준

PART 1. 그래서, '왜' 이혼하는 거예요?

과도 바꿀 수 없을 만큼 너무도 소중한 반려묘를 네 마리나 기르고 있기에, 반려동물을 어찌할지 고민하는 이야기를 들을 때마다 내 일처럼 마음속 깊이 공감합니다. 이번 사연은 이혼하면서 자식과 다름없는 반려동물을 포기해야 할지 모르는 상황에 놓인 어느 아내의 이야기입니다.

사연의 부부는 신혼 초부터 자녀 계획을 세우고 함께 노력했지만 수년간 노력해도 아이가 생기지 않자, 오랜 대화 끝에 자녀 없이 두 사람이 서로 의지하며 행복하게 살기로 약속했습니다. 하지만 그 후에도 단둘이 보내는 시간이 간혹 적적하게 느껴질 때도 있어 반려견 '호두'를 입양했습니다.

누군가는 반려견과 매일 산책하는 일을 숙제처럼 느끼기도 한다지만, 사연의 아내와 남편은 달랐습니다. 호두에 관한 것이라면 귀찮은 기색 하나 없이 서로 경쟁하듯 챙기고, 어디를 가든 호두와 함께했지요. 그런데, 호두와 함께 영원히 행복할 것만 같았던 결혼 생활에 조금씩 금이 가기 시작했습니다. 둘 중 어느 누구의 특별한 잘못 때문이 아닌, 성격·생활관의 차이로 인한 갈등이었기에 부부는 원만하게 결혼 생활을 정리하고 각자의 삶을 더 행복하게 보내기로 했습니다.

남편　"전세 보증금은 결혼할 때 돈 들어갔던 비율대로 나누자. 어때?"

아내　"아니야, 결혼 생활 중간중간에 자기네 집에서 돈 받기도 했잖아. 그러니까 당신이 조금 더 가져가."

남편　"그래, 고마워. 가전제품은 어떻게 할까? 소파랑 장식장은 당신이 공들여서 고른 건데, 당신이 가져가고 싶으면 그렇게 해."

아내　"응 고마워. 그러면 나머지 가전은 자기가 가져가고 싶은 거 먼저 추려서 가져가."

주변에서 이혼을 결정하면 감정이 격해져 재산을 원만하게 정리하기 어렵다는 말을 많이 들었기에, 혹시라도 다투면 어쩌나 걱정했지만 서로 다름을 인정하고 결정한 이혼이라 그런지 두 사람은 원만하게 정리하는 듯했지요. 하지만 결정적인 순간, 두 사람의 감정의 골은 그 누구보다 깊어졌습니다.

아내　"호두 어디 갔어?"

남편　"호두? 엄마 집에 데려다 놨어. 이제 곧 집에 짐도 다 빠지고 정신없을 텐데 스트레스 받을까 봐 미리 데려다 놨지."

아내　"왜 자기네 집에 데려다 놔? 내가 키울 건데 내 집으로 데려가야지. 지금 어머님께 전화하고 호두 데리러 갈게."

남편　"무슨 소리야, 호두는 당연히 내가 키워야지. 호두 데려올 때 분양비 내가 더 많이 낸 거 기억 안 나? 내가 데려가는 게 맞아."

아내　"지금 분양비 좀 더 냈다고 당신이 호두 주인이라는 거야? 호두 중성화 수술비며 간식비 이런 거 내가 더 많이 썼어! 그리고 호두는 나를 더 따른다고."

남편　"호두가 자기를 더 따른다는 건 금시초문이네. 호두는 무조건 내가 키울 거야. 우리 집 찾아가 봐야 아무 소용이 없어. 절대로 문 안 열어 줄 거니까."

아내는 당연히 이혼 이후 호두와 함께 지내리라 생각했기에 호두를 시댁에 데리고 간 남편의 행동을 이해할 수 없었습니다. 아내는 곧장 시댁으로 갔지만, 남편이 먼저 시댁에 전화해 호두를 다른 데로 데려가 숨기라고 한 탓에 호두를 만날 수 없었습니다.

아내   "도대체 왜 이래? 호두가 물건이야? 호두는 내 자식이야. 그동안 자기는 심심할 때나 호두 데리고 놀았지, 밥 주고 미용하고 다 내 몫이었잖아. 호두 어디 있는지 빨리 말해!! 당신 이런 행동만 봐도 호두 키울 자격이 없어!"

남편   "호두 내 자식이기도 해. 그리고 나도 호두 없으면 못살아. 내가 당신보다 월 소득도 더 높은데, 호두 행복을 위해서라도 내가 키우는 게 맞아. 당신 월세 내고 뭐하고 하면 나중에 호두 병원비도 빠듯할걸? 그러니까 포기해."

아내   "진짜 이기적이다. 경찰에 신고할 거야! 가만 안 둬!"

아내는 호두를 찾아야겠다는 마음에 경찰서에 전화를 걸어 도움을 요청했습니다. 경찰은 남편과 함께 기르던 강아지는 공동 소유로 볼 수 있어 남편이 데려간 데에 특별히 법률적인 조처를 할 것은 없으니 당사자끼리 원만하게 합의하기를 바란다는 답변만 주었습니다. 순식간에 호두를 빼앗겼다는 생각에 큰 충격에 휩싸인 아내는 남편에게서 호두를 되찾을 방법은 없는지, 저에게 질문을 보내셨습니다.

Q. 호두를 누가 기를지 합의하지 않았다면, 자녀의 양육자 지정처럼 호두의 양육자를 지정하는 소송을 해야 하는 것인가요?

: 아닙니다. 반려동물(개, 고양이 등)은 나에게는 소중한 '가족'이지만, 현행법상 '물건'에 속합니다. 이에 반려동물은 법적으로 기타 부동산, 금융자산 등과 같이 재산 분할의 대상이 됩니다. 다만, 동물은 살아있는 생명체라 부동산 혹은 기타 자산처럼 지분대로 나누어 소유하는 것이 불가능합니다. 따라서 반려동물의 소유권에 대한 다툼이 치열할 경우에는 해당 반려동물의 양육에 대한 기여도가 상대보다 더 크다는 점을 주장, 증명하며 소유권을 가져오도록 노력해야 합니다.

Q. 그럼 제가 반려동물의 소유권을 주장하기 위해서는 어떻게 준비해야 하나요?

: 반려동물의 소유권을 지정하는 방법 등에 대하여 별도 규정이 없으므로, 소유권을 인정받으려면 반려동물과 관련한 특수한 사정들을 주장하는 것이 중요합니다. 대표적으로 ① **반려견을 입양할 당시 분양 비용**을 누가 얼마나 부담했는지, ② **반려동물 등록(내장 칩 등)할 때 보호자로 등록한 사람**이 누구인지, ③ **반려동물 양육 시 들어간 비용**(병원 진료, 사료, 간식 등)은 주로 누가 부담했는지, ④ **반려동물의 주 보호자**(산책, 미용 등을 전담하고, 반려동물이 특히 잘 따르는 사람)가 누구였는지 입증할 수 있는 자료를 준비하는 것이 좋습니다.

하지만 이러한 사정을 모두 입증하여 반려동물의 소유권을 인정받는다 해도, 일방 배우자가 반려동물을 어딘가에 숨기고 자발적으로 보내지 않는다면 현실적으로 반려동물을 강제로 데려오는 것은 불가능합니다. 또한, 반려동물을 받지 못한 데에 손해배상청구를 진행해도 손해배상액으로 인정되는 금액은 반려동물을 분양받는 비용 정도에 그칠 가능성이 매우 큽니다. 이에, 반려동물 소유권에 대한 분쟁이 발생하면 반려동물을 점유한 상태를 유지하며 소송을 진행하는 것이 좋겠습니다.

06
아내와
동성친구의
불륜

아내가… 바람이 났습니다.
그런데 불륜 상대가
상상하지도 못한 사람입니다.
저는 도대체 어떻게 해야 하지요?

66

아내와 저는 결혼 13년 차 부부로 딸 둘을 키우며 남부럽지 않은 가정을 꾸리고 있었습니다. 그런데, 아내가 오랜만에 연락이 닿은 여고 동창과 가깝게 지낸 이후로 우리 가정은 완전히 깨지고 말았습니다. 남 일인 줄 알았던 아내의 불륜…. 그리고 그 불륜의 대상이 누구인지 눈으로 확인한 순간 저의 세상은 무너지는 것 같았습니다.

99

남의 일이라고 생각했던 배우자의 불륜이 내 일이 되는 순간, 배우자에 대한 배신감으로 엄청난 충격에 휩싸이게 되지요. 그런데, 불륜의 대상이 누구보다도 믿었던, 상상조차 할 수 없었던 인물이라면 그 충격은 형언할 수 없이 커지고 맙니다. 이번 사연은 상상도 못했던 인물과 아내가 부정행위를 저지른 것을 알게 되어 고통스러운 시간을 보내게 된 남편의 이야기입니다.

사연의 남편은 아내와 두 딸을 키우며 행복한 가정을 꾸리며 살았습니다. 남편은 가족을 끔찍하게 아끼는 딸바보 가장이었지요. 아내 역시 남편과 두 딸을 살뜰히 챙기고 아끼는, 억지로 흠잡으려고 애써도 어디 하나 흠잡을 곳 없는 완벽한 아내이자 엄마였습니다. 남편은 평소 굉장히 외향적이라 친구를 만나거나 운동 모임에서 운동하는 것도 좋아했던 반면, 아내는 외부 활동을 꺼리고 가족과 함께 지내는 시간을 더 좋아했습니다. 친구를 만나러 외출하는 일은 결혼 생활 13년 동안 정말 손에 꼽을 정도였고요. 오히려 남편이 아내가 답답할까 걱정되어 친구라도 만나고 오라고 자주 권했지만 아내는 밖에서 누굴 만나면 오히려 체력이 떨어져 더 힘들다며 집순이가 되었지요.

그렇게 내성적이고 집순이였던 아내가 어느 날, 남편이 출장 간 동안 고등학교 동창을 집에 불러서 시간을 보내도 되겠느냐고 물었습니다.

아내 "여보, 내가 20년 만에 고등학교 동창이랑 연락이 닿았거든. 우리 둘도 없는 단짝이었는데 SNS로 연락이 왔더라고. 혹시 당신 출장 가 있을 때 우리 집으로 불러도 될까?"

남편 "와! 당신이 친구랑, 그것도 우리 집에서 만나겠다고 이야기하는 거 처음이네! 그렇게 좋아하던 친구면 당연히 괜찮지! 좀 일찍 오시라고 해서 나도 좀 소개해 줘."

아내 "응. 그러면 주말에 일찍 오라고 할게!"

남편은 출장 전날 집에서 아내의 친구를 만났습니다. 그 친구는 아내와

다르게 아주 외향적이고 호탕한 성격이었지요. 남편에게 "저는 아직 미혼이
에요. 결혼했다가 다시 돌아온 분도 상관없으니까 주변에 괜찮은 남자 있으
면 저 소개 좀 해주세요!"라고 스스럼없이 말할 정도였습니다. 남편은 아내
가 오랜만에 만난 친구가 밝고 유쾌한 사람이라 아내가 종종 이 친구와 함
께 시간을 보내는 것도 좋겠다고 생각했습니다. 그리고, 남편의 바람대로
아내와 친구는 어릴 때의 추억이 있어서 그런지 아주 급속도로 친분을 쌓고
빈번히 교류하는 사이가 되었습니다.

아내　"자기야, 나 하경(가명)이랑 애들 데리고 여행 다녀와도 돼?"

남편　"응? 여행 다녀오는 건 괜찮은데, 애들 데리고 가면 하경 씨에게
민폐 아닐까? 애들 데리고 가면 신나게 놀 수도 없잖아."

아내　"아니야. 하경이가 우리 애들 엄청나게 좋아해. 하경이는 어릴
때부터 아기를 그렇게 좋아했어. 그럼, 당신이 허락해 줬으니까 다녀온다?"

아내의 친구는 너무도 고맙게도, 아이들을 데리고 가는 여행도 불만 없
이 함께했습니다. 그 덕분에 남편도 한 번씩 자유 시간을 보낼 수가 있었지
요. 그런데, 아내가 이 친구와 친하게 지내는 시간이 많아지면서 남편은 이
해할 수 없는 상황들이 발생하기 시작했습니다.

남편　"여보세요."

자녀　"으아아아앙! 아빠 어디야? 아빠 빨리 집에 와!"

남편　"아빠 지금 출장 왔지! 무슨 일이야? 엄마랑 하경이 이모는? 울지 말고 이야기해 봐!"

자녀　"엄마가 동생 잘 보고 있으면 하경이 이모랑 맛있는 거 사서 들어온다고 했는데, 아무리 기다려도 안 와! 엄마 전화도 안 받고! 밖에 깜깜해져서 너무 무서워. 엉엉엉! 아빠라도 빨리 와. 엉엉."

남편은 아이들이 걱정돼 바로 출장지에서 짐을 싸 집으로 돌아왔고 아내에게 무슨 일이 생긴 것이 아닌지 걱정하기 시작했습니다. 하지만 남편의 걱정이 무색하게 아내는 만취하여 집에 돌아왔습니다. 그리고 이날의 사건 이후, 아내는 이전과 전혀 다른 사람이 된 것 같았습니다.

남편　"여보, 뭐해?"

아내　"아…. 아니, 애들 학습지 뭐 좋은 거 있나 알아보느라."

남편　"무슨 메시지창 같았는데, 뭘 이렇게 놀라면서 숨겨? 애들 학습지 보는 거면 나도 같이 봐."

아내　"이거 엄마들 커뮤니티 같은 건데, 남편 흉보고 그런 내용도 있어서 보여주기가 좀 그래. 저녁 뭐 먹고 싶어? 장 보러 다녀올게."

아내는 핸드폰을 들여다보는 시간이 많아졌고, 자꾸 남편에게 뭔가를 숨기는 것 같았습니다. 그에 그치지 않고 남편의 스킨십을 피하고 피곤하다며 성관계도 거부하였고요. 남편은 아내에게 누군가가 생겼다는 생각을 지울 수 없어, 오랜 고민 끝에 아내와 절친한 그 동창 친구에게 연락했습니다.

남편　"하경 씨, 잘 지내시죠? 다름 아니라 애들 엄마가 좀 이상해서요."

하경　"이상하다니? 뭐가요?"

남편　"자꾸 뭔가를 숨기고, 저를 피하는 게 누군가 생긴 것 같은 느낌이에요. 하경 씨는 우리 애들 엄마 편을 들겠지만, 솔직히 말해주세요. 남자… 생긴 거 맞죠? 하경 씨가 말했다고는 하지 않을게요. 지난 주말에도 한껏 꾸미고 나가서는 연락도 안 되고, 저랑 연애할 때 모습이었다고요."

하경　"지난 주말이요? 저랑 같이 있었는데요? 보세요. 제가 인증 사진 보여드릴게요!"

아내의 친구는 아내와 함께 찍은 사진을 보내주며 남편을 안심시켰습니다. 그런데 그후에도 아내의 수상한 행동은 계속 이어졌고 결국 남편은 아내의 외도를 확인하게 되었습니다.

퇴근 이후 급한 업무를 처리하려고 컴퓨터를 켠 남편은, 아내가 포털 사이트를 로그아웃하지 않은 것을 발견했습니다. 아내는 남편이 모르는 '블로그'를 운영하고 있었습니다. 작성자와 작성자가 열람을 허가한 사람만 볼 수 있는 비공개 형식의 블로그로, 거기엔 아내가 불륜 상대와 사랑을 속삭인 흔적이 가득했습니다.

아내　『'난 당신을 만나고 진짜 사랑에 눈을 뜨게 되었어.'

'우리의 사랑이 깨질까 봐 겁나.'

'아이들 때문에 난 이 가정을 깰 수 없지만, 그래도 나의 마음은 항상 너에게 가 있어. 남편에게 죄짓는 느낌도 들지만, 내 마음을 나도 어쩔 수 없는걸.'』

남편은 엄청난 충격으로 손발이 떨려왔습니다. 그리고, 글을 읽어 내려가던 남편은 너무도 놀라 그 자리에서 마우스를 던지고야 말았습니다.

아내　　『'20년 전엔 내 감정이 무서워서 도망갔지만, 이제는 도망치지 않을 거야. 너에게 처음 연락이 왔을 때 놀라기도 했지만 다시 널 만나면 어떨까 궁금하기도 했어. 너를 다시 만나고 나서 알게 되었지. 그때 우리 사랑이 진짜였다는 걸. 새로운 세상과 감정을 알게 해줘서 고마워….'』

네, 아내의 불륜 상대는 아내의 친구인 '하경'이었습니다. 아내와 친구는 어린 시절 서로에게 느끼는 감정이 단순한 우정이 아니란 것을 알고 놀라서 멀어졌다가, 오랜 시간이 흐른 뒤 다시 만나 서로 마음을 확인하고 연인 관계로 발전한 것이었습니다. 남편은 아내의 불륜 상대가 '여자'였다는 사실, 그리고 아내와 동성이라는 점을 이용해 남편을 적극적으로 속이며 기만했다는 사실에 엄청난 자괴감을 느낄 수밖에 없었습니다. 남편이 저에게 가장 궁금해 한 사항은 바로 이것이었습니다.

Q. 아내의 불륜 대상, 남자가 아닌 '여자'입니다. 동성과 부적절한 관계를 맺은 것도 상간자소송이 가능한가요? 상간자소송은 같은 성별(남편이 남자에게, 아내가 여자에게) 사이에서만 이루어질 수 있나요?

: **소송이 가능합니다.** 법률에 상간자소송이 반드시 동성 간에 진행한다고 정해진 것은 아니며, 배우자가 부정행위를 저지른 상대방이 대부분 '이성'이기 때문에 상간자소송의 원고와 피고가 동성이 되는 것입니다. 따라서, 배우자가 '동성'과 부정행위를 했다 해도 원고가 **배우자의 '동성' 상간자에게 손해배상청구가 가능합니다.** 다만, 이 경우에도 소송을 진행하려면 배우자가 기혼자임을 상간자가 알고 있었다는 명확한 증거가 필요합니다. 휴대폰 메시지나 통화 녹음 중에 배우자가 상간자와 가족을 언급한 내용("집에 남편 있어?" "애 학원으로 픽업 가야 하는 거 아니야?" 등), 배우자와 상간자가 관계 발각을 경계하는 내용("이 시간에 연락해도 괜찮은 거야?" "대화 삭제하고 집에 들어가." 등), 배우자가 메신저나 SNS 프로필에 가족사진을 게시해 둔 것 등이 기혼자임을 알고도 만났다는 사실을 입증할 증거가 될 수 있습니다.

본 사안의 경우, 아내의 친구가 남편과 직접 대면하는 등 아내가 기혼자라는 사실을 명확히 알고도 부정행위를 했기 때문에 남편은 아내의 친구에게 상간자소송을 할 수 있습니다.

Q. 아내를 향한 배신감이 가라앉지 않아 이혼도 고민하고 있습니다. 오로지 아내의 유책으로 이혼하게 된 것이니, 아이들 양육권은 무조건 제가 가지고 재산 분할도 안 해도 되겠지요?

: **아닙니다.** ① 자녀 양육권은 **철저하게 자녀의 복리를 기준으로 결정됩니다.** 따라서 유책 배우자도 유책 사유가 아동 학대·가출 등 자녀의 복리에 현저히 반하는 것이 아닌 때는 자녀와의 관계, 이혼 이후의 양육 환경 등을 종합해서 **자녀에게 더 적합한 양육자라고 판단되면 양육권자로 지정될 수 있습니다.** ② 재산 분할은 부부 공동재산을 기여도에 따라 분배하여 결혼 생활을 청산하는 데 목적이 있습니다. 이에 **유책 배우자도 부부 공동재산의 유지·증식에 이바지한 바가 있다면 그 정도에 따라 정당한 몫을 받을 수 있습니다.**

07

남편의
살림 강박증

남편이 집착이 심해서 정말
죽을 것 같습니다. 무슨 집착이냐고요?
바로 살림 집착입니다.
이거, 이혼 사유가 되나요?

66

남편의 살림 집착에 숨을 쉴 수가 없습니다. 사람들은 남편이 집안일에 관심이 많다고 하면 가정적이라며 부러워하지만, 글쎄요. 남편의 실체를 알고 나면 그런 말을 할 수 있을까요? 하루라도 빨리 벗어나고 싶은데, 남편은 도대체 무슨 잘못을 했느냐면서 이혼할 수 없다고 합니다. 저, 제발 이혼하게 해주세요.

99

요리도 잘하고 집안일을 세심하게 챙겨주는 가정적인 남편은 미혼 여성들이 꿈꾸는 이상적인 남편의 모습일 겁니다. 그런데, '남편이 제발 집안일에 관심 갖지 말고, 술 마시며 밖으로 도는 게 낫겠다!'라고 울분을 토하며 간절히 이혼을 원하는 아내의 사연을 소개하려 합니다.

아내는 20대 중반에 동호회에서 8살 연상의 남편을 처음 만났습니다. 또래와 달리 어른스러운 모습과 매너를 겸비한 남편에게 아내가 첫눈에 반해 고백하고 두 사람은 연인이 되었습니다. 남편은 모든 면에서 완벽했는데,

특히 요리와 살림을 잘하는 가정적인 모습이 아내에게는 큰 매력이었습니다. 주변 친구들은 아내를 너무도 부러워했고, 그런 1등 신랑감은 어디에도 없으니 하루라도 빨리 남자친구와 결혼하라고 독촉까지 했습니다.

교제한 지 1년 만에 남편은 빨리 결혼해서 가정을 꾸리고 싶다며 아내에게 프러포즈했답니다. 아내는 요즘은 결혼 연령도 높아지는데 너무 일찍 결혼하는 것은 아닌가 하는 생각도 들었지만, 주변에서 '저 남자 누가 채 가기 전에 망설이지 말고 빨리 결혼해.'라는 말도 나오니 결혼을 결심했습니다. 그렇게 결혼식을 올리고 본격적으로 시작된 신혼 생활. 남편은 아내의 생각보다 더 살림에 '진심'이었습니다.

남편　"자기야, 나는 집밥 먹을 때 국은 꼭 있어야 하거든. 당신이 잘 못하니까 당분간은 내가 할게. 자기도 쿠킹 클래스 다니면서 열심히 배워봐! 하다보면 자기도 재미를 느끼게 될걸?"

남편　"자기야, 빨래할 때 세탁기에 헹굼 한 번하고 물 빠지면 그때 섬유유연제 시트를 넣어야 해. 그래야 향만 남고 화학 성분이 빨래에 남지 않아."

남편　"자기야, 청소기 미는 건 매일 하는 거고, 이틀에 한 번은 스팀 청소기를 써야 해. 한 주씩 돌아가면서 담당하자. 살림은 돕는 게 아니라 같이 하는 거라고 텔레비전에서 말하더라? 같이하는 남편 최고지?"

아내가 상상했던 것 이상으로 살림에 너무도 진심이었던 남편. 처음에는 그런 모습이 마음에 들었지만, 남편이 아내에게도 너무나 엄격하게 잣대를 들이대자 하나둘 작은 다툼이 생기기 시작했습니다.

남편　"자기야, 안 쓰는 멀티탭은 뽑아야 한다니까! 불날 수 있다고 했잖아. 그리고 전자파가 많이 나와서 안 좋아. 자기 임신 중이잖아. 우리 아기 생각해야지."

아내　"오빠, 어떻게 모든 멀티탭을 일일이 다 뽑아놓고 살 수가 있겠어. 텔레비전 같은 건 괜찮아. 멀티탭이 그 정도 전력량도 소화 못하면 불량품이지. 그리고 전자파는⋯. 아휴 오빠 뱃속 아기한테 닿지도 않을 거야!"

남편　"자기 이제 출산하면 집에서 육아랑 살림 전담해야 할 텐데 잘 모르는 게 많아서 큰일이다."

남편은 시간이 지날수록 본인 기준에 맞춰 살림할 것을 강력하게 요구했습니다. 아내는 필요 이상으로 꼼꼼해 '강박'으로까지 느껴지는 남편의 열정이 갈수록 버겁게 느껴졌습니다. 하지만 아내가 출산 이후 회사를 그만두고 살림과 육아를 전담하기로 했기에, 남편이 어느 정도는 포기하지 않을까 기대하면서 답답함을 견뎌보기로 했습니다. 그런데, 남편의 살림 집착은 아이가 태어난 후에도 사그라들 기미가 보이지 않았고, 오히려 더 심해졌습니다.

남편　"자기야, 집에 갓 돌 지난 아기가 있는데, 청결에 더 힘써야지. 이불 빨래했어?"

아내　"갑자기 이불 빨래는 왜⋯?"

남편　"요즘 코로나다 뭐다, 세상에 바이러스 천지인데 애가 제일 많이 쓰는 이불은 자주 세탁해야지."

아내　"아…. 알겠어, 다음 주에 시간 내서 할게."

남편　"다음 주? 무슨 다음 주야! 일주일에 두 번은 해야지."

아내　"오빠, 뭐 흘린 것도 아니고 애 옷도 아닌데 무슨 이불을 일주일에 두 번씩 빨아? 이거 강박증이야!"

아기가 태어난 이후, 남편은 이전과는 비교할 수 없을 정도로 살림 강박이 심해졌습니다. 남편은 회사에 있으면서도 아내에게 수시로 살림에 관한 메시지를 보내고, 퇴근하면 아내가 메시지 내용을 다 확인하고 숙지했는지 테스트하는 것은 물론, 메시지대로 잘했는지 검사까지 했습니다. 아내는 이런 모습이 비정상적이라 느껴 아이를 보느라 메시지를 못 봤다거나 혹은 반박 자료를 보내며 남편 생각을 바꾸어 보려고 노력했습니다. 그럴 때마다 남편은 아내가 8살이나 어려서 현실을 잘 모르는 것이라며 아내가 동의할 때까지 잠도 못 자게 옆에서 끊임없이 이야기했습니다.

이렇듯 남편의 숨 막히는 간섭에 아내가 반기를 들면 그 정도가 더 세지는 걸 경험하고부터 아내는 모든 것을 내려놓고 남편의 말에 무조건 따르기 시작했습니다. 그러자, 어느 순간부터는 남편의 말이 모두 맞고 그동안 내가 잘못해 왔다는 생각까지도 들었습니다.

아내　"그래, 오빠가 바람난 것도 아니고 나를 때린 것도 아니고. 나랑 우리 아기를 위해서 그러는 건데, 생각해 보면 오빠 말이 맞아. 청결하고 음식에도 영양소까지 신경 쓰면 좋은 거지."

이렇게 남편에게 '세뇌'당하고 있던 아내가 정신을 번쩍 차리게 된 계기는 바로 친정어머니였습니다. 늘 딸에게 부담 줄까 싶어 신혼집에 가지 않았던 친정어머니가 딸이 몸살이 났다는 말을 듣고 아이를 돌봐주러 갔다가 딸의 비정상적인 행동에 너무나 놀랐던 것이지요.

아내 　"엄마, 밖에서 들어오면 바이러스가 많이 묻어 있으니까 빨리 샤워하고 손은 소독제로 두 번 닦고 들어와."

아내 　"엄마, 사흘에 한 번씩 식기 전체 소독해야 하는데, 그게 오늘이거든. 엄마가 혹시 다 꺼내서 소독해 줄 수 있어? 나 지난번에 지문 자국 남았다고 오빠한테 혼났으니까, 엄마도 지문 자국 남지 않게 조심히 해줘. 부탁해."

엄마는 긴 대화를 통해 딸이 그간 어떻게 생활했는지 그 실상을 모두 알게 되었습니다. 그리고 잘못된 것을 바로잡으려고 했지요. 남편이 퇴근하자 친정어머니는 남편과 대화하며 설득해 보려 했지만 되려 남편은 "장모님께서 이러시면 제가 지금껏 가르쳐 놓은 것이 다 헛수고가 됩니다. 딸 시집 보냈으면 더는 간섭하시면 안 된다고 생각합니다. 장모님 주무시고 가시는 것도 탐탁지 않았는데, 이런 말씀까지 하시니 더는 안 되겠네요. 죄송하지만 우리 집에서 나가주셔야겠습니다."라며 늦은 시간에 갈 데도 없는 친정어머니를 내쫓고야 말았습니다.

어머니가 집에서 쫓겨나는 모습을 보고 정신이 번쩍 든 아내는 무언가 단단히 잘못되었다고 생각하면서도, 남편이 항상 우리 가족을 위한 것이라고 말해 왔기에 강박에 가까운 살림 집착이 이혼 사유가 될 수 있는지 너무나 궁금하다고 하셨습니다.

Q. 남편의 과도한 살림 집착, 이혼 사유가 될 수 있을까요?

: **네, 이혼 사유가 될 수 있습니다.** 민법 제840조는 제1호부터 제6호까지 이혼 사유를 정하고 있는데, 그중 제6호는 '혼인을 계속하기 어려운 중대한 사유가 있을 때'를 이혼 사유로 정합니다. 여기서 '**혼인을 계속하기 어려운 중대한 사유가 있을 때**'라 함은 부부간 애정과 신뢰가 바탕이 되어야 할 혼인의 본질에 상응하는 **부부 공동생활 관계가 회복할 수 없을 정도로 파탄 나고 그 혼인 생활의 지속을 강제하는 것이 일방 배우자에게 참을 수 없는 고통이 되는 경우를 말합니다.**(대법원 2009. 12. 24. 선고 2009므 2413 판결 참고)

결혼은 긴 세월 서로 다른 환경에서 자란 두 사람이 한 가정을 이루는 과정이기에, 서로 다름을 받아들이고 맞추는 시간이 필요합니다. 그 과정에서 크고 작은 다툼이 생기는 것은 어쩌면 너무도 당연하고요. 대화를 통해 서로 존중하면서 이해하고 맞추어 가지 않고, 배우자 일방이 상대에게 본인의 생활방식을 강요하고 받아들일 때까지 압박을 가하는 것은 배우자에 대한 존중이 현저히 부족한 것으로 봅니다. 이렇게 생활방식을 강요당하는 배우자에게는 혼인을 지속하는 것이 참을 수 없는 고통이 된다고 볼 수 있습니다.

따라서 아내가 오랜 시간 설득과 노력했음에도, 남편이 일방적으로 자기 생활방식을 강요(사회 통념에 배치될 정도의 청결 강요, 아내가 받아들일 때까지 잠을 못 자게 괴롭혔던 사실 등)한 점을 입증한다면 아내는 남편을 상대로 이혼 청구가 가능하리라 생각합니다.

아내가 이혼소송에서 남편의 유책성을 인정받기 위해서는 남편 때문에 혼인 생활의 지속이 극심한 정신적 고통이 되고 있다는 사실을 증명해야 합니다. 아내는 남편이 수시로 생활방식을 강요하는 내용으로 보낸 메시지를 날짜별로 캡처하고, 남편이 자기 기준에 안 맞는다는 이유로 화낸 내용을 녹음하여 증거로 사용할 수 있습니다. 이 경우, 아내가 남편과 함께 있는 공간에서 녹음하는 것은 합법이므로, 녹음 전에 굳이 남편에게 녹음 사실을 알리지 않아도 됩니다.

전 남편의 외도로 이혼 후 결심한 두 번째 결혼,
절대 실패하지 않을 자신 있었어요.
그런데, 정말 생각지도 못하게
아이 문제로 이혼까지 생각하게 되네요.

66

이혼 후 홀로 딸을 키우며 살았어요. 그러다가 딸아이 또래 여자
아이를 혼자 키우던 지금의 남편을 만났습니다. 이혼한 아픔을
보듬으며 잘 살 수 있을 것 같아 선택한 재혼. 하지만 자녀를 데
리고 하는 재혼은 어른만 행복하다고 되는 일이 아니더군요.

99

이혼과 재혼을 가장 가까이에서 목격하는 직업이라 그런지, 이혼과 재혼
에 대한 인식이 예전보다 개방적으로 바뀌는 것을 몸소 느끼고 있는데요.
당당하게 이혼 사실을 밝히며 재혼을 하려 노력하는 모습을 담아낸 〈나는
솔로(돌싱특집)〉, 〈돌싱글즈〉와 같은 프로그램이 홍행한 것도 이러한 인
식 변화에서 나왔으리라 생각합니다. 이혼을 겪었기에 굉장히 신중하게 선
택할 수밖에 없는 재혼. 두 번째 결혼은 반드시 잘 살고야 말겠다고 신중하
게 재혼을 결정했음에도, '재혼'만이 띠는 특수성 때문에 생각지도 못했던
문제에 직면하여 또 이혼을 생각할 수밖에 없는 상황에 놓이기도 합니다.
이번 사연은 재혼 부부의 갈등에 관한 이야기입니다.

아내는 딸이 초등학교 저학년일 때 전 남편이 외도를 하는 바람에 이혼했습니다. 적나라한 외도 증거를 보고 이혼했던 터라 이혼 후에도 한동안 상당히 심한 정신적 고통에 시달려야만 했지요. 마음이 무너질 때마다 엄마가 어디 아프기라도 할까 전전긍긍하는 어린 딸을 보며 이 악물고 견뎌냈습니다. 시간이 흘러 아이가 중학교에 들어가고 나니 예전보다 마음의 상처도 많이 아물고, 혼자 보내는 시간도 많아졌지요. 이전보다 밝아진 아내의 모습을 본 친구가 '돌싱카페'에 가입하기를 권유합니다.

아내는 그렇게 친구의 소개로 돌싱카페에 가입해 현재 남편을 만나게 되었습니다. 남편도 전 아내가 바람이 나 깊은 상처를 입었고, 전 아내는 이혼 후에 상간남과 새출발을 하겠다며 딸과 연락도 하지 않아 홀로 딸을 키우며 살고 있었습니다. 둘은 이혼의 상처가 비슷해서인지 급속도로 가까워졌고, 남편은 사귄 지 8개월여 만에 프러포즈를 했습니다. 아내는 처음엔 재혼을 망설였는데 속 깊은 딸이 "엄마, 혹시 나 때문에 망설이는 거라면 그러지 말고 결혼해. 아저씨 좋은 사람 같아. 나는 엄마가 행복해졌으면 좋겠어. 그리고 여동생 있는 친구들 부러웠는데 여동생 생기면 너무 좋을 것 같아."라며 응원해 주어 재혼을 결심했습니다.

남편은 빌라에서 전세로 살았고, 아내는 이혼 당시 재산 분할로 받은 자가 아파트에 살았기 때문에, 남편이 빌라를 정리하고 아내의 집으로 들어와 재혼 생활을 시작했습니다. 아내의 딸이 중학교 2학년, 남편의 딸이 중학교 1학년으로 딱 한 살 차이였는데, 혹시나 다투지는 않을까 걱정이 무색하게 두 아이는 금세 친해져 잘 지내는 듯했습니다. 아내는 사춘기가 시작된 아이가 '새엄마'를 불편해 하고, 혹시라도 친딸과 차별 대우를 받는다며 섭섭함을 느낄까 봐 친딸보다 남편의 아이를 더 챙겨주려고 노력했지요.

처음 수개월 동안에는 아무 문제 없이 화목한 가정의 모습을 이어 나갔기에 아내는 재혼하길 정말 잘했다고 생각했습니다. 그런데, 재혼하고 1년쯤 지나자 아내가 생각하지도 못한 일이 하나둘 벌어지기 시작했습니다.

남편 　"여보, 수민이(가명) 말이야, 지난 주말에 아빠 만나고 온 거지?"

아내 　"응 맞아요. 애 아빠가 해외 출장 갔다가 선물 산 것도 전해줄 겸, 오랜만에 만나서 시간 보내고 왔죠. 왜요?"

남편 　"난 좀 그렇네."

아내 　"왜…. 왜요? 전 남편이 신경 쓰여서 그래요? 나하고는 직접 연락하는 일도 전혀 없고…."

남편 　"전 남편 때문이 아니라, 수민이가 받아온 선물이 좀 비싼 건가 봐. 또래 애들이 가지고 싶어 하는 거고. 그걸 받아오니 한솔(가명)이가 섭섭했나 봐."

아내 　"애 아빠가 수민이 것만 챙기는 건 당연하죠. 거기서 한솔이까지 챙겨달라고 할 수는 없는 거 아녜요?"

남편 　"그러니까 그런 말하기 곤란하니, 차라리 수민이가 아무것도 안 받아오면 좋지 않나 싶어서. 내가 직접 수민이에게 말하긴 좀 그러니까 당신이 좀 해 줬으면 해."

아내　"나도 그건 좀 곤란해요. 애 친아빠가 미운 건 맞지만 그렇다고 우리 수민이가 누릴 수 있는 것까지 내가 못 하게 할 순 없어요."

남편은 아내의 딸 수민이가 친아빠에게 선물을 받아오는 것이 자기 딸에게 상대적 박탈감을 줄 수 있으니 자제해 달라는 이해할 수 없는 이야기를 했습니다. 아내는 남편의 요구를 받아들일 수 없다는 뜻을 명확히 전달하고, 다만 한솔이가 섭섭해 한다는 말이 마음에 걸려 수민이가 아빠에게 받은 것과 비슷한 것을 사서 한솔이에게 선물로 주었습니다. 하지만 아내의 이런 노력에도 불구하고 남편의 이해할 수 없는 요구는 계속되었습니다.

남편　"여보, 내가 수민이 뭐 받아오는 거 금지하라고 했잖아. 수민이가 이번에 아빠한테 아이패드 받았다고 하던데."

아내　"네 맞아요. 고등학교 입학도 얼마 안 남았는데, 인강도 많이 들으니까 사 줬대요. 이번에 반에서 1등도 하고 성적이 많이 오르기도 했으니까요. 그게 무슨 문제예요?"

남편　"그거 우리 한솔이가 사달라고 계속 조르던 건데, 중학생이 쓰기에는 너무 고가이고 필요 없는 거라고 안 사줬던 거 당신도 알잖아. 그런데 그걸 수민이가 쓰면 어떻게 하냐고."

아내　"그럼, 당신이 한솔이도 사주면 되잖아요! 이걸로 나랑 수민이가 스트레스받아야 한다는 게 이해가 안 가네요."

남편　"내가 돈이 없어서 그래? 내가 당신 전 남편 때문에 우리 애 교육에도 영향을 받아야겠어?"

남편과 아내는 고성을 주고받으며 크게 다투었습니다. 그런데, 남편은 거기에서 그치지 않았습니다.

남편　"수민이 너 아이패드 가지고 이리 와라. 엄마랑 아저씨가 밖에서 이야기하는 거 들었지? 이거, 네 나이에 맞지 않는 물건이고, 한솔이와 형평성에도 어긋나니까 아저씨가 가져갈게."

수민　"왜 이러세요! 이거 아빠가 성적 올랐다고 사주신 거예요. 이러지 마세요!"

남편　(찰싹) "대드는 거니? 이제부터 내가 아빠인데, 아빠 말을 들어야지!"

남편은 결국 아내의 딸 수민이에게 손찌검을 하고야 말았습니다. 수민이는 입술이 터지고 얼굴이 벌겋게 부어올랐습니다. 아차 싶었는지 남편이 곧바로 사과했지만, 이미 아내와 수민이에게는 씻을 수 없는 상처가 생긴 뒤였지요. 수민이는 이 일이 있은 후 그동안 친아빠에게 받은 용돈을 새아빠가 하나하나 검사해 그 돈의 반은 무조건 한솔이에게 주라고 강요하여 따를 수밖에 없었다고 털어놓았습니다. 큰 충격을 받은 아내는 남편에게 이혼하자고 했습니다. 그러자 남편은 아이들과 적응해 가는 과정일 뿐 자신의 유책은 아니고, 만약 이혼할 거라면 아내 명의의 아파트를 재산 분할로 달라는 주장을 내세웠습니다. 이에 아내는 남편의 이런 황당한 주장이 사실인지 알고 싶다며 저에게 질문을 해주셨습니다.

양나래 변호사의 속시원한 법률 상담

Q. 남편이 아내의 딸에게 손찌검한 것이 이혼 사유가 될 수가 있나요?

: **네, 될 수 있습니다.** 그리고, 아내는 '아동학대범죄의 처벌 등에 관한 특례법(아동 복지법 제71조, 형법 제260조)'에 따라 수민이의 법정 대리인의 지위에서 남편을 아동학대로 고소하는 것까지도 가능하리라 생각됩니다. 민법 제840조 제6호에 정한 이혼 사유 '혼인을 계속하기 어려운 중대한 사유가 있을 때'란 부부 공동생활 관계가 회복할 수 없을 정도로 파탄 나고, 혼인 생활의 지속을 강제하는 것이 한쪽 배우자에게 참을 수 없는 고통이 되는 경우를 말합니다. 이를 판단할 때는 전체 혼인 기간, 파탄 상태에 이르게 된 경위, 파탄의 원인에 대한 책임 유무와 정도, 부부의 책임과 의무를 올바로 자각한 상태로 혼인을 계속할 의사·자세의 여부, 그 밖에 혼인 관계에 관한 여러 사정을 두루 참작합니다. 사연의 부부는 **양측 모두 자녀가 있는 상황에서 재혼했기에 혼인 관계를 원만히 유지하려면 부부가 서로 존중할 뿐 아니라 상대 자녀를 존중하고 부모 역할을 잘하려는 노력도 동반해야 합니다.** 그런데도 남편은 아내와 아내의 자녀에게 자기 생활방식을 강요하고, 나아가 자녀에게 신체적·정서적 학대(강압적으로 갈취하다시피 용돈을 나누게 한 점)까지 저지른 바, 민법 제840조 제6호의 이혼 사유에 해당하다고 볼 수 있습니다.

Q. 아파트는 재혼 전부터 제 명의 재산인데, 재혼 후 이혼하면서 재산 분할 대상인가요?

: **아닙니다.** 부부 일방의 특유재산*은 원칙적으로 재산 분할의 대상이 아니지만, 특유재산일지라도 다른 일방이 적극적으로 그 특유재산의 유지에 협력하여 그 감소를 방지하였거나, 그 증식에 협력하였다고 인정되는 경우 재산 분할의 대상이 될 수 있습니다. **본 사안에서는 재혼의 혼인 유지 기간이 극히 짧아(2년이 채 안됨) 남편이 아내가 재혼하기 전부터 소유한 재산의 감소 방지 또는 증식에 협력했다고 볼 여지가 없습니다. 따라서 남편이 아내의 특유재산에 대한 기여도를 인정받을 가능성은 매우 낮습니다.** 이처럼 혼인 기간이 극히 짧은 경우에는 일반적으로 각자 명의 재산은 각자 귀속하는 방식으로 재산 분할이 됩니다.

---

* 부부 일방의 특유재산: 부부의 한쪽이 혼인 전부터 가진 고유 재산과 혼인 중에 자기 명의로 취득한 재산.

09
아내의
SNS 중독

배우자의 SNS의 중독으로
제 결혼 생활이 SNS에 생중계되는 것은 물론,
아내의 빚까지 갚게 생겼습니다.
저는 어떻게 해야 하죠?

66

제 아내는 SNS를 굉장히 열심히 합니다. 열심히 한다는 표
현으로도 부족하고 '중독'이 맞는 것 같아요. 결혼 생활의 모
든 부분을 SNS로 생중계하더니 이제는 허언증처럼 거짓말을
SNS에 올리며 허세를 부립니다. 도가 지나친 SNS 중독, 더는
참을 수 없어 이혼을 선택할 수밖에 없네요.

99

SNS에서 일반인이 생산하는 콘텐츠가 TV 광고 이상으로 큰 영향력을 미
치게 되자, SNS는 지인들과 소통하는 수단에서 그치지 않고 마케팅의 핵심
수단으로 활용되고 있습니다. 이에 연예인이 되는 것보다 진입 장벽은 낮지
만 연예인에 버금가는 파급력을 가지는 SNS 인플루언서가 되려고 노력하는
사람도 늘어나고 있고요. 이렇게 현대 사회에서 떼려야 뗄 수 없는 SNS. 이
번 사연은 아내의 SNS 중독으로 이혼에 이른 어느 남편의 사연입니다.

남편은 친구의 소개로 아내를 처음 만났습니다. 사실 엄밀히 말하면 친

구는 남편의 '부탁'을 받아 아내를 소개한 것이었습니다. 남편은 친구의 SNS 팔로어 목록에서 너무나 매력적인 여자(지금의 아내)를 발견하였고 그 자리에서 수백 장이 넘는 사진을 모두 살펴본 뒤 친구에게 소개팅을 해달라 애원하다시피 부탁했지요. 아내도 친구의 소개팅 주선에 응하여 두 사람의 만남이 성사되었습니다.

실제로 만난 아내는 남편의 완벽한 이상형이었습니다. 이에 남편은 적극적으로 아내에게 대시해 교제를 시작했습니다. 아내는 SNS를 통하여 종종 물품 협찬도 받는 인플루언서였는데, 그래서인지 아내와 데이트하는 시간 중에 반 이상은 SNS용으로 할애했습니다. 데이트 장소는 'SNS 핫 플레이스'여야만 했고, 남편은 데이트 내내 아내의 코치를 받아 사진, 동영상 등을 찍어야 했습니다. 내가 이렇게까지 해야 하나 한숨이 나올 때도 있었지만, 주변 친구들이 아내의 SNS를 보고는 SNS 스타와 연애한다며 너무나 부러워하는 것을 위안으로 삼았지요. 그렇게 1년 반쯤 후, 아내가 먼저 남편에게 결혼을 제안했습니다.

아내　"오빠, 우리 결혼하자. 나, 30대 되기 전에 결혼하고 싶어."

남편　"나도 자기를 사랑하니까 결혼한다면 자기랑 하고 싶은 건 맞아. 그런데 너무 갑작스러운데?"

아내　"요즘 SNS에서 주목받는 인플루언서들이 결혼 준비하는 사진을 많이 올리더라고. 아! 그것 때문에 결혼하자는 건 아닌데, 그냥 그런 거 보니까 나도 행복하게 가정 꾸리고 싶어서! 오빠 하고라면 진짜 행복하게 살 수 있을 것 같아. 내가 잘할게!"

남편은 아내의 강력한 설득에 결혼을 결심하였습니다. 아내는 결혼 준비는 본인이 전담할 테니 결혼식장에 들어갈 준비만 하라며 결혼에 관한 모든 사항을 나서서 알아보고 결정했습니다. 남편은 아내의 성화에 웨딩 촬영만 해도 스튜디오, 국내 여행지, 해외 여행지까지 총 세 번이나 진행하기도 했습니다. 너무 과한 것 같다고 말해 보았지만 아내는 평생에 한 번뿐인 결혼인 만큼 협조해 달라고 했지요. '평생에 한 번'이라는 말에 마음이 약해진 남편은 어쩔 수 없이 아내가 원하는 것을 다 맞추어 주었습니다. 아내는 결혼을 준비하며 SNS 팔로어가 더 많아졌다며 기뻐하기도 했습니다.

그런데, 아내가 원하는 것을 전적으로 따라주며 결혼 준비를 했던 것이 문제였을까요? 아내는 결혼식 이후 신혼 생활도 시시콜콜 업로드하며 SNS에 더 열중했습니다. 문제는 아내가 다른 인플루언서와 경쟁 심리가 발동해 실제로 하지 않은 일까지 만들어 업로드하기 시작했다는 것이었습니다.

남편　"자기야, 인스타그램에 우리 엄마가 명품 물려줬다는 글 올렸던데, 그거 뭐야?"

아내　"오빠. 나보다 팔로어가 많은 여자가 시어머니에게 명품 목걸이를 물려받았다고 게시글 올렸는데, 반응이 너무 좋은 거야. 휴~ 내가 그걸 보고 있으니까 화나서 그냥 중고 물품 하나 사 와서 어머니가 주신 거라고 했어."

남편　"하, 그렇게까지 해야 해? 그거 보는 내 마음은 생각 안 해?"

아내 　"오빠 마음이 왜? 내가 시댁 욕보이는 것도 아니고 오히려 시어머니 치켜세운 건데? 이거 댓글 보라니까! 시집 잘 갔다고 다들 난리야."

남편은 굳이 중고 명품까지 사서 거짓말을 하는 아내를 도무지 이해할 수가 없었습니다. 그런데, 이런 다툼 이후에도 아내의 거짓말은 계속 이어졌습니다.

아내 　"아~ 진짜 짜증 나. 쟤 진짜 부잣집에 시집간 거 맞나 봐. 허니문 베이비 생겼다고 임신 선물로 남편이 2000만 원짜리 시계를 사줬대."

남편 　"와. 그러게, 임신 선물로 2000만 원이나 쓴다고? 대단하네."

아내 　"지금 그렇게 남의 일처럼 말할 때야? 내가 쟤한테 밀리는 건데 오빠는 아무렇지도 않아?"

남편 　"응, 아무렇지도 않지. 각자 자기 삶이 있는 건데 뭘 다 신경 써!"

아내는 경쟁 관계 인플루언서가 자기 남편에게 고가의 시계를 받은 일로 한동안 크게 속상해 했습니다. 그리고 얼마 지나지 않아 아내는 SNS에 남편에게 선물을 받았다는 글을 올렸습니다.

『아무 날도 아닌데, 오빠의 깜짝 선물. 이 가방 나 사주려고 오픈 런까지 했다니 감동♡』

네, 아내는 남편이 사준 적도 없는 명품 가방을 마치 선물 받은 것처럼 SNS에 글을 올렸던 것이었습니다. 남편은 너무 당황스러웠지요. 거짓말은 둘째

치고, 아내의 석 달치 월급을 다 모아도 살 수 없는 비싼 가방을 도대체 어떻게 산 것인지 물었습니다. 그러자 아내는 팔로어가 늘어서 협찬을 받았고, 이왕이면 남편을 생각하는 마음에 선물 받은 것이라고 올렸다고 해명했습니다. 아내는 그 후에도 몇 차례 더 남편에게 명품을 선물 받았다는 글을 올렸습니다. 언제나 타인을 신경 쓰며 SNS에 거짓을 남발하는 아내와 다툼이 잦아지자 두 사람 사이에 감정의 골은 매우 깊어지고야 말았습니다. 남편이 아내의 SNS 활동에 이골이 나 아예 아내의 SNS를 보지 않은 지 8개월 정도 지났을까요? 집에는 아내 앞으로 수천만 원의 채무를 상환하라는 독촉장이 왔습니다.

아내   "오빠…. 미리 말했어야 하는데, 진짜 미안해. SNS에 올릴 명품 사느라 돈을 좀 썼어."

남편   "뭐? 너 그거 협찬이라며? SNS에 올린 게 다 빚으로 산 거라고?"

아내   "아니 그러니까, 원래는 하나 사서 사진 찍고 좀 쓰다가 팔아서 다른 거 사고 그런 식으로 했는데, 요즘엔 다들 눈치가 빨라서 왜 그 가방은 안 쓰냐는 댓글이 달리는 거야. 그래서 어쩔 수 없이 여러 개 사다 보니까 그렇게 되어버렸어. 미안. 내가 한두 달 간격으로 팔아서 조금씩 메꿀 테니까 오빠가 한 번만 이해하고 처리해 주라."

너무나 터무니없는 행동을 해놓고 당당한 아내. 남편은 더는 아내와 혼인 생활을 유지할 수 없겠다고 판단해서 아내에게 이혼을 통보했지요. 그러자 아내는 채무도 재산 분할 대상이니, 절반은 남편이 갚아줘야 한다며 당당하게 돈을 요구했습니다. 남편은 아내의 SNS 중독으로 이혼하는 것도 억울한데, 아내가 남편 몰래 사치하며 진 채무도 나누어야 하는지 질문해 주셨습니다.

양나래 변호사의 **속시원한 법률 상담**

Q. 인터넷에 검색해 보니, 혼인 기간에 발생한 채무도 재산 분할 대상이 된다고 하더라고요. 아내가 저 몰래 사치하면서 만든 채무까지도 제가 책임져야 하나요?

: **아닙니다! 남편은 아내의 채무를 책임질 필요가 없습니다.** 부부 중 일방이 혼인 중 제3자에게 진 채무는 일상 가사에 관한 것 이외에는 원칙적으로 그 개인의 채무로, **분할의 대상이 되지 않고** 채무가 공동재산의 형성에 수반하여 부담한 경우에만 재산 분할의 대상이 됩니다.(대법원 2010. 4. 15. 선고 2009므4297 판결 참조) 이 사연에서 아내가 남편 몰래 만든 채무는 오롯이 개인이 사치를 하려 독단적으로 발생한 것이므로 일상 가사*에 속하는 것이 아니기 때문에, 이혼 시 재산 분할의 대상이 되지 않습니다.

Q. 아내가 저에게 채무를 떠넘기려고 아내의 채무가 부부 공동생활 때문에 발생했다고 주장할 것 같아요. 소송에서 아내의 채무가 오로지 아내가 사치해서 생긴 것으로 인정받으려면 제가 무엇을 준비해야 할까요?

: 부부 일방 명의로 생긴 채무가 일상 가사와 관련한 것이니 재산 분할 대상에 포함된다는 점을 입증하는 것은, **채무를 분할 대상에 포함해야 한다고 주장하는 쪽이 입증 책임을 집니다.** 본 사안에 적용하면, 아내가 명품 구매 등으로 만든 채무를 분할 대상 재산에 포함해 남편에게 책임을 일부분 떠넘기려면 **아내 스스로 해당 채무가 일상 가사와 관련한 채무임을 일일이 증명해야만 합니다.** 예를 들면, 채무가 발생한 이후 해당 채무액만큼 생활비(관리비, 전기·수도요금, 마트에서 지출한 비용 등) 또는 주거 관련(대출의 원리금 상환 등) 공동생활과 관련한 금융 자금으로 지출했음을 상세히 증빙해야만 하는 것이지요. 만약 아내가 이를 입증하지 못하면 해당 채무는 온전히 아내가 혼자 책임져야 합니다. 따라서, 남편이 먼저 무언가를 입증할 필요는 없습니다. 단지 **아내의 채무는 온전히 아내가 사치해서 발생한 것을 주장한 뒤, 아내의 증거자료를 보고 해당 증거 중 사실과 다른 것으로 반박해 소송을 진행하면 됩니다.**

---

* 일상가사: 일상적인 가사란 부부의 공동생활에 통상적으로 필요한 쌀과 부식 등 식료품 구입, 생활용품 등 일용품 구입, 의복 및 침구류 구입, 가옥의 월세 지급 등 과 같은 의식주에 관한 사무, 교육비·의료비나 자녀 양육비의 지출에 관한 사무 등이 그 범위에 속한다.(출처. 두산백과 두피디아)

10

장인어른의
하대, 아내의
방관

처가 회사에 입사한 후,
자존감이 바닥을 치고 말았습니다.
장인어른의 하대, 아내의 방관 등이
이혼 사유가 될 수 있을까요?

> 66
>
> 장인어른은 지역에서 유명한 사업가입니다. 외동인 아내는 아
> 버지의 사업을 이어받는 데 관심이 없어서, 장인어른은 저에
> 게 사업을 배우라고 하셨지요. 사업을 이어받으면 언젠가는
> 나도 사장이 되겠구나 싶어 설레는 마음으로 장인어른과 함께
> 일하기 시작했습니다. 그런데, 시간이 지날수록 잘못된 선택
> 이었음을 깨달았습니다. 저는 하대 받는 것이 당연한 노예가
> 된 것 같아요. 장인어른과의 갈등도 이혼 사유가 되나요?
>
> 99

　고부갈등, 장서갈등으로 인한 부부간 불화 이야기를 주변에서 많이 들
어보셨을 겁니다. 결혼은 아내와 남편이 새로운 가정을 꾸리는 동시에 배
우자 원가족의 새로운 가족 구성원이 되는 과정이기도 합니다. 그래서 배
우자와는 사이가 원만한데 배우자의 원가족과 갈등을 극복하지 못하고 이
혼에 이르는 경우도 있고요. 이번 사연은 장인어른과 심각한 갈등이 생겨
이혼을 고민하는 어느 남편의 이야기입니다.

남편과 아내는 소개팅으로 만나 2년 연애 끝에 결혼했습니다. 지역에서 꽤 유명한 중소기업을 운영하는 아내의 아버지는 "난 딸만 하나 있는데, 세상 물정을 너무 몰라서 이 회사를 믿고 넘겨줄 수가 없다. 사위는 이제 내 아들 아니냐? 내가 기력이 쇠하면 아들 삼은 사위에게 이거 다 물려줄 생각이다. 그러니까 지금 다니는 회사 그만두고 들어와서 일 배워라."라며, 남편에게 직장을 그만두고 자기 회사에 들어올 것을 강력하게 권했습니다. 남편은 남부럽지 않은 회사에서 그동안 쌓은 경력도 아까워 장인어른의 회사에 들어가는 것을 망설였습니다. 하지만 주변에서 일반 회사는 정년까지 일해 봐야 회사원이지만 장인어른 회사에서는 조금만 버티면 사장이니, 무조건 퇴사하고 장인어른 회사로 들어가라고 강력하게 권유하여 결국 큰마음을 먹고 퇴사한 뒤, 장인어른의 회사에서 일을 배우기 시작했습니다.

그런데, 밑바닥부터 시작해서 산전수전 겪으며 자수성가한 사업가여서 그랬던 걸까요? 장인어른은 생각보다 매우 '터프'하게 일을 가르치기 시작했습니다.

장인 "이 회사에 들어와서 일 배우기로 한 이상, 우리는 장인 사위 관계가 아니다. 누가 있든 없든 사장님으로 깍듯이 모셔라. 알겠나?"

남편 "네, 알겠습니다. 사장님"

남편 "장인어른, 내일 주말이기도 하니 장모님께서 백화점 나들이 가자고 하시는데 같이 가시나요?"

장인　"뭐? 장인어른? 너 내가 사장님으로 모시라고 한 말 귓등으로 알아처먹었나?"

남편　"지금은 퇴근 후인데다 회사가 아니기도 하고, 집안일 이야기라…."

장인　"그렇게 하나하나 따지면, 네가 나를 사장으로 모신다는 생각이 머릿속에 확 박히겠어? 내가 회사 준다고 하니까 그냥 가만히 있어도 쉽게 쉽게 저절로 손에 들어온다고 생각하나 본데! 큰 오산이다. 제대로 해!"

장인어른, 아니 '사장님'은 생각보다 아주 혹독하게 일을 가르치기 시작했는데요. 일을 배우는 남편이 혹독하게 느낀 것은 업무의 난이도 혹은 강도가 아니라 '장인어른의 선을 넘는 하대'였습니다. 6개월 동안 꾹 참으며 견뎌왔던 남편은 날이 갈수록 심해지는 사장님의 막말에 출근 자체가 극심한 스트레스가 될 지경이었습니다. 이에 남편은 큰마음을 먹고 아내에게 고민을 털어놓았습니다.

남편　"여보, 나 말할까 말까 고민했는데, 사장님이 말을 너무 함부로 하시는 것 같아. 지난주에는 내 아래 직급 사원들 있는 자리에서 공개적으로 멍청한 놈이라는 표현까지 하면서 소리를 지르시는데, 진짜 뛰쳐나가고 싶은 거 겨우 참았어."

아내　"자기야, 지금 차장 자리에 있는 삼촌들도 다 그런 거 겪고 올라간 거야. 자기는 뭐 사위라고 해서 특별 대우 받길 기대한 거야? 이런 과정도 없이 아빠 회사 꿀꺽하려고 한 거면 너무 쉽게 생각한 거지."

남편　"아니⋯. 꿀꺽이라니 무슨 소리야. 나 이전에 다니던 회사 대기업이었고 능력 충분히 인정받고 있었어. 업무 역량에 관한 걸로 혼내시는 것도 아니고, 그냥 스타일이 본인 마음에 안 든다고 그러시는 거야."

아내　"이러나저러나, 당신이 아빠 회사 물려받으려면 견뎌야지. 그리고 우리 아빠 대단한 사람이야. 아무것도 없던 사람이 이 정도 규모 자산 일궜으면 존경하는 마음으로 그 스타일도 존중하는 게 당연하다고 생각해. 그러니까 당신도 배우려고 노력해."

남편은 홀로 속앓이를 하다가 겨우겨우 아내에게 속마음을 털어놓았지만, 아내는 남편을 위로하거나 상황을 중재하기 위해 노력하기는커녕 남편이 무조건 아버지 말에 따르는 것이 맞고 그걸 받아들이고 이겨내지 못하는 것은 남편의 능력 부족이라고 이야기했습니다. 남편은 이제 와 장인어른의 회사에서 그만둘 수도 없는 노릇이었고, 그만둔다 해도 이전 직장에 다시 돌아갈 수 없을 수도 있기에 꾸역꾸역 장인어른의 회사에 적응하기 위한 필사적인 노력을 했습니다.

정해진 출근 시간이 8시, 퇴근 시간이 6시였음에도 남편은 무조건 한 시간 일찍 출근하고, 두세 시간 늦게 퇴근하면서 '사장님'에게 인정받기 위해 최선을 다했습니다. 회사의 회계, 영업, 물류 관리 등 전반적인 업무에 남편의 손길이 닿지 않는 곳이 없었지요. 이렇게 1년이 넘는 시간 동안 업무를 진행하다 보니 회사의 회계 관리가 부실해서 세무조사를 당하면 회사에 큰일이 생길 수 있다는 사실을 알게 되었습니다. 치열하고 열정적으로 업무를 했던 터라 회사에 큰 애정이 생기기 시작한 남편은 곧바로 장인어른에게 보고했습니다. 아무리 '사장님'의 회사일지라도 지금은 법인이기에 회사 자금을 개인적으로 유용해서는 안 된다고 이야기했지요. 그런데, 돌아오는 반응은 너무도 싸늘했습니다.

장인 　"이 새끼가 회사 일이나 배우라니까 회계니 세금이니 운운하면서 내 흠을 잡으려 들어? 이렇게 내 약점 잡아서 쥐고 흔들겠다는 거야? 이 싸가지 없는 놈! 너 당장 회사에서 나가!"

남편은 온갖 욕설을 내뱉으며 몰아치는 데서 그치지 않고 회사에서 나가라고 호통치는 '사장님'의 말에 큰 충격을 받았지만, 평소와 다름없는 화풀이 내지는 막말로 생각하고 마음을 다스리려고 했습니다. 그런데, 남편의 생각과 달리 '사장님'은 남편의 회계 지적에 감정이 크게 상했는지 가족 모임에서조차 남편을 몰아쳤고, 결국 넘어서는 안 될 선까지 넘고 말았습니다.

장인 　"니 남편, 이제 내 회사에 발도 못 들인다. 내가 저딴 놈을 믿고 회사를 맡기려고 했다니."

남편 　"사장님, 제가 사장님이랑 회사 생각해서 말씀드린 것 아시잖아요. 장모님 명의로 건물 사신 것도 나중에 세무서에서 자금 출처를 조사하면 큰 문제가…."

장인 　"뭐!?! 이 새끼가 또 입을 함부로 놀려!?"(찰싹)

네, 결국 자기 분을 이기지 못한 장인어른은 남편에게 손찌검을 했고 물건을 마구잡이로 집어 던졌습니다. 그리고 그 장면을 목격하던 장모님도, 아내도, 장인어른을 말리기는커녕 맞을 짓을 했다며 당장 무릎 꿇고 빌라고 소리쳤지요. 그 순간 남편은 간신히 잡고 있던 마음속의 끈이 '뚝'하고 끊어지는 것을 느꼈습니다. '도대체 내가 이 집안에서 왜 이런 충격적인 일을 참아내고 있는 것인가.'라는 회의와 비참한 생각이 몰려와 이혼을 결심한 남편은 저에게 이런 질문을 해주셨습니다.

Q. 장인어른의 폭언, 인격 모독 그리고 이를 방관하는 아내. 이것 모두가 이혼 사유가 될 수 있나요?

: **네, 가능합니다.** 민법 제840조 제3호에는 배우자 또는 그 직계존속으로부터 심히 부당한 대우를 받았을 때를 이혼 사유로 정하고 있습니다. 이때의 '심히 부당한 대우'라 함은 당사자 일방이 **배우자 또는 그 직계존속에게서 혼인 관계의 지속을 강요하는 것이 가혹하다고 여겨질 정도의 폭행이나 학대 또는 중대한 모욕을 받았을 경우를 말합니다.**(대법원 1981.10.13.선고 80므9 판결 참고) 사연의 남편은 장인어른으로부터 지속해서 인격 모독을 받아왔으며, 갈등이 심해진 이후에는 신체적인 폭력도 당한 바, 이는 '배우자의 직계존속으로부터 부당한 대우를 받았을 때'에 해당합니다. 이에 남편은 **민법 제840조 제3호 및 제6호에 따라서 아내에 대한 이혼소송을 진행하는 동시에,** 장인어른이 회사 직원 등 불특정 다수가 있는 자리에서 공공연하게 **모욕성 발언을 한 점, 신체에 폭력을 가한 점 등에 대해서 형사고소를 진행할 수 있으리라 봅니다.**

Q. 이혼하면 장인어른의 회사는 아내가 물려받을 것 같습니다. 지금껏 고생한 것이 너무도 억울한데, 아내가 장래에 회사를 물려받으리라 예상해서 회사 자산도 재산 분할을 받을 수 있을까요?

: **불가능합니다.** 재산 분할 제도는 이혼하는 부부가 혼인 중 공동으로 형성한 재산을 청산·분배하는 것이 주목적으로서, 부부 쌍방의 협력으로 이룩한 적극재산 및 그 형성에 수반하여 부담하거나 부부 공동생활 관계에서 필요한 비용 등을 조달하는 과정에서 부담한 채무를 분할하여 각자에게 귀속될 몫을 정하기 위한 것입니다. 재판상 이혼에 따른 재산 분할을 할 때 분할 대상 재산과 액수는 이혼소송의 사실심 변론 종결일*이 기준입니다.(대법원 2000. 5.2. 2000스13 결정 참조) 따라서, **장래에 아내가 회사를 소유할지조차도 불명확하고, 부부 공동생활이 지속되는 동안 쌍방 협력으로 이룩한 재산도 아니기에 아내가 물려받을 회사를 분할 대상에 포함하는 것은 불가능합니다.**

---

* 사실심 변론 종결일: 우리나라는 사건 1건에 재판을 3회 받을 수 있는 '3심 제도'를 채택하고 있으며, 1·2심이 사실심, 3심이 법률심입니다. 재판이 1심에서 진행되고 있다면 1심의 마지막 변론 기일, 1심 판결 이후 항소하여 2심이 진행 중이라면 2심의 마지막 변론 기일이 '사실심 변론 종결일'입니다.

남편의 폭행에 시달리다가,
외도를 하고 말았어요.
남편은 제가 유책 배우자이니,
죽을 때까지 이혼은 안 해주겠답니다.

66

전 오랜 시간 가정폭력에 시달렸습니다. 그런데 이혼하자고
말하면 맞아 죽을 것만 같아서 그냥 참고 살아왔어요. 하루하
루를 버티며 결혼 생활을 하다가, 저를 보호해 주겠다는 남자
를 만나게 되었습니다. 네, 맞아요. 불륜이지요. 남편이 그 사
실을 알고는 "네가 유책 배우자이니 네 마음대로 이혼할 수
없다"며 죽을 때까지 자기 옆에 붙어있으라고 합니다. 저, 진
짜 이대로 더 살다가는 죽을 것 같아요. 정말 저는 이혼할 수
없는 걸까요?

99

바람을 피운 유책 배우자는 이혼소송을 진행하더라도, 상대 배우자가 이
혼을 원치 않으면 이혼청구가 기각되어 이혼이 불가능하다는 것은 생활 법
률 상식처럼 많이 알려졌지요. 그런데 상담을 하다 보면 '제가 불륜을 저지른
것은 맞는데, 그럴 수밖에 없는 이유가 있었어요. 제 배우자가 가정에 충실
하지 않고 결혼 생활에 소홀해서 더는 참지 못하고 다른 사람을 만난 것이라

고요. 상대방에게도 책임이 있는데, 제가 바람을 피웠다는 이유만으로 이혼을 요구할 수 없나요?'라는 궁금증을 가진 분들을 꽤 많이 만나게 됩니다. 이번 사연은 '내가 불륜을 저질렀다면 정말 이혼은 불가능한 것일까?'라는 질문에 답을 확인할 수 있을, 어느 20대 후반 아내의 사연입니다.

아내는 대학 시절 예쁘고 착하기로 소문나 같은 과 동기며 선후배뿐 아니라 동아리에서 만난 이성들에게도 아주 인기가 많았습니다. 아내의 매력적인 모습에 반해 구애하는 사람들이 많았지만, 아내는 외모에만 혹해 다가오는 사람들은 나중에 마음이 변할지 모른다는 막연한 불안이 있었지요. 이성이 너무 적극적으로 다가오면 철벽을 쳤고, 시간이 갈수록 아무에게도 곁을 내주지 않는 철벽녀라는 소문도 함께 퍼지게 되었습니다.

아내는 대학교 동아리 모임에서 남편을 처음 만났답니다. 아내보다 5살이 많은 남편은 아내의 조심스러운 성향을 알았는지, 시간을 두고 천천히 다가갔습니다. 아내가 부담스럽지 않게 거리를 두며 주변을 맴돌다가 아내가 먼저 도움을 청하거나 말을 걸면 그때만 살갑게 곁에 머물렀죠. 남편의 이런 노력은 아내가 대학을 졸업할 때까지 이어졌습니다. 먼저 취업에 성공한 남편은 아내가 취업난으로 힘든 시간을 보낼 때도 '친한 오빠'로서 조언, 격려를 아끼지 않았지요. 남편은 다른 이성은 전혀 만나지 않고 오롯이 아내를 향한 일편단심으로 그녀의 곁에 있었습니다. 그렇게 아내는 남편의 도움을 받아 취업에 성공했고 그 후에도 남편의 '보살핌 전략'은 계속되었습니다.

남편이 아내의 곁에서 키다리 아저씨처럼 지내기를 4년 반, 아내는 문득 '세상에 이 오빠처럼 변함없이 나를 아끼고 사랑해 줄 사람이 있을까.'라는 생각을 하게 되었습니다. 아내는 남편에게 사귀자고 먼저 제안했고 남편은 기쁜 마음으로 아내의 제안을 받아들였습니다. 아내와 남편을 모두 잘 아는 대학 친구들은 남편에게 "진짜 진국이다. 인간 승리다."라는 말을 아끼지 않았지요.

남편은 아내와 사귄 지 6개월도 채 지나지 않아 프러포즈했습니다. 남편은 아내의 곁에서 기다리면서 결혼 준비를 다 했으니 너는 몸만 오면 된다, 평생 지켜주고 싶다고 했지요. 아내는 너무 갑작스럽다고 생각하면서도, 5년이 넘는 시간 동안 변함없이 곁을 지켜준 이 남자와 결혼하면 평생 행복하고 안정적으로 살 수 있으리라 믿고 결혼을 결심했지요. 친구들이 "다른 사람도 더 만나보고 결혼해야 하는 거 아니야?" "나중에 연애 더 해볼걸 이러면서 후회한다."며 빠른 결정을 걱정했지만 남편을 오래 지켜본 아내는 자기 선택이 틀리지 않으리라는 확신이 있었습니다.

결혼은 속전속결로 진행되었습니다. 그런데 결혼하고 얼마 지나지 않아 남편은 아내가 회사를 그만두길 원했습니다. 아내가 사회생활을 하면서 '사회의 때'가 묻는 것이 싫다, 내가 벌어오는 돈으로 집에서 편히 생활하라는 것이 이유였습니다. 아내는 힘들게 취업했는데 이렇게 그만두는 것이 맞나 싶으면서도, 어릴 때 할머니와 함께 살았던 탓에 가족의 보살핌에 대한 바람을 마음에 품고 지냈던 아내는 회사를 그만두고 전업주부로 생활하기 시작했습니다.

행복한 신혼 생활만 이어질 것 같았던 아내에게 딱 3개월 후부터 충격적인 일들이 일어나기 시작했습니다.

아내　　"오빠. 왜 이렇게 취했어. 회식 갔다가 일찍 온다더니 벌써 열두 시야! 왜이렇게 나를 화나게 해."

남편　　"씨×, 네가 화나? 왜? 별것도 아닌 년이 4년 넘도록 사람 재면서 따지고 말이야. 니가 나 개고생시킨 거 살면서 다 갚을 거야. 앞으로 넌 죽었어."

만취한 남편은 아내에게 온갖 욕설과 너무도 충격적인 말을 늘어놓았습니다. 아내는 남편과 대화가 통하지 않아 다음날 남편이 깨기만을 기다렸지요. 그런데, 술에서 깬 남편의 입에서 나온 말은 더 충격적이었습니다.

남편　　"아이씨, 그래. 그게 내 속마음이다. 씨×. 나 너 사랑해. 그래서 잘 살아 볼 거야. 근데 내가 자존심 구겨가면서 몇 년 동안 너한테 쓴 돈이 얼마고 고생한 게 얼만데. 너 앞으로 똑바로 안 하면 처맞을 줄 알아. 알았어? 이혼은 꿈도 꾸지 말고. 내가 널 어떻게 구워삶았는데. 그러니까 작작 좀 재지 그랬냐. 내가 너 때문에 열받아서 부순 핸드폰이 한 트럭은 될 거다."

아내는 남편의 폭언에 너무도 놀라 당장 집을 나가려고 짐을 싸기 시작했습니다. 그 모습을 본 남편은 아내의 뺨을 때렸지요. 집을 나가면 아예 이 세상에서 사라질 줄 알라며 협박성 발언을 이어갔습니다. 아내는 너무나 무서워서 경찰에 신고할 엄두도 낼 수 없었습니다. 이번만 잘 넘어가고 나중에 증거를 모아서 이혼해야겠다고 생각했지요.

그런데, 한 번 시작된 남편의 폭행은 빈번하게 반복되었습니다. 아내가 생기 없는 모습으로 집에 있으면 남편은 "이렇게 못생긴 애가 뭐가 좋다고 홀려서 그 고생을 했는지 모르겠다."며 또 폭행을 반복했습니다. 아내도 나름 살겠다고 핸드폰과 녹음기를 숨겨 증거를 만들어 보려고 했지만 남편은 언제나 아내보다 한 수 위였습니다. 폭행이 끝나면 남편은 늘 아내의 몸과 방안을 모두 뒤져 혹시 증거를 수집하고 있는지 살펴보았고, 녹음기 등이 발견되면 아내는 더 심하게 구타당하고 말았습니다.

남편은 이렇게 아내를 폭행하면서도 본인이 기분이 좋을 때는 한없이 상냥하고 친절했습니다. 이런 모습이 너무도 무서웠던 아내는 시간이 흐를수록 남편에게서 벗어나기를 포기하는 지경이 되었습니다. 이렇게 차츰 삶에 대한 의지가 꺾이던 때, 아내는 남편에게 시달린 다음 날이면 항상 혼자 카페에 가서 두세 시간씩 멍하니 앉아 시간을 보냈습니다. 이 카페의 사장은 단골인 아내에게 "무슨 일이 있는 것처럼 보여 마음이 쓰인다"며 케이크를 건네며 말을 걸었고, 이를 계기로 자연스럽게 대화를 나누기 시작했습니다. 가족도 친구도 아닌 남이어서 그랬을까요? 아내는 그동안 누구에게도 말하지 못한 남편의 폭력을 모두 털어놓았고, 그 남자는 아내를 안쓰러워하며 도와주겠다고 했습니다.

남자는 아내에게 본인 명의로 핸드폰을 만들어 주며, 도와줄 테니 걱정하지 말고 집에서 도망쳐 나오라고 계속해서 아내를 설득했습니다. 이러는 사이에 두 사람은 연인 관계로 발전했습니다. 아내는 남자친구가 생긴 후, 남편에게 더 이상 이렇게 살 수 없으니 이혼하자고 강력하게 요구했습니다. 남편은 순간 화를 못 이겨 아내를 폭행하고는 또 아내의 가방을 뒤지다가 결국 남자친구의 핸드폰을 발견했습니다. 그리고 남편은 너무나 뻔한 이야기를 늘어놓기 시작했습니다.

남편　"내가 그동안 너에게 얼마나 잘해 줬는지 몰라? 갑자기 이혼을 요구할 땐 누구 딴 놈 생긴 거 아닌지 의심해 보라는 말이 딱 맞았네. 그 새끼가 이혼까지 코치해 주고 있네? 고맙게 증거도 다 남겨준 덕분에 난 그놈한테 소송할 거야. 이혼은 꿈도 꾸지 마. 난 너랑 절대 이혼 안 하니까. 네가 아무리 이혼하고 싶다고 난리 쳐도 소용없어. 바람피운 주제에 무슨 이혼 요구야? 넌 유책 배우자라서 이혼도 요구할 수 없어. 알았어?"

남편에게 불륜 사실을 들킨 아내는 왜 더 빨리 도망쳐서 이혼할 생각은 못 했는지 용기를 못 냈던 것을 사무치게 후회하면서도, 이혼하지 않은 채로 불륜을 저질렀다는 사실 때문에 영영 남편에게서 벗어날 수 없는지 두려워하며 질문을 보내주셨습니다.

Q. 제가 이혼하지 않고 다른 남자를 만난 잘못은 인정합니다. 그리고 남편은 절대로 이혼할 수 없다는 입장이고요. 제가 남편에게 이혼소송을 제기하는 것은 불가능한가요?

: **아닙니다.** 원칙적으로 결혼 생활의 파탄에 주요 책임이 있는 배우자(유책 배우자)는 혼인 파탄을 사유로 한 이혼을 청구할 수 없습니다. 하지만 결혼 생활은 기본적으로 개인의 존엄과 양성의 평등이 기본 원리입니다. 때문에 **혼인 제도가 추구하는 이상과 신의성실의 원칙*에 비추어 유책 배우자의 법률상 책임이 유책 배우자의 이혼청구를 배척해야 할 만큼 크다고 보기 어려운 경우**에는, 유책 배우자의 이혼청구를 인정하는 것이 우리나라 혼인 제도의 근간을 해친다거나 사회의 도덕관·윤리관에 반한다고 할 수 없어, **예외적으로 유책 배우자의 이혼청구를 허용합니다.**(대법원 2015.9.15.선고 2013 므568 전원 합의체 판결 등 참조)

법원이 유책 배우자의 이혼청구를 예외로 허용할지를 판단할 때, **유책 배우자 책임의 행태·정도, 상대 배우자가 온전한 형태로 혼인 관계 회복·유지에 대한 진지한 의사 및 유책 배우자에 대한 감정, 혼인 생활의 기간과 혼인 후의 구체적인 생활 관계 등의 여러 사정을 두루 종합적으로 고려합니다.**(대법원 2015. 9. 15. 선고 2013므568 전원합의체 판결 등 참조).

위 사연의 아내는 부정행위를 저지른 유책 배우자이기는 하나, ① 결혼 생활 내내 배우자에게 끊임없는 폭행을 당한 바, 혼인 파탄 상태를 초래한 직접적·일차적 책임이 남편에게 있어 보이는 점, ② 남편이 아내의 부정행위를 알게 된 후에도 혼인 관계를 지속하려는 것이 정상적인 모습이라기보다는 복수심으로 보이는 점, ③ 아내의 이혼청구가 인정되지 않으면, 남편에게서 지속해서 신체·정신적 폭력을 당해온 아내가 이후 정상적인 혼인 관계를 유지하는 것이 불가능해 보이고, 아내에게 극심한 정신적 고통이 될 것이라 충분히 예견되는 점을 종합해 살펴보았을 때, 유책 배우자인 아내의 이혼청구가 예외적으로 법률상 인정될 가능성이 높을 것으로 생각됩니다. 이에, 아내는 남편에 대한 이혼소송과 동시에 형사 고소도 반드시 함께 진행하기를 추천합니다.

---

* 신의성실의 원칙: 모든 사람이 사회 공동생활의 일원으로서 상대방의 신뢰에 반하지 않도록 성의 있게 행동할 것을 요구하는 법 원칙을 말합니다.

졸혼하고 각자의 생활을
존중하자고 했더니, 남편이 원하던 바라며
동의하고 불륜을 시작했습니다.
졸혼했으면 불륜해도 되는 건가요?

66

애들도 다 결혼하고 남편과 단둘이 남으니, 내 인생은 하나도
없고 가족만 챙기며 살아온 스스로가 너무 가엾단 생각이 들
어 우울증이 생겼습니다. 그래서 남편에게 '졸혼'하고 싶다고
이야기했고요. 남편도 제 생활을 즐기라며 졸혼에 동의했습니
다. 그런데, 남편이 졸혼 합의 직후 당당하게 불륜을 시작했습
니다. 합의된 것이니 문제 없다는데, 이게 말이 되나요?

99

　졸혼(卒婚)은 일본 작가 스기야마 유미코가 2004년에 쓴 책 〈졸혼을 권
함〉에서 처음 등장한 신조어로, 법률상 혼인 관계는 유지하되 결혼에서 졸
업하여 서로 간섭하지 않고 각자 인생을 살아가는 것을 뜻합니다. 이혼은
법률상 혼인 관계를 완전히 정리하는 데 반해, 졸혼은 법률상 혼인 관계는
유지하면서 각자 삶을 찾는다는 내용이 골자이므로, 부부 사이가 원만해도
"같이 살만큼 살았으니 졸혼하자."라고 말하기도 하고요. 그런데 졸혼에 합
의한 후 졸혼의 법률적인 의미가 무엇인지, 이혼과 졸혼의 법률상 차이가

무엇인지 명확히 알지 못하고, 자의적인 판단으로 졸혼을 해석하고 행동하여 부부 사이에 큰 문제가 발생하기도 합니다. 이번에 소개할 사연은 가족을 보살피는 것을 내려놓고자 졸혼을 선택한 이후, 생각지도 못한 상황에 놓인 어느 아내의 이야기입니다.

아내는 20대 초반 어린 나이에 남편과 결혼하고부터 가정주부로 생활했습니다. 언제나 남편과 두 아들을 자신보다 더 우선순위에 두며 가정을 꾸려나갔습니다. 자녀들이 초등학교를 졸업할 때까지는 하나부터 열까지 다 챙겨야 했기에, 아내는 '나의 삶'을 생각하거나 돌아볼 겨를도 없었고요. 남편은 아내에게 살가운 스타일은 아니었습니다. 아내에게 딱 필요한 말만 무뚝뚝하게 건네고, 중요한 결정을 내릴 때도 아내와 의논하기보다는 혼자서 고민하고 통보하는 가부장적인 모습이었지요. 아내는 종종 그런 남편이 섭섭할 때도 있었지만, 번듯한 집에서 여름에 더위 걱정 없고 겨울에 추위 걱정 없이 살 수 있는 것은 다 남편의 덕이라 생각하고 최선을 다해 남편을 내조했습니다. 아내는 결혼 생활 내내 남편의 아침을 단 한 번도 거르지 않고 챙겼습니다. 또, 아이들이 대학교에 진학한 후 시어머니가 병환으로 장기간 입원했을 때에도 아내는 매일 병원으로 출퇴근하며 시어머니의 병간호를 전담하기까지 했습니다.

이렇게 가족에게 헌신적인 삶을 살아온 아내. 두 아들 모두 결혼하고 집에 남편과 단둘이 지내게 되면서부터 알 수 없는 우울감이 생기기 시작했습니다. 모두에게 찾아오는 갱년기 증상이라 생각해서 약도 먹어보고 친구들과 함께 바람을 쐬러 다녀보기도 했지만, 우울감은 좀처럼 사라지지 않았지요. 어두워진 엄마의 안색을 보고 깜짝 놀란 아들들이 건강검진도 받게 해주었지만 어디 몸에 큰 문제가 생긴 것도 아니었습니다.

'언젠가는 나아지겠지'라고 생각하며 무기력한 날들을 보내던 어느 날. 새벽에 골프 모임에 나가는 남편의 아침을 차려주던 아내는 문득 '내가 언제까지 이렇게 남편 뒤치다꺼리를 해야 하지!' 하는 생각이 들었고, 남편에게 오늘 아침은 없으니 사 먹든지 알아서 하라고 말했습니다. 그렇게 남편을 보내고 난 뒤 아내는 온종일 깊은 생각에 잠겼습니다. 지난 30여 년 동안, '나'는 사라져 버렸고, 단 한순간도 나를 우선순위로 생각하며 살아본 적이 없다는 생각이 들었지요. 그래서 가장 친한 친구에게 속마음을 털어놨습니다. 그러자 친구는 아내에게 '졸혼'을 권유했습니다. 부부 사이가 안 좋은 것도 아니니 이혼할 필요는 없고, 남편과 자식들 챙기기, 시댁의 자잘한 일, 제사 이런 것 다 내려놓고 오롯이 자신을 위한 삶을 살기 위해서는 '졸혼'이 최고라고요.

친구와 깊은 이야기를 나누고 한동안 고민할 시간을 가진 아내는 남편에게 '졸혼'을 제안했습니다. 부부는 평소 소소하게 자주 대화를 나누는 사이는 아니었지만 그렇다고 부부 사이가 나빴던 것도 아니기에, 남편은 아내의 이야기를 듣고는 조금 놀라 선뜻 그러자는 답변은 하지 않았지요. 그런데, 다음날 남편은 아내 생각대로 졸혼을 하되, 다음과 같은 합의서를 작성하자고 했습니다.

| 졸혼 합의서 |

1. 아내는 졸혼 이후 남편을 내조하지 않아도 된다.
2. 아내와 남편은 졸혼 이후 명절에는 집안의 며느리, 사위 역할을 하지 않기로 한다.
3. 졸혼에 합의한 이후 각자 사생활을 존중하고 간섭하지 않는다.
4. 졸혼하더라도 자녀들과 관련된 가족 행사는 무조건 함께한다.

아내는 남편이 들고 온 합의서를 보고 너무도 깜짝 놀랐습니다. 가정에서 좀 더 자유로워지고 싶었던 것은 맞지만 하루 만에 남편이 이렇게 구체적인 합의서를 가져 온 것을 보니 남편도 졸혼을 원하고 있었나 싶어 내심 섭섭하기도 했어요. 그런데 남편이 "당신 우울해하는 거 지켜보면서 나도 마음 안 좋았는데, 당신이 졸혼을 이야기하길래 마음 편히 당신이 하고 싶은 거 하라고 합의서 쓰자는 거야."라고 말해 주자 아내는 고맙다며 합의서를 작성했습니다.

졸혼 이후 아내는 집안일, 시댁 챙기기 등에서 벗어나 문화센터에서 취미도 배우고 친구들과 여행도 다니며 자신만을 위한 시간을 가졌습니다. 하지만 아무리 졸혼 합의서를 작성했다고 하더라도, 최소한의 도리는 해야 한다고 생각하며 남편을 챙기기도 했지요. 그런데, 졸혼 합의서를 작성한 후 남편은 아예 가정이 없는 사람처럼 행동하기 시작했습니다. 아내에게 미리 말하지도 않고 주말에 외박을 하거나 휴가 시즌에는 4박 5일 동안 해외여행도 갔습니다.

아내 　"여보, 이건 좀 너무한 거 아니야? 우리가 졸혼하기로 했지 이혼한 건 아니잖아. 이렇게 아무 말도 없이 외박하고 해외여행 가는 건 잘못 아니야? 선은 지켜야지."

남편 　"먼저 졸혼 이야기 꺼낸 건 당신이야. 그리고 우리 서로 사생활 존중하고 간섭하지 않는다고 합의서 쓴 거 잊었어? 이거 당신 합의 사항 위반이라고!"

너무도 당당하게 '졸혼 합의서를 작성했으니 사생활에 간섭하지 말라'는 남편. 그 순간 아내는 뭔가 싸한 느낌이 들어 남편이 잠든 사이에 남편 차의 블랙박스 영상을 확인했습니다.

상간녀 　"자기야, 우리 이번 휴가 땐 어디 갈까?"

남편 　"이번엔 동남아로 골프 여행 가볼까?"

상간녀 　"어머! 난 너무 좋지. 근데, 자기 진짜 괜찮아? 와이프가 알면 큰일 나는 거 아니야?"

남편 　"우리 졸혼 합의서 썼어. 사생활 간섭 금지. 내가 자기랑 만나려고 그런 것도 다 알아봤다 이거야. 우린 편히 만나면 돼."

아내는 영상을 확인하고 너무 큰 충격을 받았습니다. 하지만 곧 침착하게 증거를 확보하고, 남편에게 불륜은 용납할 수 없다고 따졌지요. 그러자 남편은 이미 사생활을 간섭하지 않기로 졸혼 합의서를 썼으니 내가 누구를 만나든 그건 사생활이고 문제 될 것 없다고 당당하게 나왔습니다. 졸지에 졸혼 합의서가 발목을 잡는 것인가 덜컥 겁이 난 아내, 저에게 다음 질문을 보내왔습니다.

Q. 졸혼 합의서를 썼으니 다른 여자를 만나도 불륜이 아니라는 남편. 남편의 말이 사실인가요? 졸혼의 법률적인 효력이 이렇게나 강력한 건가요?

: **아닙니다. 졸혼은 기본적으로 법률상 혼인 관계를 유지하는 것이 전제이므로,** 단순하게 졸혼을 합의했다고 재산 분할 청구권이 생긴다든지 민법 제826조 제1항에서 정하고 있는 **부부간의 동거·부양·협조 의무가 사라지는 것은 아닙니다.** 다만, 졸혼에 대한 구체적인 합의서를 작성한 경우는 졸혼 합의서가 장래의 이혼에 영향을 미칠 수도 있습니다. 가령, '졸혼 합의 이후에 형성된 재산은 부부 공동재산에 포함하지 않는 것으로 한다.'라는 합의서를 작성하고 상당 기간이 경과한 뒤 이혼하면, 졸혼 기간에 일방 배우자에게 형성된 재산은 재산 분할 시 분할 대상에서 제외되는 것이지요.

Q. 그렇다면, '정조 의무'도 졸혼 합의로 인해 완전히 배제할 수 있을까요?

최근 <북부지방법원 2023.5.10.선고 2022가단129941> 판결에서 부부가 '졸혼 상태를 유지하는 조건으로 서로의 개인적인 사생활을 터치하지 않으며, 각자 시댁이나 친정 일에 관여하지 않고 왕래도 하지 않는다.'라는 합의서를 작성했고, 이를 근거로 삼아 해당 합의서 작성 이후 일방 배우자가 다른 이성과 교제하였다면, 상대 배우자가 상호 성(性)적 성실의무를 면제해 준 이후의 만남으로 부정행위라 볼 수 없어 위자료 지급 책임이 발생하지 않는다고 판시하였습니다. 하지만, 위 판례는 ① 졸혼 합의서에 '사생활을 터치하지 않는다'는 문구가 있는 것에 더하여 ② 합의서 작성 이후 일방 배우자에게 교제하는 이성이 생겼다는 것을 알게 된 이후, 쌍방 배우자 모두 다시 한 번 명시적으로 '누구를 만나든 상관하지 않겠다'는 대화를 나눈 점, ③ 배우자에게 다른 이성이 생겼고, 그 이성이 누구인지 정확히 알고 나서도 관계 정리를 요구하는 등 조치를 하지 않은 점 등을 종합해서 고려해 나온 판결입니다. 따라서 이 사연처럼 **단순히 사생활에 간섭하지 않는다는 합의서를 작성한 것만으로 상호 성적 성실의무를 면제해 주었다고 보기는 어려우리라 생각됩니다.** 실제로, 위 판결 외 다수의 판결에는 '사생활 간섭 금지'라는 조항이 상호 성실의무를 면제하는 조항이라고 단정할 수 없고 부정행위의 사전 동의는 매우 엄격하게 판단해야 한다는 태도인 바, **남편이 졸혼 이후 다른 이성을 만난 것은 명확히 부정행위에 해당할 것으로 봅니다.**

Q. 그 여자에게 따지려고 연락했더니, 자신은 남편이 졸혼한 줄 알았으니 죄가 없다고 합니다. 그렇다면 그 여자에게 상간자소송을 할 수 없나요?

: **가능합니다.** 앞선 여러 사례에서 살펴본 바와 같이, 상간자소송은 상대방이 법률상 배우자가 있다는 사실을 알고도 부당하게 부부 공동생활에 개입하여 일방 배우자에게 정신적 고통을 가한 경우에 성립하는 법률상 책임에 대한 소송입니다. ① '졸혼한 줄 알았다.'라는 말 자체가 법률상 혼인 관계를 유지 중이라고 알고 있음을 자인하는 것이고, ② '서로 사생활에 간섭하지 않는다'는 부부의 합의서는 제3자인 상간녀에게도 적용된다고 보기 어렵고(서울중앙지방법원 2022.12.21.선고 2022가단5274786 판결 참조), ③ 아내가 남편의 불륜을 사전 동의하였다고 볼 여지도 없어, **아내는 상간자소송 진행이 충분히! 가능합니다.**

아들도 놓고 집을 나갔던 아내.
10년 넘게 남처럼 별거하다가,
이혼하려면 재산을 내놓으라네요.
정말로 재산 분할 해야 하나요?

66

아내는 아들이 초등학생일 때 집을 나갔습니다. 제가 사업에
실패해 재산을 다 날리고 부모님 집에서 생활해야 한다니, 그
렇게는 살기 싫다고 매정하게 떠났지요. 애를 생각해서 연락
도 해봤지만 돌아올 생각이 전혀 없어 보였습니다. 혼자서 애
도 키우고 사업을 다시 일으키느라 법적으로 이혼은 하지 못
한 채 10년 넘게 시간이 흘렀습니다. 약 13년 동안 다시 밑바
닥에서부터 시작한 사업은 큰 성공을 거뒀습니다. 이제는 법
적으로 이혼을 해야겠다 싶어서 수소문 끝에 연락했는데, 너
무도 당당하게, 이혼할 거면 재산 분할을 받아야겠답니다.

99

이혼 전문 변호사로서 참 많은 사연을 접하고 수없이 많은 사건을 진행
해 왔는데요. 그 사연들 중 어느 하나 가벼운 것이 없고, 이혼하려는 결심은
누군가에게는 죽고 사는 것을 결정하는 것만큼 중차대한 일이라는 것을 매
순간 느끼고는 합니다. 누구는 부모님이 충격을 받을까 두려워서, 또 누구

는 가족관계증명서에 배우자가 없이 홀로 서는 것이 두려워서, 다른 누구는 부모 이혼이 자녀에게 대물림되었다는 말을 듣는 것이 죽기보다 싫어서... 각기 다르지만 가볍지 않은 이유로 이혼을 머뭇거리기도 하지요. 지금 들려드릴 사연은 홀로 아이를 양육하며 하루하루 사는 것조차 너무 버거워, 이혼 절차를 밟는 생각조차 할 여유가 없었던 어느 40대 후반 남편의 이야기입니다.

남편은 아내와 연애한 지 3년 차가 되던 해 아이가 생겨 빠르게 결혼을 진행했습니다. 처음에는 아내와 아이를 책임질 수 있을지 두려웠지만 아내와 병원에 다니면서 초음파 사진도 보고 아이의 심장 소리도 듣고 난 이후, 하늘이 두 쪽 나는 일이 있어도 내 아들, 가족은 내가 반드시 지켜내고야 말겠다고 다짐했지요. 남편은 아이가 태어나자, 그동안 직장을 다니며 모아둔 돈과 부모님께 지원받은 돈을 합쳐 작은 사업을 시작했습니다. 남편이 기대했던 것 이상으로 사업이 잘 풀려 아내는 동네에서 부러움을 잔뜩 받는 부잣집 사모님이 되었습니다.

사업 초부터 일이 너무 술술 잘 풀린 것이 화근이었을까요? 남편은 '내가 확실히 사업에 소질이 있구나, 뭐든 다 성공할 수 있겠어.'하는 자신감이 생겨, 사업을 무리하게 확장했습니다. 주변의 만류에도 불구하고 평소 한 번도 관심을 가진 적 없는 분야에도 과감하게 투자했지요. 그 결과는 너무도 처참했습니다. 남편은 그야말로 '쫄딱' 망하고 말았습니다. 집도 경매로 넘어가고, 자잘한 동산들도 모두 압류되어 남은 것이 없었지요.

이제 남편이 선택할 수 있는 것은 없었습니다. 오갈 데 없어진 남편은 아내, 아들과 함께 본가로 들어갔습니다. 언제까지 이렇게 살아야 하느냐며 원망하는 아내에게 딱 6개월만 기다려 달라고 애원하고 또 애원했지요. 하지만, 6개월 후에도 남편에게는 예전으로 돌아갈 방법은 없었습니다.

아내　"6개월만 견디라더니 이게 뭐야? 어? 언제까지 내가 시부모님하고 이 좁아터진 집에서 같이 살아야 하냐고? 아버님께 좀 도와달라고 할 수 없어?"

남편　"여보 진짜 미안해. 나 신용불량자 되는 거 막겠다고 어머니 아버지가 모은 돈은 다 내 빚 갚는 데 쓰셨어. 이 집이 마지막 남은 재산이야. 힘들겠지만 우리 같이 의지하면서 극복해 보자. 응? 제발 부탁이야. 내가 더 열심히 해볼게."

아내　"됐어! 필요 없어. 난 이렇게는 못 살아. 집 나갈 거야. 애는 당신이 키워!"

아내는 정말로 그날 저녁때 집을 나갔습니다. 애를 생각해서 금방 돌아오지 않을까 기대했지만, 아내는 전화번호도 바꾸고 잠적해 버렸지요. 답답한 마음에 장인 장모님을 찾아가 하소연했지만, 그러게 왜 무리해서 사업을 했느냐는 말 뿐 아내가 어디 있는지 알려주지 않았습니다.

처음 한 달은 가정을 깨뜨렸다는 죄책감과 아이를 혼자 키워야 한다는 두려움이 너무도 커 술에 취해 제정신이 아닌 채로 보냈지요. 그런데 초등학생인 아들이 "아빠, 아빠도 집 나가는 거야? 나 버리지 마. 말 잘 들을게."라며 울며 매달리는 것을 보고 정신이 번쩍 들었답니다. 남편은 그날 이후로 할 수 있는 일은 닥치는 대로 다 해가며 다시 일어서려는 최선의 노력을 했습니다. 아들이 엄마의 공백을 크게 느낄까 봐 걱정되어 주말에는 아무리 피곤하고 힘들어도 아들과 함께 시간을 보냈고요.

그렇게 남편은 13년이라는 시간을 정말 열심히 살았습니다. 그 노력을 보상받듯 새로 시작한 사업은 단단하게 자리 잡아 이전처럼 안정적인 경제력을 가지게 되었고, 부모님이 남편의 빚을 갚느라 날린 돈도 다 돌려드렸고요. 13년 동안 아빠가 얼마나 고군분투하며 살아왔는지 가장 잘 아는 아들은 성인이 되자 더욱 속이 깊어져 "아빠, 나 엄마 얼굴도 기억 안 나는데 아빠 혼자 온갖 고생 하고 외롭게 사는 거 너무 속상해. 그러니까 아빠도 이제 내 걱정 하지 말고 한 살이라도 젊을 때 좋은 사람과 연애하고 재혼도 했으면 좋겠어. 내 소원이야."라고 말해 주었습니다.

아들의 말을 듣고 나서야 자신의 삶을 돌보기로 결심한 남편. 나도 내 행복을 위해 연애도 하면서 살아야겠다는 생각이 들었지요. 그런데, 그러려면 이미 집을 나간 아내와의 법률상 혼인 관계를 먼저 정리해야 했습니다. 지금껏 혼인 관계를 유지한 채로 살아도 불편이 없었고 아내가 먼저 이혼 서류를 보내거나 연락도 하지 않았기에 법률상 혼인 관계를 정리해야 한다는 생각은 한 적이 없었지만, 이제는 정리를 해야겠다 싶었지요.

아내의 연락처를 몰라서 바로 소장을 접수해 볼까 생각했지만, 그래도 아들의 엄마이니 원만히 해결하는 것이 좋겠다는 생각이 들어 장인어른을 찾아갔습니다. 이제 이혼 서류를 정리할 때가 된 것 같으니 원만하게 협의해서 진행할 수 있게 아내에게 연락처를 전달해 달라고 했습니다. 남편이 연락처를 남긴 지 열흘도 채 지나지 않아 아내가 연락을 해왔습니다.

아내   "아빠한테 연락처 받았어. 잘 살았어? 나도 당신 때문에 집 나와 살다 보니 연락도 못 하고 이렇게 시간이 흘렀네. 이제 서류 정리하자며. 나도 그건 동의해. 이혼 조건은?"

남편   "이혼 조건이라니? 당신이랑 나는 같이 산 기간보다 떨어져서 산 기간이 훨씬 길어. 서류상으로만 부부였지 완전 남인데 우리가 조건 달면서 정리할 게 있나?"

아내   "당신이 협의이혼 하자니 나도 좀 알아보고 말하는 거야. 우리 법률상 부부로 20년도 넘었어. 그럼, 지금 당신이 가지고 있는 재산 반절은 나한테 분할해야 돼. 그게 싫으면 이제부터 다시 같이 살자. 나도 노력할게."

남편   "진짜 양심도 없다. 한 번도 애 보러 온 적 없으면서 그게 말이 된다고 생각하니?"

아내는 처음부터 끝까지 적반하장이었습니다. 아들도 버리고 나가서 혼자 신나게 살다가, 이제 남편이 좀 살 만한 것처럼 보이니 재산 분할을 요구한다니, 진작 이혼소송을 진행하지 않은 것이 너무 후회스럽기까지 했지요. 홀로 속앓이하던 남편은 저게 이런 질문을 보내주셨습니다.

Q. 별거 이후에 형성한 재산도 재산 분할 대상인가요?

: **아닙니다.** 재판상 이혼 시의 재산 분할에 있어, 분할 대상이 될 재산과 그 액수는 원칙적으로 이혼소송의 사실심 변론 종결일*을 기준으로 정해야 할 것이나, (대법원 2000. 9. 22. 선고 99므906 판결 등 참조), **장기간 별거한 경우라면 별거 후에 취득한 재산은 그것이 별거 전에 쌍방의 협력에 의하여 형성된 유형·무형의 자원에 기한 것이 아닌 한 재산 분할의 대상이 될 수 없습니다.**(대법원 1999. 6. 11. 선고 96므1397 판결 등 참조). 따라서 본 사연의 남편이 별거 후의 소득 증빙 자료 제출 및 별거 이후 취득한 부동산의 취득 경위 등을 소명해, 아내와 별거를 시작한 당시는 재산이 없었고 현재 보유 재산은 오롯이 남편 혼자 노력해 형성했다는 점을 입증하면 아내는 별거 이후 남편이 혼자 일군 재산에 아무 권리를 행사할 수 없습니다.

Q. 13년 동안 홀로 아이를 양육했습니다. 아내한테서 양육비는 단 한 번도 받은 적이 없고요, 재산 분할을 요구하는 게 너무 괘씸한데, 그간의 양육비를 아내에게 청구할 수 있을까요?

: **네, 가능합니다.** 부모는 미성년 자녀를 공동으로 양육할 책임이 있고, 그 양육에 드는 비용도 원칙적으로 부모가 공동으로 부담합니다. 이러한 자녀양육의무는 자녀의 출생과 동시에 발생하는 것으로, 양육자가 홀로 자녀를 양육한 것이 일방적이고 이기적인 목적 내지 동기에서 비롯되었다거나 그 양육비를 상대방에게 부담시키는 것이 오히려 형평에 어긋나는 등의 특별한 사정이 없는 한, **한쪽 양육자가 양육비를 청구하기 전의 기간에도 상대방에게 그 양육에 관한 비용을 청구할 수 있습니다.**(대법원 2011.7.29. 2008스113 결정 참조).

따라서, 법률상 혼인 관계를 유지하고 있었더라도 별거하던 동안 아내가 남편에게 양육비를 전혀 지급하지 않았다면 남편은 아내가 부담했어야 할 과거의 양육비를 일시금으로 지급하기를 청구하는 '과거양육비청구소송'이 가능합니다. 이혼소송을 하는 경우에는 이혼소송 내에서 이혼과 함께 청구할 수 있습니다.

---

* 사실심 변론 종결일: 우리나라는 사건 1건에 재판을 3회 받을 수 있는 '3심 제도'를 채택하고 있으며, 1·2심이 사실심, 3심이 법률심입니다. 재판이 1심에서 진행되고 있다면 1심의 마지막 변론 기일, 1심 판결 이후 항소하여 2심이 진행 중이라면 2심의 마지막 변론 기일이 '사실심 변론 종결일'입니다

남편의 외도 증거를 잡으려고
차 안에 녹음기를 설치해 증거를 확보했어요.
그런데 남편이 제가 범죄자라며
형사고소를 하면서 이혼을 요구합니다.

66

우연히 남편 스마트워치를 보다가 어떤 여자와 바람난 것을 알게 되었어요. 차분하게 증거를 수집해야 하는데 저도 모르게 그 자리에서 소리를 지르며 추궁했습니다. 남편은 모든 증거를 다 삭제하고 모르쇠로 일관했어요. 내가 두 눈으로 똑똑히 봤지만 증거가 없는 걸 알고 발뺌하는 게 너무 괘씸해서 남편 차에 녹음기를 설치했고, 드디어! 증거를 확보했습니다. 그런데, 그 사실을 알게 된 남편이 오히려 저한테 이혼소송을 하겠답니다!

99

소송은 철저하게 '증거' 싸움입니다. 증거로 입증하지 않는 주장은 어떠한 힘도 없지요. 이혼소송 혹은 상간자소송에서 배우자의 불륜을 주장하기 위해서는 부정행위를 입증할 명확한 증거가 필요합니다. 증거가 없이 단순히 '배우자의 행동이 수상해졌고 유독 그 사람과 친밀하게 지낸 것으로 보아 이 두 사람은 부정한 관계'라는 식으로 주장할 경우, 오히려 상대방이 나를 의부증/의처증으로 몰아 '배우자에게 정신적 고통을 준 유책 배우자'라며 반박할 여지를 줄 수도 있고요. 따라서 내가 수집한 증거가 소송하기에 충분한지, 혹은 어떤 증거를 어떻게 수집해야 할지 명확히 알지 못한다면, 법률 전문가인 변호사에게 미리 법률 상담을 받는 것도 좋은 방법입니다. 지금 소개할 사연은 눈앞에 놓인 증거 수집 기회를 놓치는 바람에 증거를 확보하지 못하고 전전긍긍하다가, 결국 불법으로 증거를 수집해 곤란한 상황에 놓인 어느 아내의 이야기입니다.

결혼 5년 차에 접어든 부부. 연애 5년에 결혼 생활 5년, 총 10년을 함께 했기에 아내와 남편은 서로 숨소리만 들어도 현재 감정까지 알 수 있는 사이였습니다. 그런데, 어느 날부터 아내는 남편이 조금 수상하다는 느낌이 들기 시작했습니다. 평소 사치품에 대해서는 별다른 말을 하지 않지만 유독 향수 쓰는 사람을 이해하지 못해 아내가 향수를 살 때마다 온갖 잔소리를 하던 남편이, "나 요즘 나이 먹으면서 아저씨 냄새가 나는 것 같지 않아? 회사에서 괜히 혼자 위축돼."라면서 향수를 사서 뿌린 것이 아내의 '촉 발동' 시작점이었습니다.

남편은 출근할 때마다 부쩍 외모에 신경 쓰고, 30분씩 일찍 출근하기 시작했습니다. 예전에는 퇴근하고 나서 회사에서 있었던 일을 시시콜콜 얘기하곤 했는데, 최근 들어선 별다른 일이 없다며 혼자 휴대전화를 들여다보다 잠들기 일쑤였습니다. 남편의 행동이 변한 뒤 부부 관계는 전혀 하지 않았고요. 아내는 남편에게 누군가가 생긴 것이라는 생각을 지울 수 없었습니다.

남편은 갑자기 행동이 변한 후부터 30분씩 일찍 출근했기에, 아내는 남편 차량의 블랙박스를 살펴보면 단서를 잡을 수 있으리라 생각했습니다. 그런데, 남편의 블랙박스는 코드가 뽑힌 상태였습니다. 이로써 아내의 의심은 점점 확신이 되었습니다. 아내는 참지 않고 바로 남편에게 물었습니다.

아내　"당신 요즘 바람피워?"

남편　"뭐라고? 자기 꿈꿨어? 뜬금없이 무슨 소리야?"

아내　"나 요즘 당신이 수상해. 안 쓰던 향수를 쓰더니, 블랙박스 코드는 왜 뽑아 놓은 건데?"

남편　"아 그거~. 차 점검하러 갔을 때 보니까 블랙박스가 고장 났더라. 그거 계속 연결해 두면 차 배터리가 방전된다고 바꾸기 전엔 코드 뽑아 놓으래서. 새로 사려니까 50만 원 깨지길래 그냥 놔두는 거지 뭐. 자기 요즘 드라마 너무 많이 봤네. 내가 무슨 바람이니?"

남편은 의심하는 아내가 귀엽다는 듯, 아내가 의심스럽다고 하는 것들을 하나하나 해명했습니다. 그 해명이 모두 다 그럴싸했기에 아내는 남편의 말을 믿을 수밖에 없었지요. 아내가 한 번 남편에게 따져 물은 뒤, 남편은 다시 예전으로 돌아온 듯했습니다. 부부 관계도 예전처럼 잘했고요. 그러던 어느 날 아침. 남편이 늦잠을 자 부랴부랴 출근하느라 애플워치(스마트 워치)를 거실 탁자 위에 두고 나갔습니다. 이를 발견한 아내는 남편이 출발하기 전에 주차장으로 가져다 주려는 생각에 애플워치를 들고 현관문을 나섰습니다. 그런데, 아내가 엘리베이터를 타자마자 애플워치 화면에 메시지가 뜨기 시작했습니다.

『자기야, 출발했어? 오늘 왜 이렇게 늦어. 이러다가 나도 늦겠어.

와이프랑 어제저녁에 뭘 했길래 늦게 일어났어? 진짜 짜증 나.

둘이 사이 안 좋은 거 맞아? 일단 빨리 와.』

아내가 남편이 바람피운 현장을 눈으로 직접 확인한 셈이었습니다. 순간 엄청난 분노에 휩싸인 아내는 '땡' 하고 엘리베이터 문이 열리면서 남편과 마주쳤지요. 아내는 남편을 보자마자 애플워치를 남편에게 던지며 소리를 질렀습니다.

아내 "자기야? 뭐가 어쩌고 저째? 그래, 내가 요즘 너 이상하다 싶었 어. 니가 나를 속이고 바람을 피워? 미친 거 아니야?"

남편 "당신 왜 이래. 뭐 잘못 봤어? 하! 나…, 뭐냐, 지금 너무 늦어서 바로 출근해야 하니까 저녁에 보고 이야기해. 가…가…간다!?"

남편은 아내가 던진 애플워치를 챙겨 들고 회사로 갔습니다. 아내가 종 일 남편에게 메시지를 보내고 전화했지만, 뭔가 오해가 있는 것 같으니 저 녁에 이야기하자는 답장만 올 뿐 별다른 말도 없었지요. 남편이 퇴근하기를 기다리는 아내의 심정은 마치 지옥 불에 빠진 것 같았습니다. 그런데, 퇴근 한 남편은 아주 초연하고 당당했습니다.

남편 "자기야 도대체 뭘 봤길래 그렇게도 난리였어? 진짜 이상하네. 그러니까 지금 내가 바람피운 것 같다 이거지? 휴. 지난번에도 다 설명해 줬 잖아. 이렇게까지 난리 칠 정도면 내 책임도 있지. 자, 내 핸드폰 보고 싶은 만큼 뒤져봐. 그럼 됐지?"

남편이 아내에게 핸드폰을 건네 줘, 아내가 샅샅이 핸드폰을 뒤져보았지만 이미 아무것도 남지 않았습니다. 그런데 오히려 휴대전화에 아무것도 없다 보니, 남편이 뭔가 속이는 것이라는 의심이 더 커졌습니다. 그날 이후 아내는 계속해서 남편을 추궁하기 시작했는데, 처음 2~3일은 저자세로 나왔던 남편이 일주일이 지나자 마치 아내를 의부증이 있는 사람처럼 몰아가기 시작했습니다.

두 눈으로 똑똑히 불륜 메시지를 목격했음에도 너무 당황해 증거로 확보하지 못해 남편이 뻔뻔하게 우기는 것을 지켜보기만 해야 하는 상황에 아내의 정신적 고통은 날이 갈수록 심해졌습니다. 증거를 확보하려 여러 방면으로 노력해 보았지만, 이미 아내가 의심한다는 것을 안 남편에게서 증거를 얻기란 거의 불가능에 가까웠습니다.

이에, 그 두 사람이 분명 남편의 차에 같이 타는 순간이 있으리라 생각한 아내는 답답한 마음에 차량에 녹음기를 설치하기로 마음먹었습니다. 아내는 남편을 더 이상 의심하지 않는 듯 속이며 남편의 차 안에 녹음기를 몰래 설치했습니다. 처음 며칠은 별다른 내용이 없었는데, 녹음기를 설치한 지 2주가 지나고 나서 아내는 드디어 증거를 확보했습니다.

상간녀 "자기야. 우리 벌써 이렇게 다시 만나도 돼? 그 여자가 내가 보낸 메시지 봤다며."

남편 "걱정하지 마. 증거로 확보하진 못한 것 같길래 내가 오히려 강하게 나갔더니 요즘엔 완전 잠잠해."

상간녀 "진짜야? 그러니까 빨리 이혼해. 나 이렇게 불안하게 하지 말고."

남편　"어휴~ 나도 이혼하고 싶은데, 집안 어른들 때문에 일단 시간 끄는 거야. 조금만 기다려."

녹음을 확인한 아내는 '이제 다 됐다.' 하는 마음에 남편에게 곧바로 녹음 내용을 들려주며 불륜을 솔직하게 말하지 않으면 그 여자도 가만두지 않겠다고 엄포를 놓았습니다. 그런데, 녹음 내용을 들은 남편은 "당신 그거 불법 도청이고 범죄야. 불법으로 획득한 증거는 증거 효력도 없다고. 그걸로 협박할 생각하지 마. 그럼 나도 당신 고소할 테니까."라며 적반하장으로 나오기 시작했습니다.

남편의 말을 듣고 보니, 이젠 소송은커녕 범죄자가 되는 것은 아닌가 하는 두려움이 생긴 아내. 저에게 다음과 같은 질문을 보내주셨습니다.

Q. 남편 몰래 차에 녹음기를 설치한 게 큰 죄인가요?

: **네, 형사 처벌 대상입니다.** 공개되지 아니한 타인의 대화를 녹음 또는 청취하는 경우, 통신비밀보호법 제16조 제1항 제1호, 통신비밀보호법 제3조 제1항 본문에 따라, **1년 이상 10년 이하의 징역과 5년 이하의 자격 정지 등의 형벌에 처할 수 있습니다.** 해당 범죄는 벌금형이 없는 범죄로, 고소 당할 경우 실형(집행유예)의 판결을 받는 중한 범죄이므로 절대로 내가 없는 공간에 녹음기를 설치하는 행동은 하면 안 됩니다.

다만 내가 대화에 참여하여 말을 섞었거나 전화 통화를 하는 상황이라면 상대방에게 녹음 사실을 고지하지 않고 녹음하더라도 이는 통신비밀보호법 위반에 해당하지 않습니다.

Q. 녹음기 설치가 불법이면, 그렇게 획득한 증거로는 이혼소송이나 상간자소송을 할 수 없는 걸까요?

: **아닙니다.** 법원이 판결의 기초가 되는 사실을 인정할 때 증거의 증명력을 법관의 자유로운 판단에 맡기는 것을 '자유심증주의'라 합니다. 민사소송법은 이 '자유심증주의'를 채택하고 있어 **증거가 불법으로 수집되었다는 사정만으로 증거 능력이 없다고 단정할 수 없고, 그 채택 여부는 기본적으로 사실심 법원의 재량에 속합니다.** (대법원 1999. 5. 25. 선고 99다1789 판결, 대법원 2009. 9. 10. 선고 2009다37138, 37145 판결 등 참조)

따라서, 불법으로 수집한 증거일지라도 해당 증거로 이혼소송, 상간자소송을 진행하여 배우자의 불법 행위를 입증하는 것은 가능합니다.

다만 증거 능력이 인정되어 이혼소송, 상간자소송을 진행하거나 승소하는 것과 별개로, 증거를 **불법으로 수집해 고소를 당하면 형사 처벌은 면할 수 없습니다.** 민사소송과 달리 형사 처벌을 받으면 직종에 따라 향후 경제 활동에 차질이 생기는 등 심각한 문제가 생길 수도 있으므로 **무리하게 불법으로 증거를 수집하는 행동은 절대로 하면 안 됩니다. 명심하세요!**

남편이 다른 곳도 아닌 집에서,
제가 없는 틈을 타 불륜을 저질렀어요.
너무 괘씸한데, 주거침입으로
형사고소도 할 수 있나요?

66

회사 출장으로 2박 3일간 집을 비웠어요. 일정이 예정보다 일찍 끝났는데, 왠지 모르게 늦은 새벽에라도 집에 꼭 들어가고 싶다는 느낌이 들었습니다. 동료들이 말렸지만, 남편을 놀래줄 생각으로 새벽 3시가 다 되어 집에 도착했지요. 그런데…. 너무 놀랍게도 남편은 침대에서 낯선 여자를 안고 잠들어 있었습니다. 이혼을 결심하고 보니 그 여자가 너무 괘씸해요. 제 허락 없이 집에 들어온 그 여자를 고소할 수 있나요?

99

배우자의 불륜을 알게 되었을 때 정신적 고통은 말로 다 표현할 수 없을 정도로 큰데요. 배우자의 불륜 증거를 확인하고 나면, 아무리 시간이 오래 지나도 증거 자료들이 머릿속에서 사라지지 않고 오히려 더 또렷해져 배우자의 불륜으로 인한 상처는 영영 아물지 않을 것처럼 큰 고통을 남깁니다.

배우자의 불륜을 간접 증거를 통해서 알게 되는 것도 이토록 힘든데, 눈앞에서 불륜을 고스란히 목격한다면? 너무 충격이 커서 그 자리에서 바로 실신한다 해도 전혀 이상하지 않을 것입니다. 이번 사연은 남편의 불륜 현장을 눈으로 목격하고 크나큰 충격에 빠진 어느 아내의 이야기입니다.

아내는 여느 부부처럼 남편과 가끔 다투기는 하지만 별 문제 없이 행복한 결혼생활을 보내고 있었습니다. 두 사람은 어릴 때 결혼하기도 했고 일에 욕심이 있었기 때문에, 직장에서 어느 정도 성과를 인정받고 아이를 가지기로 했지요. 그렇게 서로의 일을 존중해 주고 함께 열심히 돈도 모아가면서 지내왔기에 두 사람에게는 누구보다도 행복한 미래만이 있을 것 같았습니다.

그러던 중, 아내는 성공적으로 마무리하면 다른 동기들보다 빨리 진급할 기회가 생기는 프로젝트에 참가하게 되었습니다. 이 프로젝트가 진행되는 동안에 몸은 고될지라도 너무도 좋은 기회였기 때문에, 아내는 어느 때보다 열심히 프로젝트에 참여했습니다. 야근이 잦아 남편과 함께 보내는 저녁 시간이 거의 없다시피 되어 남편에게 너무나 미안했는데, 오히려 남편은 당신이 승진하면 곧 본인이 승진하는 셈이라면서 가끔 아내에게 도시락도 사다 주며 든든한 지원군이 되었습니다.

그렇게 프로젝트를 시작한 지 5개월 정도 지났을 무렵, 아내는 2박 3일 일정으로 지방 출장을 갔습니다.

아내   "나 없을 때 딴짓하면 죽는다~!?"

남편   "헤헤. 무슨 딴짓이야. 밤새 게임해도 돼?"

아내 　"그래. 내 눈치 보느라 친구들이랑 게임한 지 오래됐잖아. 눈치 보지 말고 신나게 놀아~!"

아내는 결혼 후에 남편만 두고 여행·출장 등을 간 적이 한 번도 없었기에 미안하면서도 괜스레 걱정스럽기도 했지만, 애처럼 밤새 게임을 해도 되냐고 허락을 구하는 남편이 귀엽게 느껴지기도 해서 모처럼 자유 시간을 주는 마음으로 편히 출장지로 출발했습니다.

아내는 정신없이 업무를 처리했고, 둘째 날 저녁이 되자 생각보다 빠르게 업무가 마무리되었습니다. 동료들이 일찍 끝난 김에 다 같이 술 한잔하면서 회포를 풀자고 했지만, 아내는 거절하고 집으로 향했습니다. 아무리 밤새 게임을 한다고 했어도 집에서 먹은 음식 사진만 몇 개 보내고 지나치게 아무 연락이 없는 남편이 괘씸하기도 하고 남편을 깜짝 놀라게 할 생각으로요. 휴게소도 들르며 쉬엄쉬엄 운전하다 보니 집에 도착한 시간은 새벽 3시였습니다. 이럴 거면 그냥 저녁에 놀다가 아침에 집에 올 걸 하는 후회가 들었지만, 아예 이렇게 완벽히 늦게 도착했으니 오히려 남편을 놀라게 하기에는 더 제격이라는 생각도 들었지요.

하지만, 현관문을 여는 순간 너무 놀라 심장이 '툭'하고 땅에 떨어지는 느낌을 받은 것은 남편이 아니라 아내였습니다. 현관에는 낯선 여자의 하이힐이 있었는데, 누가 봐도 아내의 것은 아니었지요. 거실에는 온갖 술병만 널브러져 있을 뿐 남편은 없었습니다. 아내는 그때부터 무슨 일이 생기고야 말았다는 것을 직감했습니다. 아내는 떨리는 마음으로 안방 문을 열었고, 그 안에는 남편과 낯선 여자가 속옷 차림으로 서로를 안고 있었습니다. 아내는 그 모습을 보고 너무도 놀라 아무 소리도 내지 못하고 털썩 주저앉고 말았습니다. 그 모습을 2분쯤 정신이 나간 채로 보다가, 간신히 정신을 차린 아내는 생수를 꺼내와 남편과 그 여자의 얼굴에 부어버렸습니다.

남편과 의문의 여자는 소리를 지르며 벌떡 일어났습니다. 남편은 아내를 보고 놀란 기색을 보이기는 했지만, 술을 얼마나 많이 마셨는지 혀가 꼬여서 말도 제대로 못 했습니다. 그 여자도 마찬가지였고요. 아내는 너무 화가 나 남편의 뺨을 때렸고, 그 여자는 비틀거리며 옷을 주워 입었습니다. 아내는 이게 지금 현실인지, 지금 당장 뭘 어떻게 해야 하는지 가늠이 되지도 않았습니다. 남편과 여자는 5분가량 아내에게 빌다가 그 자리에서 다시 잠들었습니다. 네, 이 상황이 얼마나 심각한지 정상적인 판단을 할 수 없을 만큼 만취한 것이죠.

잠들어 있는 둘의 모습을 보고 있자니 헛구역질도 났습니다. 아내는 빌다가 잠든 두 사람의 사진을 찍어 시부모님에게 보낸 뒤, 곧바로 전화를 걸었습니다. 새벽에 전화를 받은 시부모님은 너무도 놀라 한달음에 집으로 달려와 아내와 함께 그 모습을 목격하셨지요.

시부모님은 만취해 잠든 남편을 대신해 아내에게 무릎을 꿇고 빌었습니다. 그리고 2~3시간쯤 지났을까요, 남편은 잠에서 깨어났고, 시아버님에게 여러 차례 뺨을 맞았습니다. 시어머니는 그 여자를 깨워 이름과 전화번호를 받아낸 뒤, 당장 집에서 나가라고 했고요. 아내는 뜬눈으로 밤을 지새웠음에도 조금도 피곤하지 않았습니다. 정신을 차린 남편은 구구절절 아내에게 변명을 늘어놓기 시작했습니다.

남편　"여보, 그니까 내가 계속 바람을 피운 게 아니고, 자기가 야근하고 늦을 때 심심해서 SNS 하다가 대학 때 잠깐 만났던 여자애 인스타그램을 발견해서 그냥 메시지만 주고받았거든? 근데 자기가 출장 갔다고 하니까 오랜만에 밥이나 먹자고. 밥 먹고 그 뭐냐, 진짜 아무 사이도 아니니까 우리 집에서 술 한 잔만 더하자, 이렇게 된 거야. 그 다음엔 너무 취해서 기억이 안 나는데, 진짜 아무것도 안 했어. 나 술에 취해서 기억이 안 나는데, 진짜 자기가 상상한 그런 일은 없었어. 제발 믿어줘. 부탁이야."

남편은 그 자리에서 그 여자와 주고받은 모든 메시지를 보여주었는데, 누가 봐도 흔히 말하는 '썸 타는' 사이에 있을법한 대화였습니다. 실제로 만나 술을 마신 것은 이번이 처음이라는 말도 완전히 거짓말은 아닌 것 같았지요. 그런데, 그 대화의 내용을 보아하니 오늘 이렇게 아내에게 들키지만 않았다면 언젠가 불륜으로 발전해도 이상하지 않을 것 같았습니다. 시부모님은 아내의 충격이 너무도 클 것 같으니 아내가 어떤 선택을 하든 존중하겠다고 했습니다. 아내는 이번이 정말 처음인 것 같으니 용서해 줄까, 하는 생각도 잠깐 들었지만 남편이 낯선 여자와 속옷 차림으로 안고 있던 그 모습이 날이 갈수록 더욱 선명해져, 결국 이혼을 선택했습니다. 이렇게 힘들게 이혼을 결심한 아내는 문득 억울한 생각이 들어 저에게 다음과 같은 질문을 해주셨습니다.

Q. 제가 없을 때 제 명의 집에 허락도 없이 들어온 그 여자를 주거침입죄로 고소할 수 있나요?

: **고소할 수 없습니다.** 2021년 9월 이전에는 집 명의와 상관없이 부부의 공동 주거지에 일부 공동 거주자의 의사에 반하여 집에 들어갔으리라 추정되는 경우에는, 일부 공동 거주자에 대한 주거침입죄가 성립되었습니다. 하지만 대법원 2021. 9. 9. 선고 2020도 12630 전원합의체 판결에 따라 **공동 거주자 일방의 동의를 받아 집에 들어가는 경우에는 주거침입죄가 성립되지 않는 것으로 기존 판례의 입장이 변경되었습니다.**
「공동 거주자 중 주거 내에 현재하는 거주자의 현실적인 승낙을 받아 통상적인 출입방법에 따라 들어갔다면, **설령 그것이 부재중인 다른 거주자의 의사에 반하는 것으로 추정된다고 하더라도 주거침입죄의 보호법익인 사실상 주거의 평온을 깨트렸다고 볼 수는 없다.** <대법원 2021.9.9.선고 20203도12630 전원합의체 판결 중 일부 발췌>」
이에, **여성이 남편의 동의를 받아 공동 주거에 들어갔다면 아내는 그 여성을 주거침입으로 고소하더라도 혐의를 인정받기는 어려우리라 생각됩니다.**

Q. 남편은 그 여자와 만취해서 실수로 침대에 누워 잠든 것뿐이라고 말합니다. 제가 가진 증거도 그 하루의 증거가 전부이고요. 그럼, 연인 사이는 아니었으니 상간자소송은 불가능한가요?

: **가능합니다.** '상간자소송'은 제3자가 부부의 일방과 부정행위를 함으로써 **혼인의 본질에 해당하는 부부 공동생활을 침해하거나 유지를 방해하고 그에 대한 배우자로서의 권리를 침해**하여 배우자에게 정신적 고통을 가하는 불법행위에 해당해 배우자가 정신적 고통을 금전으로나마 위자받기 위해 위자료를 청구하는 것입니다. 이때의 **'부정행위'**는 비단 일정 기간 지속한 연애뿐 아니라, 유흥 업소 혹은 원나잇과 같이 단발성 만남 등 부부 공동생활을 침해하였다고 평가할 수 있는 것은 모두 포함됩니다. 남편과 연락을 주고받던 여성은 남편이 기혼자라는 사실을 명확히 알고도 부부의 공동 거주지에서 함께 술을 마시고 하룻밤을 보낸 불법행위에 속하는 부정행위를 한 것이 명확합니다. 실제 성관계를 안 했어도, 상간자소송 진행에는 문제가 없습니다. 따라서 사연의 아내는 **반드시, 그 여성에게 상간자소송을 진행하기를 추천합니다.**

16

사실혼
아내의
불륜

결혼식 이후 3년 동안
혼인신고를 미루고 있었어요.
그런데 아내가 바람을 피웠네요.
용서하겠다는데도 이혼하잡니다.

66

아내가 내 집 마련 전략상 혼인신고를 뒤로 미루는 게 좋다고
해서 혼인신고를 천천히 하기로 아내와 합의했어요. 그런데
알콩달콩 잘 살아도 모자랄 결혼 3년 차, 아내의 불륜을 알게
되었습니다. 전 용서할 테니 아기도 낳으며 잘 살자고 했는데,
오히려 아내가 적반하장으로 이혼을 요구하네요. 유책 배우자
인 아내의 이혼 요구, 무시해도 되겠죠?

99

　　이혼소송 상담을 진행할 때, 제가 가장 먼저 확인하는 것이 바로 결혼식
날짜와 혼인신고 날짜입니다. 실질 혼인 기간이 재산 분할 기여도 등을 판
단하는 중요한 요소 중 하나가 되기 때문이지요. 결혼식과 동시에 혼인신고
를 하는 것이 당연하게 여겨졌던 예전과 달리, 최근에는 결혼식을 하고 짧
게는 6개월부터 길게는 5년이 넘게 혼인신고를 하지 않고 생활하다가 자녀
를 임신·출산하면 비로소 혼인신고를 하는 분들이 많아졌다는 것을 몸소 느
끼고 있습니다. 신혼부부 이혼율이 갈수록 높아지면서, '나도 살다가 혹시

나 서로 안 맞으면 어떻게 하지?'라는 불안한 마음에 혼인신고를 뒤로 미루는 문화가 생긴 것은 아닌가 하는 생각이 들기도 하고요. 이번 사연은 혼인신고를 하지 않고 신혼 생활을 이어 나가던 남편의 이야기입니다.

사연의 남편은 아내와 10년이 넘는 연애 끝에 결혼했습니다. 친구들이 짓궂게 "너희는 인생 낭비하는 거야! 연애를 많이 해 봐야지 한 사람만 그렇게 오래 만나면 질려!"라고 장난치며 이야기해도 두 사람의 연애 전선은 끄떡없었고, 너무 자연스럽고 당연하게 다른 사람과 결혼하는 것은 말도 안 되는 일로 치부했지요. 그렇게 긴 시간 한 번도 헤어지지 않고 견고한 연애를 해오던 두 사람은 드디어 결혼식을 올렸습니다.

남편은 결혼식 이후 바로 혼인신고를 할 생각이었는데, 아내가 신혼부부 청약에 도전하려면 돈을 좀 모아서 혼인신고를 하는 것이 어떻겠느냐고 이야기하여 두 사람은 혼인신고를 나중에 하기로 합의했습니다. 남편이 섭섭한 기색을 보이자, 아내는 결혼식도 했고 우리가 부부라고 세상 사람들이 다 아는데 내가 어디로 홀랑 떠나 버릴까 봐 걱정이냐고 장난치며 남편을 다독였지요. 그렇게 남편과 아내의 행복한 신혼 생활이 시작되었습니다.

주변에서 '연애와 결혼은 다르다, 아무리 연애를 오래 했어도 결혼해 보면 몰랐던 새로운 점들 때문에 반드시 다투게 되어 있다.'라는 말을 워낙 많이 했기에, 남편은 결혼 이후에 알게 될 아내의 새로운 모습이 뭘지 걱정도 되고 한편으로는 궁금하기도 했습니다. 다행히 연애 시절에 해외여행도 자주 다니고, 아내가 남편의 자취방에 놀러 와 1~2주씩 머물다 간 적이 많아서 그런지 다행히 결혼 생활을 하면서 새로 알게 된 것 때문에 다투거나 생활 패턴이 달라 생기는 갈등도 없었지요.

그런데 그런 남편이 유일하게 걱정하는 것이 있으니, 바로 부부 관계였습니다. 연애 기간이 6년이 넘어가면서부터 두 사람 사이에서는 스킨십이 거의 사라지다시피 했는데, 연애 중에는 남편도 아내도 별로 신경쓰지 않았지요. 하지만 이제 막 결혼한 신혼부부라는 자각이 들자 남편은 두 사람이 오랜 기간 이성적인 매력을 느끼고 행복해지려면 적극적인 스킨십과 부부 관계는 반드시 필요하다고 생각했습니다.

남편　"자기야. 오늘 피곤해? 왜 이렇게 일찍 자? 우리 신혼부부라구."

아내　"아…. 징그러워, 왜 이래! 우리가 말이 신혼부부지 중년 부부나 다름없어."

남편　"에이, 그래도 우리 노력해야지. 나랑 하기 싫어?"

아내　"아니 자기 말도 맞는데, 너무 새삼스럽게 느껴지고 좀 그래. 오늘은 피곤하니까 다음에 하자. 미안."

남편이 적극적으로 부부 관계를 시도해도 아내가 거절하기 일쑤였습니다. 남편이 분위기를 새롭게 바꾸면 아내가 달라지지 않을까 하는 생각에 근교로 1박2일 여행도 가보려 했지만, 아내가 관계만을 목적으로 여행가는 것 같아서 더 부담스럽고 싫다고 해 그마저도 못했지요. 남편은 관계를 원하는 모습이 아내에게 오히려 부담으로 작용하여 역효과가 나는 것 같아 시간을 두고 차츰 해결해야겠다고 다짐했습니다.

남편이 부부 관계 회복을 위해 노력하는데도 두 사람은 미지근한 온도를 유지하며 생활해 왔습니다. 그러던 어느 날, 아내와 한 회사에 재직 중인 남편의 친구가 남편에게 메시지를 하나 보냈습니다.

『지훈(가명)아. 내가 진짜 고민하다가 혹시나 해서 메시지 보내는 건데…. 망설이다가 너 걱정되어서 연락하는 거야. 오늘 우리 회사가 완전히 뒤집어졌거든. 남직원 A가 결혼식 한 지 6개월도 안 됐는데 같은 회사 여직원과 바람이 났다면서, 그 아내가 찾아와 난동을 부리고 간 모양이야. A랑 바람난 여자도 유부녀인데, A가 결혼하기 전부터 쭉 사귀다 결혼한 후에도 만난 거라더라. 그런데, 바람핀 여자가 3년 전 겨울에 결혼한, 3×살 00부에 일하는 '김'씨라고 소리 지르고 갔다는데, 그 부서에 있는 30대 '김'씨는 은아(가명, 아내)밖에 없어. 그리고 너 결혼 3년 전 겨울에 했잖아. 지금 은아가 상간녀라고 소문나고 있어. 나는 물론 은아가 그럴 리 없다고 생각하기는 하는데, 진짜 혹시 몰라서 연락하는 거야.』

남편은 친구의 연락을 받고 너무도 놀랐지만, 아내를 믿는 마음이 컸기에 절대로 사실이 아닐 것이라 믿으며 아내가 퇴근하기만 애타게 기다렸습니다. 그런데 아내는 야근한다는 말도 없이 저녁 10시가 되어서도 집에 들어오지 않았습니다. 남편 연락도 받지 않았고요. 남편의 불안이 극도로 커져 아내를 찾으러 나가려고 집을 나서는 순간, 아내가 집에 들어왔습니다. 친구에게 들은 이야기가 진실일까 무서워 남편은 선뜻 아내에게 어떠한 질문도 할 수 없었습니다. 그런데 긴 정적을 깨고, 아내가 먼저 입을 열었습니다.

아내   "이혼해. 나 바람피웠어. 그것도 4년이나. 우리 결혼하기 전부터 지금까지 계속 만났어."

남편   "미쳤어? 이상한 소리 하지 마. 왜 이래!? 너 제정신 아닌 것 같으니까 빨리 씻고 자"

아내   "나 당신이랑 만난 지 7년인가 8년쯤 지났을 때부턴가? 그게 권태기였는지 모르겠지만, 그냥 당신이랑 만나는 게 의무처럼 느껴졌어. 그러다가 회사에서 친하게 지내던 A랑 사귀게 됐고. 당신이 결혼하자고 했을 때 어떻게 할지 고민했는데, 내가 당신이랑 10년이나 만나고 결혼 안 하겠다면 쓰레기가 되는 것 같아서 그냥 결혼한 거야. 그런데, 결혼하고도 정 때문에 사는 거지 사랑은 아닌 것 같아서 너무 힘들었어. A가 나 결혼한 거 상관없다, 자기도 결혼할 거니까 그냥 계속 만나자고 해서 만났고. 당신한테 느끼는 감정은 정인데, A한테 느끼는 감정은 사랑이야."

남편이 듣기 싫다고, 그만 말하라고 소리쳤음에도 아내는 너무도 잔인하게 그동안 있었던 일을 덤덤하게 늘어놓았습니다. 남편과 관계를 피하면서도 A와는 2주일에 한두 번은 꼭 모텔에 갔었다는 이야기까지도요. 아내는 남편에게 진심으로 미안하다고, 자신이 보탠 전세 보증금은 위자료로 다 가지라는 말까지 했습니다. 혼자 마음을 다 정리하고 집에 들어온 것 같았죠. 남편은 아내에 대한 배신감도 컸지만 아내가 없는 삶은 상상조차 할 수 없었기에, 모든 것을 다 용서하겠다고 했습니다. 없던 일로 생각할 테니 예전처럼 잘 살아 보자고요. 그런데, 아내는 용서를 바라지 않는다며 강력히 이혼을 요구하고 집을 나갔습니다. 아내의 배신, 그리고 원치 않는 이혼 통보를 받은 남편은 고민 끝에 저에게 다음과 같은 질문을 보내셨습니다.

Q. 유책 배우자인 아내가 일방적으로 이혼을 통보하고 집을 나갔습니다. 전 이혼할 마음이 전혀 없고요. 제가 신혼집에서 버티고 있으면 결혼 관계는 유지되는 것 맞나요?

: **아닙니다.** 사실혼이란 당사자 사이에 혼인 의사가 있고 **사회적으로 정당시되는 실질적인 혼인 생활을 공공연하게 영위하고 있으면서도 그 형식적 요건인 혼인신고를 하지 않아 법률상 부부로 인정되지 아니하는 남녀의 결합 관계를 말합니다.**(대법원 2001. 1. 30. 선고 2000도4942 판결, 대법원 2001. 4. 13. 선고 2000다52943 판결 등 참조) 이 사연의 부부는 결혼식을 올린 후 동거하는 등 혼인 생활의 실체는 형성하고 있으나, 혼인신고를 하지 않았기 때문에 사실혼 관계에 해당합니다.

사실혼은 혼인신고를 마친 법률상 부부와 달리 이혼을 진행하기 위해 법원에 확인받거나 이혼 신고를 하는 등의 법적 절차를 받을 필요가 없습니다. 대신 ① **당사자간 합의하거나,** ② **합의를 하지 않더라도 일방의 통보로 혼인 관계를 해소할 수 있습니다.**

유책 배우자가 이혼을 청구할 경우 그 청구가 기각된다는 것 역시 혼인신고를 한 법률상 부부에게 적용하므로, 혼인신고를 하지 않은 사실혼 부부에게는 해당하지 않는 것이고요. 따라서 **사연의 남편이 이혼을 절대 원치 않는다 하더라도, 아내가 이혼을 통보하였다면 사실혼 관계는 완전히 해소된 것으로 보아야 합니다.**

Q. A는 제 결혼식에도 참석해 사진까지 찍은 사람입니다. 무슨 생각으로 결혼식에 왔던 것인지, 화가 치밀어 오릅니다. 혼인신고를 하지 않았으니 A에게 상간자소송도 못하는 건가요?

: **아닙니다.** 제3자가 부부의 일방과 부정행위를 함으로써 혼인의 본질에 해당하는 **부부 공동생활을 침해하거나 유지를 방해하고 그에 대한 배우자 권리를 침해하여 배우자에게 정신적 고통을 가하는 행위는** 원칙적으로 불법행위를 구성하고(대법원 2014. 11. 20. 선고 2011므2997 전원합의체 판결 참조), 이는 **사실혼 관계에서도 동일하게 적용됩니다.** 이 사례에서, 아내와 부정행위를 한 A는 이 부부의 결혼식에 참석하여 아내가 사실혼 관계에 있다는 사실을 명확히 알면서도 부정행위를 지속하였던 바, 남편은 A에게 상간자소송을 할 수 있습니다.

17

남편의
혼전 합의서
불이행

여자 관계가 복잡한 남편과
결혼하기 전에 합의서를 작성했는데,
남편이 합의서 내용을 이행하지 않습니다.
합의서 내용대로 이혼하고 싶어요!

> 남편이 연애할 때부터 여자 문제로 속썩이는 일이 많았어요.
> 그래서 결혼 준비하면서 제일 먼저 한 일이 합의서를 작성하고
> 공증받기였죠. 그런데, 사람은 절대 바뀌지 않더군요. 합의서
> 를 작성해 놓고 결혼 이후에 바람을 또 피웠습니다. 합의서 내
> 용대로 이혼하자고 했더니 그때랑 지금이랑 상황이 다르다며
> 말을 바꾸고 있어요. 저, 합의서 내용대로 승소할 수 있겠죠?

다양한 매체에서 다양한 불륜 사례를 소개하다 보니, 결혼을 앞둔 분들이 '내 배우자도 혹시, 예상치 못한 유혹으로 불륜을 저지르게 되면 어떻게 하지?'하는 불안이 들어 처음부터 불륜의 싹을 잘라버릴 「혼전 합의서」를 작성하고 싶다며 상담하러 오기도 하는데요. 이번에 소개할 사연은 혼전 합의서로도 남편의 불륜을 막지 못해 이혼을 결심하게 된 아내의 이야기입니다.

아내와 남편은 3년 연애 후 결혼한 지 2년 된 신혼부부입니다. 사실 아내

는 남편과 연애할 때부터 남편의 바람기 때문에 하루도 마음 편할 날이 없었습니다. 남편은 큰 키와 준수한 외모로 이성에게 인기가 많았는데, 남편은 그런 이성의 관심을 무시하기는커녕 오히려 더 큰 관심을 얻으려고 적극적으로 노력하는 사람이었거든요. 이러니 남편 주변에는 이성이 끊이지 않았고 아내의 근심은 사라질 날이 없었지요. 아내가 이런 속앓이를 하면서도 연애를 지속한 이유는 남편의 외모가 아내 이상형에 가까운 데다가 남들이 욕심내는 이 남자가 내 남자친구라는 일종의 자부심 때문이었습니다.

남편은 SNS를 활발히 하면서도 한순간도 SNS에 여자친구가 있는 것을 티 내지 않았습니다. 남편이 올린 셀카에 낯선 여자들이 잘생겼다는 댓글을 달면, 남편은 절대 그냥 지나치지 않고 여지를 남기는 듯 답글을 다는 것이 일상이었지요. SNS 내에서 사적인 메시지(DM)도 자주 주고받았고요. 아내가 남편에게 섭섭하다고 하면 남편은 "뭐 그런 걸로 섭섭해 하냐"며 핀잔을 주었습니다. 다른 여자들의 댓글이 너무도 거슬려서 아내가 일부러 '우리 자기 너무 잘생겼다♥' 라는 식으로 댓글을 남기면, 남편은 아직 결혼할 사이도 아닌데 공개적으로 연애 사실을 밝히는 건 부담스럽다면서 아내의 댓글을 삭제해 버렸지요. 아내도 처음 한두 번은 이런 속상한 마음을 친구들에게 털어놓았죠. 그럴 때마다 친구들이 "야, 네 남자친구 무조건 바람피워. 더 정들기 전에 정리해. 저렇게 끼 부리고 다니는 거 절대 못 고친다."라며 헤어지는 게 답이라는 듯 이야기하는 것이 못마땅해, 결국 누구에게도 고민을 털어놓지 못하게 되었습니다.

남편은 온라인에서만 여지를 남기고 끼(?)를 부린 것이 아니었습니다.

SNS에서 여러 명과 댓글을 주고받으며 친해지더니 주기적으로 밥도 먹고 술도 마셨습니다. 아내가 그렇게 따로 만나는 건 바람 아니냐며 따져 묻기도 했는데, 그때마다 남편은 아내를 이해할 수 없다는 듯 "내가 바람피울 거면 자기한테 말 안 하고 몰래 만나 술 마시겠지, 이렇게 일일이 말해 주겠어?"라고 당당히 대답해 아내는 더 이상 아무 반박도 할 수 없었습니다. 이런 상황이 반복될 때마다 아내는 상당히 큰 스트레스를 받았지만, '결혼하면 그땐 당당히 나를 공개한다고 했으니까, 날 더 사랑하게 만들어서 빨리 결혼하고 행복하게 살면 돼! 그리고 원래 결혼 전에 많이 놀아 봐야 결혼 후에 딴짓 안 하고 가정적인 남편이 된댔어.'라고 합리화하며 힘든 시간을 건너냈지요.

교제 기간이 2년 반쯤 지났을 때 아내가 먼저 결혼 이야기를 꺼냈습니다. 남편을 다른 사람들과 공유하는 느낌을 이제는 완벽히 없애버리고 싶었거든요. 남편이 아직 경제적으로 준비가 덜 되어 결혼은 천천히 하고 싶다고 하자, 아내는 부모님께서 신혼집도 마련해 주시고 결혼 선물로 차도 한 대 사주실 수 있다고 했으니 빨리 결혼하자고 남편을 설득했습니다. 이렇게 해서 결혼 날짜를 잡고 결혼식을 한 달 반 정도 남겨둔 어느 날, 아내는 우연히 남편이 낯선 여자와 주고받은 메시지를 보게 되었습니다.

『응, 우리 애기 사랑해~. 애기는 오빠가 뭐가 그렇게 좋아? 귀여워 정말.』

상대방 여성 사진은 한눈에도 남편보다 한참은 어려 보였습니다. 남편은 그 여자가 귀여워 어쩔 줄 모르겠다는 메시지를 가득 보내 놓았고요. 그동안 남편이 이성들과 친하게 지내는 것을 자주 보기는 했지만, 남편이 그토록 강조하던 건전하고 당당한 친목 만남이 아닌 명백한 바람을 목격한 것은 처음이었기에 아내는 이 상황을 어떻게 해결할지 막막하기만 했습니다.

아내는 곧바로 남편을 추궁했고, 남편은 사실을 전부 인정하며 결혼 전 처음이자 마지막 일탈이었으니 한 번만 봐줄 수는 없느냐며 용서를 구했습니다. 그동안 여자관계도 복잡했는데, 심지어 결혼 준비 중에 바람이라니…. 불행한 결혼 생활이 펼쳐질 것이 불 보듯 뻔했습니다. 그런데, 아내는 차마 파혼을 선택할 수 없었습니다. 이미 부모님, 지인, 친척, 친구, 회사 동료 모두에게 청첩장을 돌리며 결혼 소식을 전했기에, 파혼하게 되면 큰 흠이 되는 것만 같았기 때문이지요. 결국 울며 겨자 먹기로 결혼을 강행하기로 한 아내. 아내는 이 불안을 잠재우기 위해 남편에게 다음과 같은 합의서를 작성하자고 했습니다.

| 결혼 합의서 |

1. 이승훈(가명, 남편)은 결혼식 하루 전날까지 SNS에 결혼 사실을 알리는 글과 사진을 올린다.
2. 이승훈은 결혼식 하루 전날까지 휴대전화에 저장된 미혼 여성의 연락처를 모두 삭제한다.
3. 이승훈이 김가람(가명, 아내)과 결혼한 후 바람을 피운 것이 발각될 경우, 이승훈은 모든 재산을 포기하고 김가람에게 1억 원을 지급하고 이혼한다.
4. 이승훈이 바람을 피워 이혼하게 될 경우, 이승훈은 김가람의 부모님이 구매해 준 차량 명의를 김가람에게 즉시 이전하고, 차량 이용료 및 손해배상금으로 5000만 원을 지급한다.

아내는 남편이 원만하게 합의서를 작성해 줄지 걱정했는데, 의외로 남편은 진심으로 반성하고 사과하는 모습을 보여주겠다며 그 자리에서 바로 합의서에 도장을 찍고 아내와 함께 서류를 공증까지 받았습니다. 아내는 보호장치가 생겼다는 생각에 마음 편히 결혼식을 올렸지요.

그런데…. 왜 언제나 불길한 예감은 빗나가지 않는 것일까요? 결혼식 후 혼인신고를 하고 8개월이 채 지나지 않아 아내는 남편이 바람핀 증거를 발견했습니다. 남편은 결혼 전 만났던 그 '애기'와 새롭게 SNS 계정을 만들고 아내를 속여가며 만남을 이어가고 있었던 것이죠.

아내 "미친 거 아니야? 이럴 거면 왜 결혼했어? 그 애랑 못 헤어질 거면 그냥 파혼하면 됐잖아!"

남편 "당신한테 미안해서 그랬지. 결혼 취소로 날리는 돈도 아깝고…. 정리하려고 했는데 미안해. 이번엔 진짜 정리할게."

아내 "됐어, 나 합의서 내용대로 이혼할 거야. 그러니까 자동차 명의 나한테 옮기고 1억 5000만 원 내놔."

남편 "싫어. 나 이혼 안 해. 줄 돈도 없고. 그 합의서는 당신이 쓰라고 해서 억지로 쓴 거야. 강요당한 거라고. 그 합의는 무효야."

너무도 당당하게 합의서가 무효라고 주장하는 남편, 아내는 답답한 마음에 저에게 다음과 같은 질문을 해주셨습니다.

Q. **결혼 전에 작성한 계약서 내용대로 이혼 요구할 수 있나요?**

: **결혼 전 작성한 계약서 내용대로 이혼하는 것은 불가능합니다.** 다만, 이 사연에서 아내가 계약서대로 이혼할 수 없다는 것이 곧 모든 결혼 전 계약서·합의서가 법적 효력이 없다는 것은 아니라는 점을 유의해야 합니다.

우리 민법 제829조에는 부부 재산 약정에 대한 조문을 규정하고 있어, **부부가 결혼하기 전 재산의 소유, 관리, 재산의 운영 방법에 대하여 정할 수 있습니다.** 이러한 부부 재산 약정서는 결혼 전 소유 재산에 대한 귀속 주체를 명확히 해두어, 이혼으로 재산 분쟁이 발생할 시 특유재산과 부부 공동재산을 구분하는 근거 자료 활용할 수 있다는 의미가 있지요.

하지만, 결혼 전에 계약서를 작성하더라도 ① 인륜에 반하는 내용, ② 어떠한 일이 있어도 이혼하지 않는다는 등 의사 결정의 자유를 박탈하는 내용, ③ 이혼하게 될 경우 재산 관계를 미리 확정하는 내용 등은 효력이 없습니다.

이 사연의 아내가 작성한 계약서의 내용 중 일부는 배우자가 재산에 대한 권리를 모두 포기한다는 내용으로, 이혼에 따른 재산분할 청구권이 형성되기도 이전에 그 권리를 사전적으로 포기한 것으로서 효력이 없습니다. 나아가 당사자가 협의로 이혼하는 것을 전제로 작성한 것으로 볼 수 있어, 남편이 계약서의 내용을 인정하지 않아 이혼소송을 진행하게 될 경우 계약서(합의서)는 효력이 없을 것으로 생각됩니다.

남편이 저 때문에 투자에 실패했다며
너무 괴롭혀서 이혼하기로 했습니다.
재산 분할하자고 했더니, 자기 부모님이 주신
돈은 재산 분할 대상이 아니라네요?

66

남편은 세상에서 돈이 제일 중요한 사람이었습니다. 그런데
제가 강력하게 주장해서 매수한 아파트값이 떨어지니, 그때
부터 하루도 빠지지 않고 저를 향해 온갖 비난과 욕설을 퍼붓
기 시작하더군요. 도저히 참을 수 없어 이혼하기로 하고 재
산 분할하자고 했더니, 결혼 생활 시작하며 시부모님이 주셨
던 돈이 시부모님에게 갚아야 할 돈이라 저에게 나눠줄 건 하
나도 없다고 합니다. 정말 더럽고 치사해서 재산 분할 꼭 받고
싶어요!

99

이혼소송에서 다투게 되는 위자료, 친권 양육권, 재산 분할 중 어느 하나
소홀할 것이 없지만, 특히 재산 분할은 결혼 중 형성된 재산을 청산·분배하
고 이혼 후 새로운 삶의 기반을 형성하는 데 매우 중요한 역할을 하기에 소
송 진행 시 제가 가장 신경 쓰고 꼼꼼하게 진행하는 부분입니다. 재산 분할
은 분할 대상 재산을 확정하고 기여도를 주장하는 과정을 거쳐서 진행합니

다. 흔히 재산을 분배하지 않으려는 쪽은 자기 명의의 적극재산을 줄이거나 일부러 채무를 늘리는 다양한 '꼼수'를 쓰기도 하는데요, 이번에 소개할 사연도 이 '꼼수'와 관련 있습니다.

사연의 당사자는 결혼 13년 차, 외아들을 양육하는 살림 100단의 아내입니다. 아내가 살림 100단이 된 것은 '짠돌이', '구두쇠'라는 별명을 가진 남편의 영향이 컸습니다. 남편은 외벌이 가정이 살아남으려면 절약을 생활화해야 한다며, 아내에게 단돈 1000원을 써도 무조건 가계부를 써 남편에게 검사받게 했습니다. 신혼 초에는 남편의 이런 지나친 꼼꼼함이 답답할 때도 많았지만, 외벌이로 아이를 키우면서 우리 집 마련에 성공하려면 남편의 방식을 따르는 것이 맞겠다고 생각해 아내도 최선을 다해 절약했지요.

아내는 식비를 절약하려 저렴한 재료로 다양한 음식을 만들고, 필요한 물건은 중고 거래로 구매하는 등 고단수 살림꾼이 되어갔습니다. 이렇게 8~9년 열심히 돈을 모으던 아내는 문득, 절약해서 돈을 모으는 속도보다 집값이 오르는 속도가 훨씬 빨라서 이렇게 해서는 절대 집을 살 수는 없겠다는 생각이 들었습니다. 이에 아내는 아이가 초등학교에 들어가 시간 여유가 생기자 부동산 공부를 시작했습니다. 어떤 물건이 좋은지를 파악하는 법, 등기부등본 확인하는 법 등을 익히며 부동산 스터디 모임에도 가입했지요. 그렇게 6개월간 열심히 공부한 아내는 남편에게 분양권 하나를 매수하자고 제안했습니다.

남편은 뜬금없이 분양권을 사자는 아내의 말에 무슨 말도 안 되는 소리냐며 절대 안 된다고 으름장을 놓았죠. 아내는 어떻게 해서든 그 분양권을 꼭 사야 좋다는 생각이 들었기에, 아내 명의 보험으로 약관 대출을 받고 아르바이트도 하고 자기 용돈은 반으로 깎는 등 할 수 있는 모든 조건을 제시해 가며 남편을 설득했습니다. 아내의 끈질긴 설득에 남편도 어디선가 이야기를 듣고 왔는지 분양권을 매수하기로 동의했고, 아내는 1년 뒤에 분양권을 구매했던 가격보다 1억 원 더 비싸게 매도하는 것에 성공했습니다.

아내의 투자 권유로 큰 수익을 본 남편은 너무 기뻐하며 결혼 생활 중 처음으로 아내에게 금목걸이를 선물하기도 했습니다. 아내는 투자에 성공한 후에 자신감이 생겨 더 열심히 부동산 공부를 하고 투자 자금에 보태기 위해 아르바이트도 끊임없이 했습니다. 그렇게 또다시 열심히 때를 노리던 아내, 이번에는 진짜 내 집 마련의 때가 왔다며 남편에게 아파트 매수를 권유했습니다.

아내　"여보, 우리 전세 보증금에 그동안 적금 들어놓은 거, 지난번에 수익 난 거 다 합하고 대출 풀로 땡겨서 30평대 아파트 사자."

남편　"뭐? 그 지역 아파트를 사자고? 우리 형편에 무리야. 그리고 그렇게 대출을 다 땡기면, 어휴 대출 이자를 어떻게 감당해. 아파트는 좀 천천히 사자."

아내　"여보, 집값이 미친 듯 올라가는 게 분위기가 심상치 않아. 지금이 대출받아서 집 살 수 있는 마지막 기회야. 그리고, 그 지역으로 도로 뚫리는 거 확정됐대. 그럼 더 오를 거야."

남편은 수입은 고정 금액인데 대출을 무리해서 끌어오면, 이자를 감당하느라 생활이 너무도 어려워질 것 같다며 아내의 제안을 두 번이나 거절했습니다. 그런데 아내가 이전에 분양권으로 수익을 냈던 때처럼 이번에도 정말 확실하니 한 번만 더 믿어 달라고 강력히 주장해, 결국 30평대 아파트를 사기로 했습니다. 아내는 이제 아파트값이 오르는 일만 남았다고 확신했지요.

그런데, 너무도 야속하게도 끝없이 오르기만 할 줄 믿었던 아파트값이 내려가기 시작하더니, 수개월 사이에 거래 가격이 3억 가까이 폭락하고 말았습니다. 엎친 데 덮친 격으로 변동 금리였던 대출 이자율이 계속 올라, 남편 월급의 70%를 고스란히 이자로 납부하게 되었지요. 남편 월급 중에 70%를 이자로 내고, 관리비, 보험료, 통신비 등 필수 비용을 지출하고 나니 생활비로 남는 돈이 하나도 없어, 아내는 아르바이트 가짓수를 늘려 식비 등에 보탰습니다. 집 때문에 말 그대로 먹고사는 일이 치열한 전쟁이 되자, 남편은 아내에게 비난과 원망을 퍼붓기 시작했습니다.

남편　"그러니까, 집에서 애나 키우지 왜 쓸데없이 부동산 공부랍시고 여기저기 기웃거려서 우리 집을 망하게 만드냐? 어?"

아내　"그래, 내가 집 사자고 해서 미안해. 그런데 어차피 우리가 이 집을 바로 팔려던 건 아니잖아. 살다 보면 집값 오를 거야. 도로도 개통되고…."

남편　"그놈의 도로 타령! 이자는 계속 늘어가고 집값은 떨어지는데, 이게 사람 사는 거냐고!"

아내　"그래서 내가 일하는 거 늘렸잖아. 나 집에서 할 수 있는 부업도 알아봤어. 그럼 한 30만 원은 더 벌 수 있고 그걸로 생활비 보탤게."

남편　"그깟 30만 원 더 벌어서 뭐 어쩌겠단 거야! 집에 사람 하나 잘못 들어오면 망한다더니 내가 딱 그 꼴이네! 그 꼴이야!!!"

처음 한두 달은 남편에게 미안한 마음이 커서 아내는 남편의 온갖 비난과 멸시를 다 참았습니다. 그리고 자녀를 돌보면서 할 수 있는 아르바이트는 모두 다 했지요. 그런데 시간이 흐를수록 이율은 끝도 없이 오르고 아파트값은 반등의 기미를 보이지 않자, 아내를 향한 남편의 원망은 갈수록 심해졌고 심지어는 폭력적인 모습을 보이기에 이르렀습니다.

아내가 "집이 사라지는 것도 아니고 사기를 당한 것도 아니니, 너무 극단적으로 생각하지 말고 1~2년만 같이 힘을 모아 견뎌 보자."고 강하게 말하자, 남편은 "누구 때문에 이렇게 됐는데 아직도 꿈속에 사냐?"고 소리치며 아내의 뺨을 때리고 말았습니다. 넘어서는 안 될 선까지 넘어버린 남편의 모습을 보니, 아내는 나중에 아파트 문제가 잘 해결된다고 한들 조금이라도 돈과 관련해 어려움이 생기면 아내를 제일 먼저 내팽개칠 사람이라는 생각이 들어, 이혼을 결심했습니다. 남편에게 이혼하자고 하니, 남편도 아내의 얼굴을 볼 때마다 집 때문에 생긴 화병이 커진 것 같다며 바로 이혼에 동의했습니다.

아내　"원만하게 이혼하자. 이혼하고 내가 애 데리고 키워야 하니까, 재산 분할해 줘. 아파트값 떨어졌다고 해도 지금 아파트값에서 대출금 빼면 한 1억 5000만 원은 남고, 당신 아버님 돌아가실 때 상속받은 땅도 한 5000

만 원짜리 있잖아. 주식에 3000만 원 넣어둔 것도 있고."

남편　"집 망하게 한 사람이 돈타령이야? 당신 때문에 3억 날린 거 손해배상 청구해도 모자랄 판에. 그리고, 우리 결혼할 때 부모님이 2억 5000만 원 빌려주신 거, 그건 왜 빼? 주식에 있는 거고 뭐고, 다 긁어모아도 부모님한테 갚을 돈도 안 나와. 재산 분할 같은 소리하지 마!"

아내　"무슨 3억을 날려!? 집값 떨어졌다고 바로 돈 날리는 게 아니잖아. 그리고, 내가 투자 잘해서 1억 벌었던 건 생각 안 하나 봐? 시부모님이 결혼할 때 자금으로 주신 돈이 언제부터 채무가 됐어? 당신 진짜 치졸하다."

돈 때문에 시작된 갈등으로 이혼 조건에 대한 협의가 원만하게 이루어지지 않자, 답답해진 아내가 저에게 다음과 같은 질문을 하셨습니다.

Q. 시부모님이 결혼할 때 2억 5000만 원을 주시면서 "나중에 살 만해지면 갚아라." 하고 슬쩍 한마디 하신 적이 있기는 합니다. 그럼, 진짜 남편 말대로 남편의 채무로 인정될까요?

: **아닙니다.** 재산 분할을 진행할 때 가장 많이 등장하는 '꼼수'가 바로 채무 늘리기입니다. 나의 순자산을 줄여 '나도 채무 빼면 남는 것이 없어! 오히려 내가 받아야 해!'라고 주장하기 위함이지요. 실제로, 누가 봐도 한 날 한 사람이 작성한 것으로 보이는 차용증 열댓 개를 증거로 내는 경우도 빈번합니다. 그렇다면 이렇게 차용증만 있으면 모두 채무로 인정되는 것일까요?
소송에서 채무로 인정되려면, ① 금전소비대차 계약서(차용증) ② 대여금 이체 내역 ③ 약정에 따라 주기적으로 원리금을 상환한 이체 내역 등이 구체적으로 있어야만 합니다. 특히, **결혼 시점 전후 부모가 자식에게 일정 금원을 지급한 것은 일반적으로 자녀에게 증여한다고 판단하므로** 다른 금전 거래 내역보다 좀 더 엄격하게 대여 사실을 입증해야만 채무로 인정받습니다. 본 사연에서 남편은 결혼과 동시에 부모님에게 돈을 받았고, 이후 별도로 차용증을 작성하거나 원리금을 상환한 사실이 없었던 바, **부모님에게 상환해야 할 채무라고 주장해도 이를 인정받기는 어려울 것으로 생각합니다.**

Q. 남편이 저 때문에 집을 잘못 샀으니, 떨어진 집값만큼 손해배상을 청구하겠다고 자꾸 겁을 줍니다. 정말 그렇게 할 수 있나요?

: **아닙니다.** 남편이 집을 매수하는데 아내의 강력한 주장이 큰 영향을 미친 것은 사실이나, 아내가 남편에게 강요한 것은 아닙니다. 남편 스스로 아내가 이전에 성공한 투자 결과를 믿고 자유로운 의사에 따라 집을 매수한 것이지요. 따라서 **집 매수에 따른 손해는 남편과 아내의 공동 책임이지 일방의 책임이라고 볼 수 없으므로, 떨어진 집값만큼 아내에게 손해배상을 청구하겠다는 남편의 주장은 타당하지 않습니다.** 아파트의 실거래 가격이 떨어졌을 뿐 아파트를 실제로 매도한 것이 아니기 때문에, 손해가 확정되었다 보기도 어렵고요.

19

아내의
자녀 교육
집착

아내가 아직 다섯 살도 되지 않은
자녀 교육에 지나치게 집착해서,
신용카드 대출까지 받아서 교육비로 씁니다.
이게 정상인가요?

66

아이를 데리고 우연히 학원을 방문했습니다. 요즘은 어린이
집에 다닐 때부터 사교육을 따로 시키지 않으면 나중에는 따
라갈 수 없을 정도로 격차가 벌어지기 때문에, 가급적 사교육
을 빨리 시키는 것이 좋다는 이야기를 들었어요. 그날부터 아
내가 병적으로 아이의 교육에 집착하고, 육아 방식이 너무도
달라 결국 이혼을 결심하게 되었습니다.

99

소중한 내 자녀에게는 누구보다 더 좋은 것만 해주고 싶은 마음은 세상 어
느 부모나 같지요. 부부가 자녀를 잘 키우겠다는 마음으로 똘똘 뭉쳐 한 팀
이 되어 자녀를 양육하면서 사이가 더욱 돈독하고 견고해지는 경우가 있는
가 하면, 반대로 자녀에게 사랑을 표현하는 방식 또는 양육할 때 중요하게 생
각하는 부분, 자녀를 대하는 가치관 등이 너무도 달라 갈등을 겪다 결국 이혼
에 이르게 되는 안타까운 경우도 있습니다. 이번 사연은 아내의 지나친 교육
열로 갈등을 겪다가 이혼을 결정하게 된 어느 남편의 이야기입니다.

남편과 아내는 결혼할 때 2년 동안 신혼 생활을 충분히 즐기고 아이를 갖기로 약속했습니다. 두 사람 모두 아기를 너무도 좋아해서 하루빨리 두 사람을 똑 닮은 아기를 가지고 싶다는 생각이 들면서도, 평생에 딱 한 번 있을 신혼 생활을 마음껏 후회 없이 즐기고 싶은 생각도 있었거든요. 그렇게 후회 없이 2년을 보내고 남편과 아내는 임신을 위해 적극적으로 노력하기 시작했지만, 두 사람의 생각과 달리 아기가 쉽게 찾아오지 않았습니다.

남편과 아내는 6개월 정도 자연 임신을 시도해 보았으나 달리 성과가 없자 지인의 권유로 병원 검사를 받았습니다. 병원에서는 자연 임신이 어려워 보이니 시험관아기 시술을 권유하였습니다. 쉽지 않은 과정이었지만, 두 사람이 함께 건강 관리도 하고 서로를 응원하고 격려하면서 2년 동안 노력한 끝에 드디어 아기 천사를 만나게 되었지요.

힘들게 임신한 만큼 남편은 임신 기간 중 아내를 극진히 보살폈고 아내는 그 누구보다 태교를 열심히 했습니다. 태교에 좋다고 소문난 것은 음악, 영화, 책 등 어느 하나 섭렵하지 않은 것이 없었지요. 남편이 우스갯소리로 태교를 수능 공부보다 더 열심히 하는 것 아니냐고 이야기할 정도로요.

아기가 태어난 이후, 아내의 태교 열정을 뛰어넘는 육아 열정이 시작되었습니다. 아내는 아이에게 무조건 '최고'로만 골라 해줬습니다. 아내가 시부모님에게 받은 출산 축하 용돈으로 고가 명품 아기 옷을 산다기에, 남편이 아기들은 금방 자라니까 차라리 그 돈으로 네가 가지고 싶은 걸 사는 게 낫지 않으냐고 말해도, 아내는 자기가 사고 싶은 것이 명품 아이 옷이라며 아이를 위해서만 돈을 썼지요. 남편은 경제적으로 아주 여유로운 상황은 아니었기에 아깝다는 생각도 들었지만 아내가 아이를 어렵게 가져서 아이에 애착이 큰 것이 아닌가, 한편으로 짠하기도 해서 아내의 '유난'을 존중해 주었습니다.

아내는 아이가 먹는 것에도 지극 적성이어서 무조건 유기농 재료를 사서 이유식 등 모든 음식을 손수 만들어야 직성이 풀렸지요. 남편은 퇴근하고 집에 오면 저녁도 먹지 못한 채 아내를 도와 이유식 재료를 손질하고, 자르고, 다지는 일을 해야 했고요. 한 번씩 아내의 이런 유난이 과하게 느껴져 아내에게 짜증을 낸 적도 있었지만, 금세 마음을 다잡고 다 아이를 위한 일이라고 생각하고 참고 또 견뎌냈습니다. 그런데 아이가 커가면서 시작된 아내의 '교육 유난'은 이전에 겪었던 것과는 차원이 달랐습니다.

남편과 아내는 아이가 세 돌이 되어갈 무렵, 우연히 유아 대상 사교육 학원의 설명회에 방문했습니다. 그곳에서 지금부터 아이 교육을 체계적으로 시작하지 않으면 어린이집에 들어가면서부터 그 격차를 느낄 것이라는 이야기를 들었습니다. 남편은 상술이라면서 그 말을 한 귀로 흘려버렸지만, 아내는 달랐습니다. 그날 이후 아내는 온갖 아이 교육 정보 카페에 가입하고, 시간이 날 때마다 유튜브로 유아 교육 영상을 찾아보았지요. 그렇게 2주 정도가 지나자 아내는 아이에게 영어로만 된 노래, 영상만을 틀어주기 시작했습니다.

남편 "여보, 애가 지금 우리말도 제대로 못 하는데 무슨 영어야?"

아내 "자기가 뭘 몰라서 그래. 내가 알아보니까, 지금부터 자연스럽게 영어에 노출되어야 영어를 원어민처럼 할 수 있는 거야."

남편　"그렇게 한다고 원어민처럼 할 수도 없어. 그리고 원어민처럼 만들어서 뭐 하게?"

아내　"하, 자기는 이렇게 애한테 관심이 없어? 요즘엔 영어는 기본이래. 그리고 영어 유치원 보내려면 지금 시작해도 늦은 거라고!"

한 번 교육열을 올리기 시작한 아내는 그야말로 아이 교육에 '폭주'했습니다. 아이의 창의력을 깨워야 한다며 방문 학습지를 신청해 일주일에 두 번씩 교사가 찾아오고, 아내도 아이와 영어로 대화하겠다며 영어 공부를 시작했지요. 이제 세 살 된 아이에게 한 달 교육비가 200만 원이 넘게 들어갔습니다.

남편　"자기야, 내 월급이 400만 원이 조금 넘는데 지금 애 교육비로만 200만 원을 쓰는 게 말이 돼? 당신이 우리 애 생각해서 그런다는 거 아는데, 벌써 이러면 어쩌려고 그래? 우리 생활비까지 하면 마이너스야. 안 되겠다. 앞으로 교육비로는 한 달에 50만 원 이상 지출 금지야."

이렇게 남편과 갈등이 발생했지만 아내는 아이 교육에 대한 집착을 버리지 못했습니다. 이주일에 한 번꼴로 집에 커다란 택배 박스가 왔고, 그 안에는 온갖 학습 교구와 영어 동화책이 가득했습니다. 아이는 아직 한글도 떼지 못했는데 말이죠. 남편이 도대체 어디서 돈이 생겨서 자꾸 이런 것들을 사느냐고 다그쳤지만, 아내는 내가 알아서 할 테니 애 교육은 신경 쓰지 말라고 선을 그어버렸습니다.

그렇게 아내가 아이의 교육에 눈을 뜨고 1년이 지난 후, 아이가 어린이집에 다니기 시작했습니다. 아내는 내심 아이가 어린이집에서 '영특한 아이'로 인정받으리라 기대하는 것 같았지요. 그런데, 어린이집에 다니기 시작한 지 4개월쯤 지났을 때 남편과 아내는 어린이집 선생님으로부터 정반대의 이야기를 듣게 되었습니다. 아이가 동요 부르기, 동화책 읽기 등의 과정을 할 때마다 자기 머리를 잡아 뜯는 등 이상 행동을 반복하고, 또래 친구들과 어울리지 못하고 대부분 혼자 보낸다는 이야기였습니다. 그 이야기를 들은 남편이 집에서 아이가 했던 행동을 곱씹어 보니, 어느 순간부터 언어 능력이 일정 수준에서 멈춘 것 같았습니다.

남편은 아이의 상태를 미리 알지 못한 것을 자책하며 바로 아이를 데리고 바로 아동심리 상담센터 등에 방문하였습니다. 그리고 언어 체계가 형성되지 않은 아이가 외국어를 무리하게 학습해, 오히려 한글, 영어 모두를 제대로 인지하지 못하고 혼동이 발생하면서 스트레스를 받는 것이라는 검사 결과를 들었습니다. 전문가는 남편에게 당분간 아이와 몸으로 하는 놀이 등에 신경 써주고 진행하던 학습 과정은 중단하기를 추천했습니다.

상담 이후, 남편은 아이에게 생긴 문제가 아내의 과도한 교육열 때문인 것 같아 화도 났지만, 아내를 더 적극적으로 말리지 않은 자신도 책임이 있고 아내도 처음이라 그랬으리라 생각하며 아내를 이해하려고 했습니다. 그런데, 아내는 상담을 받은 후에도 아이 교육을 멈추지 않았습니다.

남편　　"당신 지금 뭐 하는 거야? 이러면 우리 애 상태가 더 안 좋아진다잖아. 저것들도 다 가져다가 팔고, 앞으로 영어 이야기는 꺼내지도 마!"

아내   "애들 이렇게 혼돈기를 한 번씩 겪는대. 엄마가 흔들리지 않고 계속 영어를 접하게 해줘야 한다고 다른 엄마들이 그랬다니까? 내가 지금껏 영어 공부시키느라 생긴 빚이 얼만데!?"

알고 보니, 아내는 그동안 남편 몰래 거액의 신용카드 현금서비스까지 받아 아이에게 온갖 교육을 하고 있었습니다. 이대로 가다간 아이에게도 큰 문제가 생기고, 가정 경제에도 문제가 생길 것이라고 생각한 남편. 이혼을 결심하고 저에게 다음과 같은 질문을 해주셨습니다.

양나래 변호사의 **속시원한 법률 상담**

Q. 아이의 교육에 지나치게 집착하는 아내, 유책 사유가 될 수 있을까요?

: **네. 유책 사유가 될 수 있습니다.** ① 아내가 남편 몰래 신용카드로 채무를 발생한 점, ② 부부는 아이의 공동 친권자이므로 아이 양육 방식은 충분히 논의를 거쳐 상호 합의한 내용이어야 하는 것임에도, 아내가 남편의 의견을 존중하려는 노력도 없이 독단으로 양육 방식을 결정하고 강요한 점, ③ 아내가 독단으로 내린 결정이 자녀의 복리에도 부정적인 영향을 미쳐왔던 점 등을 종합해 살펴보면, 아내가 부부로서 가질 책임과 의무를 올바로 자각하지 못한 채 혼인 생활을 지속해 남편이 아내에 대한 신뢰를 잃었음을 미루어 짐작하는 바, 아내의 유책성이 인정되리라 생각합니다.

Q. 이혼하면 아이 양육권은 제가 가지고 싶습니다. 그런데, 아이 양육권은 무조건 엄마한테 간다고 하더라고요. 아빠는 양육권을 주장하기가 어려울까요?

: **양육권자가 무조건 엄마로 지정되는 것은 아닙니다. 자녀의 양육권은 철저하게 '자녀의 복리'를 기준으로 결정됩니다.** 따라서 설사 유책 배우자일지라도 일방 배우자보다 자녀의 주 양육자로서 더욱 적합하다는 점을 충분히 주장·입증하면 양육권자로 지정될 수 있지요.

자녀가 어릴수록(특히 영·유아기) 아이를 먹이고, 재우고, 돌보는 과정에서 상대적으로 엄마의 손길이 더욱 필요하다고 여겨지기 때문에 **엄마가 양육권에 유리한 것은 부정할 수 없는 현실입니다.** 하지만 본 사안과 같이 엄마가 아이 교육에 비정상적으로 집착하여 자녀에게 악영향을 미치는 등의 특수한 사정이 있다면 남편은 아내가 양육자로서 부적합한 면을 주장·입증하여, 양육권을 확보하는 노력을 해볼 수 있을 것으로 보입니다.

다만, **이 경우에도 아내의 부적합성만 주장할 것이 아니라, 남편이 양육자로서 적합성 (양육권 분쟁 발생 이전에 양육에 적극적으로 참여한 내용, 구체적인 미래 양육 계획 및 이혼 이후의 양육 환경, 양육을 도울 보조 양육자의 유무 여부 등)을 구체적으로 주장· 증명하는 노력이 반드시 필요합니다.**

20
남편의
불법 수익

어느 날, 남편이 갑자기 투자에 성공하면서
우리 집 생활이 아주 여유로워졌어요.
그런데 그 돈이 범죄에 가담해서
번 돈이었다고 합니다.

> 66
>
> 남편은 평범한 월급쟁이 개발자였습니다. 그런데, 어느 날 갑자기 저한테 명품 가방을 턱! 하고 사주더라고요. 갑자기 무슨 돈이 생겼냐고 깜짝 놀라 물었더니, 투자한 돈이 수십 배 넘게 수익 났다고 앞으로 돈 걱정 없이 살게 해준다고 했습니다. 그런데, 이렇게 가족에게 쓴 그 돈이 다 범죄로 만든 돈이라네요. 남편은 우리 가족을 위해서 한 일이니까 저도 같이 책임져야 하고 절대 이혼은 할 수 없대요. 어떻게 하죠?
>
> 99

삶에서 즐겁고 행복한 순간뿐 아니라 어렵고 힘든 시간도 함께 의지하며 이겨내는 것이 부부라지만, 만약 내 배우자가 우리 가족을 위한다는 명목으로 다른 사람들에게 피해를 주고 나아가 그것이 결국 가족을 위태롭게 만든다면, 이런 상황에서도 배우자를 믿고 응원할 수 있을까요? 지금 소개할 사연은 남편이 범죄에 연루되어 하루아침에 아이들과 함께 도망자 신세가 된, 어느 아내의 이야기입니다.

PART 1. 그래서, '왜' 이혼하는 거예요?

아내는 남편과 결혼해서 아이 둘을 낳고 평범하게 살던 가정주부였습니다. 생활이 아주 부유하지는 않지만 그렇다고 특별히 어렵지도 않은 평범한 가정이었지요. 가끔 SNS를 통해 고급 호텔에서 호캉스를 즐기고 명품을 쇼핑하는 친구들을 보면 부럽기도 했지만, 각자 형편에 맞게 생활하는 것이 중요하다고 생각해 아내는 소소한 행복을 찾으며 남편, 아이들과 함께 평범한 나날들을 보냈습니다.

그런데 생일도, 기념일도 아닌 정말 말 그대로 '아무런 날도 아닌' 날, 남편이 퇴근하면서 커다란 쇼핑백을 가지고 들어왔습니다. 쇼핑백만 보아도 누구나 알 수 있는 명품 브랜드에서 선물을 사왔다며 건네는 남편을 보고, 아내는 좋은 마음보다 불안이 먼저 생겼습니다.

아내 　"자기야, 이거 뭐야? 갑자기 이걸 왜 사줘? 무슨 돈이 생겨서 뜬금없이 이걸 사와?"

남편 　"여보, 그냥 즐겨. 이거 할부도 아니고 현금으로 사 온 거니까. 걱정하지 마."

아내 　"그러니까, 그 현금이 어디서 났느냐고? 인센티브 들어올 때도 아니잖아. 도대체 뭐야?"

남편 　"여보가 능력 있는 남편을 만나서 호강하는 거야. 나 사실 자기 몰래 투자한 게 있는데, 그게 대박이 터졌어!"

남편은 아내 몰래 만들었던 비자금으로 투자한 것이 상상을 초월하는 대박이 났다고 했습니다. 앞으로는 돈 걱정 없이 살 수 있으니 가지고 싶은 건 눈치 보지 말고 다 사라며 아내에게 새로 만든 신용카드도 하나 주었습니다. 하지만 아내는 하루아침에 벼락 부자가 되었다는 게 믿기지 않을 뿐 아니라, 갑자기 생긴 큰돈을 바로 다 흥청망청 써버리면 그대로 의미 없이 날리게 될까 봐 남편이 준 신용카드를 쉽사리 쓸 수 없었지요.

남편　　"여보, 왜 돈을 쓰라는 데도 못 써? 모을 만큼 모아놓고 여윳돈으로 쓰는 거니까, 백화점 가서 반짝이는 것도 사고, 옷도 막 사 입어! 왜 이렇게 촌스럽냐? 당신은 너무 착해서 탈이야."

남편이 3~4개월 동안 차도 바꾸고 백화점에서 명품을 잔뜩 사들여도 문제없이 카드 대금이 결제되는 것을 확인한 아내는 '남편이 진짜 부자가 되었나 보다.' 생각하고, 그 생활에 조금씩 적응하기 시작했습니다. 아이들이 학교에 가면 혼자 백화점에 가서 그동안 눈여겨보던 가방, 신발 등을 사는 것이 일상이 되었고, 어느덧 일부 매장에서는 VIP가 되어 있었지요. 좋은 곳에서 밥 먹고, 쇼핑하고, 마사지도 받고, 아내는 돈 쓰는 행복이 어떤 것인지 날마다 감탄했습니다. 이런 생활을 누리게 해준 남편이 너무도 고마워, 남편 내조는 더더욱 열심히 했고요.

아내가 이런 삶에 익숙해져 남편이 투자에 성공하기 전 생활이 기억조차 나지 않게 된 어느 날, 퇴근하고 돌아온 남편 안색이 평소와 달리 너무도 어두웠습니다. 아내가 무슨 일이 있냐고 물어도 남편은 별일 아니니 걱정하지 말라고 아내를 안심시켰지요. 그런데, 그날 이후 남편은 하루도 빠짐없이 불안에 시달리는 듯 보였습니다. 밤에는 잠을 이루지 못해 거실에서 혼자

술을 진탕 마시기도 했고요. 그렇게 한 달쯤 지났을 때, 남편이 아내에게 새로 투자한 것에 문제가 생겨서 그러니, 당분간은 쇼핑을 줄여달라고 했습니다. '예전에는 백화점에서 쇼핑하는 날이 일 년에 한 번이 될까 말까였는데, 쇼핑 줄이는 게 뭐 어려운 일이겠어?'라고 생각했지만, 이미 커진 씀씀이를 다시 줄이는 것은 생각보다 어려웠습니다. 하지만, 아내는 남편의 표정, 말투를 보니 정말 큰일이 생긴 것 같아 예전 생활로 돌아가기 위해 노력했습니다.

그로부터 약 4개월쯤 지난 어느 날, 남편이 연락 두절 상태로 집에 들어오지 않아 여기저기 연락을 하던 아내는 모르는 번호로 걸려 온 전화를 받았습니다.

"안녕하세요. 00경찰서 수사관 000입니다. 박영철(가명, 남편) 씨 아내시죠? 오늘 남편이 긴급 체포되어서 유치장에 있습니다. 곧 영장실질심사를 받을 텐데요, 박영철 씨가 아내한테 연락해 달라고 해서요. 00경찰서로 오셔서 면회하십시오."

처음에는 보이스피싱을 의심하던 아내는 경찰서로 와서 남편을 만나라는 말에 00경찰서로 향했고, 정말로 그곳에는 남편이 있었습니다. 아내가 남편에게 들은 이야기는 너무도 끔찍했습니다. 남편은 자기가 개발한 코인이 가까운 시일 내에 코인 거래소에 상장하게 될 예정이며, 상장 후 거래가 시작되면 큰 수익이 생길 것이라고 사람들을 속여 돈을 벌었다고 했습니다. 처음에는 이 정도로 일이 커질 줄 몰랐는데, 입소문이 나다보니 걷잡을 수 없게 되었다고요. 네, 남편이 투자로 벌었다던 그 돈은 사기로 얻은 범죄 수

익금이었던 것이지요. 남편의 말을 듣고 집으로 돌아온 아내는 큰 충격을 받았지만, 일단 상황을 해결해야겠다는 생각에 집에 돌아오자마자 가지고 있던 값나가는 물건을 정리해 남편의 변호사를 선임했습니다.

남편이 대책도 없이 그럴 리 없다, 아이들과 함께 잘 생활하다 보면 남편도 별 탈 없이 집으로 돌아올 것이라고 마음을 단단히 먹었습니다. 그런데 남편이 구속된 후, 사기 피해자들이 집으로 찾아와서 "아내도 한통속인 것 다 알고 있으니 돈을 내놓으라"고 난동을 부리고 돌아가는 일이 수시로 반복되었습니다. 더는 이렇게 살기 어렵겠다고 생각한 아내는 남편에게 찾아갔습니다.

아내   "이혼해. 당신 때문에 나랑 우리 애들 하루하루가 지옥이야."

남편   "여보, 내가 변호사 통해서 잘 해결하고 있어. 조금만 참아줘. 응?"

아내   "내 남편이 범죄자라니, 진짜 무섭고 끔찍해. 누가 큰돈 벌어다 달랬어?"

남편   "내가 나 좋자고 그랬어? 당신이랑 애들을 위해서 이런 거잖아. 당신도 누릴 거 다 누려놓고 이러면 안 돼! 내 진술 한 번이면 당신도 이 안에 들어오는 거 시간 문제인데 애들 생각해서 참고 있어. 그러니까 이혼 이야기는 꺼내지도 마."

남편에 대한 배신감과 앞으로의 생활에 대한 불안으로 남편과의 이혼을 결심했지만, 남편이 으름장을 놓아 겁에 질린 아내. 저에게 다음과 같은 질문을 보내주셨습니다.

Q. 남편이 저 몰래 범죄를 저지른 것도 이혼 사유가 되나요?

: **네. 가능합니다.** 민법 제840조 제6호에서 '혼인을 계속하기 어려운 중대한 사유가 있을 때'를 이혼 사유로 정합니다. 여기서 '혼인을 계속하기 어려운 중대한 사유가 있을 때'란 부부 사이에 **애정과 신뢰가 바탕이 되어야 할 혼인의 본질에 상응하는 부부 공동 생활 관계가 회복할 수 없을 정도로 파탄되고 혼인 생활을 계속 강제하는 것이 한쪽 배우자에게 참을 수 없는 고통**이 되는 경우를 말합니다. 이에 해당하는지는 전체 혼인 기간, **파탄 상태에 이르게 된 경위 및 지속 기간, 파탄의 원인에 관한 당사자의 책임 유무와 정도**, 그 전 과정에 걸쳐 파탄 상태의 극복 및 혼인 관계 지속을 위한 진지한 노력 여부, **부부로서 책임과 의무에 대한 올바른 자각 하에 온전한 상태로 혼인을 계속할 의사·자세의 존부, 자녀 유무, 당사자의 연령, 이혼 후의 생활 보장, 그 밖에 혼인 관계에 관한 여러 사정을 두루 참작하여 판단합니다.**(대법원 1991. 7. 9. 선고 90므1067 판결, 대법원 2021. 3. 25. 선고 2020므14763 판결 등 참조)
본 사연에서는 남편이 아내와 자녀를 위한다는 명목으로 독단으로 범죄를 저질러, 아내는 남편에 대한 신뢰가 완전히 깨졌을 것임이 충분히 추단되는 바, 민법 제840조 제6호에 따라 아내는 남편에게 이혼청구가 가능합니다.

Q. 남편이 범죄로 벌어온 돈인 줄도 모르고 생활비에 써버렸습니다. 저도 범죄에 가담한 것이 되나요? 저, 정말 무서워요.

: **아닙니다.** 만약 아내가 남편이 벌어온 돈이 사기로 편취한 돈(범죄 수익)인 것을 알고도 사용했거나, 남편이 돈을 숨기는 것을 도왔다면 범죄 수익 은닉의 규제 및 처벌 등에 관한 법률 위반으로 형사처벌 대상입니다. 하지만 아내가 남편이 범죄를 저지른다는 사실을 전혀 인지하지 못했고 이를 의심조차 할 수 없는 상황이었다면, 남편이 피해자로부터 편취한 금원 중 일부를 생활비 명목 등으로 받았다는 사실만으로 아내가 범죄자가 되는 것은 아닙니다. 다만, **아내가 책임에서 벗어나려면 남편의 범죄 사실을 전혀 몰랐다는 것을 충분히 소명해야만 가능합니다.** 아내는 남편과의 통화, 문자 메시지 내용 등을 토대로 남편의 범죄 사실을 전혀 몰랐던 점, 평소에 경제권이 전적으로 남편에게 있어 세부 자금 흐름 등을 알 수 없었던 점을 철저히 주장·증명해야 할 것으로 보입니다.

부부에게 생긴 갈등을 현명하게 극복하면 부부 관계가 돈독해져 갈등이 생기기 전보다 더욱 행복하게 삶을 꾸려나가기도 합니다. 일 년에도 수백 쌍의 부부를 만나 상담하고 이야기를 듣다 보니, 자연스레 '이렇게 하면 부부 관계가 원만하게 회복되겠구나'하는 일종의 위기 갈등 팁을 터득하게 되었지요. 상담할 때마다 갈등의 세부 양상은 다르더라도, 큰 틀에서는 비슷한 갈등을 겪는 분들이 참 많다는 것을 느낍니다. 그래서 갈등 중인 부부들이 지혜롭게 회복하기를 바라는 마음으로, 공유를 허락한 의뢰인의 상담·사건 사례를 각색하여 갈등 해결 사례를 구성하였습니다. 이 사례들을 통해 부부 갈등 해결을 위한 초석을 다질 수 있길 바랍니다.

PART
2

어떻게 다시
결혼 생활을 유지
하게 되었나요?

: 이혼 위기 극복 사례

1

갈등 해결
방식 극복

주말부부 생활 3년, 시간이 흐를수록
남보다 못한 사이가 되어가던 우리 부부.
주말부부 생활을 정리하자
관계가 회복되기 시작했습니다.

기혼자라면 '주말부부는 3대가 덕을 쌓아야 할 수 있다.'라는 말을 한 번쯤은 들어봤을 텐데요. 결혼을 하면 남편과 아내 모두 필연적으로 가정을 위해 개인의 자유를 어느 정도 희생하며 생활할 수밖에 없습니다. 이에 결혼 생활이 원만한 부부도 결혼 연차가 높아질수록 평일에는 각자 독립 공간에서 자유롭게 생활하다가 주말에만 함께 시간을 보내는 주말부부를 일종의 로망(?)처럼 여기기도 하지요. 이번에 소개할 사연은, 주변 사람들은 모두 부러워하는 주말부부 생활에서 문제가 생겨 이혼할 위기에 놓였던 부부가 주말부부 생활을 정리한 이후 가까스로 부부 관계를 회복하게 된 이야기입니다.

남편과 아내는 결혼하고 서울에서 신혼 생활을 시작했습니다. 아내는 결혼 전부터 해오던 학업을 계속 하기로 해, 아이는 아내가 학업을 마치고 가지기로 약속했지요. 그런데 평범한 신혼 생활을 해나가던 부부에게 계획과 달리 아이가 덜컥 생겼습니다. 부부는 생각지도 못한 임신에 당혹스러웠지만, 언젠가는 자녀를 출산할 계획이었으니 조금 일찍 찾아온 아이를 기쁘게 낳기로 결정했지요.

아이가 태어나고 셋으로 가족이 늘자 마냥 행복하리라 기대했지만, 갓난아이를 양육하는 현실은 참으로 혹독했습니다. 남편은 아이가 태어난 직후 각종 프로젝트에 책임자로 참여하게 되어 잦은 야근과 주말 출근에 시달렸고, 자연스럽게 아이 양육은 온전히 아내의 몫이 되었습니다. 남편도 나름대로 잠을 줄여가며 새벽 시간에 아이를 돌보려고 노력했지만, 고된 회사 일로 체력이 떨어져 아내에게 충분한 도움을 줄 수 없었지요. 주변에서 양가 부모님께 도움을 받으라는 조언을 하기도 했으나, 남편의 부모님은 어린 아이를 돌보기에는 몸이 좋지 않으셨고, 아내의 부모님은 지방에서 직장 생활을 하기에 서울로 올 수도 없는 상황이었습니다. 두 사람의 힘으로는 도저히 아이 양육을 감당할 수 없던 부부는 결국 아내가 지방의 친정으로 내려가 양육에 도움을 받기로 했습니다.

그렇게 시작된 주말부부. 아내에게 양육 보조자가 생겨 숨돌릴 겨를이 생겼으니 이제 부부에게 큰 문제는 없을 것으로 생각했지요. 하지만 주말부부로 지내는 시간이 길어질수록 두 사람 사이에 감정의 골은 걷잡을 수 없이 깊어졌습니다. 부부는 평일에 각자 생활에 집중하느라 거의 연락을 못하다시피 했고, 남편이 주말에도 출근하느라 아내에게 가지 못하면 2주 이상 남처럼 생활했지요. 함께 지낼 때는 서로 힘든 것을 가까이에서 보기에 내가 더 힘들다, 혹은 내가 더 희생하며 지낸다고는 생각하지 않았지만, 서로 떨어져 지내자 오롯이 나만이 희생한다는 생각에 사로잡히게 되었고요.

"나 이번 주말에도 못 내려가. 프로젝트 마감이 얼마 안 남았는데 중간에 문제가 생겨서. 진짜 긴급이야. 미안해."

"당신 진짜 회사 가는 건 맞아? 혼자 지내니까 아주 신났지? 우리 엄마는
무슨 죄가 있어서 이 나이에도 애 보고 있어야 하냐고!"

"왜 말을 그렇게 해? 나는 뭐 놀고 있어? 미안하다고 했잖아."

"돈을 얼마나 많이 번다고 주말에도 애를 보러 안 오냐고! 그렇게 일해서
돈이라도 많이 벌었으면 시터라도 쓸 수 있었지! 그렇게 주말에도 계속 일
하는 거? 당신이 무능해서 그런 거야. 알아?"

두 사람은 주말부부를 하기 전에도 한 번 다투면 일주일 이상 말하지 않
고 지내다가 어쩔 수 없는 상황이 생겨야만 비로소 냉전이 풀리는 식으로
갈등을 해소해 왔습니다. 그런데 주말부부로 떨어져 지내느라 자연스럽게
대화할 기회가 없자, 어느 한쪽도 먼저 대화를 건네지 않게 되어 두 달씩 아
무 대화도 하지 않기도 했지요. 이런 상황이 반복되니 결국 두 사람은 아이
와 관련한 필수 이야기가 아니면 아예 사적인 대화를 하지 않는 지경이 되
었습니다.

남편이 아이를 보러 처가에 가면 아내는 남편 얼굴도 제대로 쳐다보지
않고, "당신도 애 보면서 고생 좀 해봐. 나랑 엄마는 밖에 나갔다 올 거야."
라고는 밖으로 나가버렸지요. 주말부부를 시작한 처음 4~5개월을 제외하고
세 식구가 온전히 함께 보낸 시간은 단 한 순간도 없었습니다. 이런 상황이
반복되니 남편은 아내와 처가 식구가 자신을 냉대한다고 느껴, 아이를 보러
처가에 가 놓고도 저녁에는 근처 모텔에서 혼자 잠을 잤고요. 이렇게 주말

부부로 보낸 3년 반 동안 아이는 성장했지만, 부부 관계는 극도로 악화했습니다. 결국 부부는 이렇게 사는 것이 무슨 의미가 있느냐며 협의이혼을 하자고 했지요.

남편과 아내는 본격적으로 이혼 조건을 조율하기 시작했습니다. 아내는 남편이 양육에 조금도 도움을 주지 않았다며 이혼 후 아이는 절대 보여주지 않겠다고 했습니다. 그 말에 화가 난 남편은 혼자 잘 키우라며 아이를 보지 않았고요. 그렇게 3개월이 넘도록 아이를 보지 않고 이혼 조건을 이야기하며 신경전을 벌이던 두 사람이 날을 세우지 않고 진지하게 대화를 시작하게 된 계기는 아이가 내뱉은 한마디 때문이었습니다.

"엄마, 아빠 죽었어? 아빠는 왜 안 와?"

두 사람은 이제 겨우 온전히 문장으로 말하기 시작한 아이가 그런 이야기를 했다는 것에 매우 놀라, 잠시 다툼을 멈추고 두 사람의 관계가 어디부터 잘못되었는지 돌이켜 보기 시작했습니다. 그리고 그 갈등이 주말부부로 떨어져 생활하면서 시작됐고, 아무리 힘들어도 함께 생활하면서 지지고 볶아야 하는데 몸에서 멀어지니 마음도 멀어진다는 말이 맞다는 생각이 들었습니다. 아이를 생각해서라도 다시 살림을 합치고 온전한 가정으로 딱 1년만 함께 노력해 보기로 했습니다.

부부는 떨어져 지내는 동안 세 사람이 함께 보낸 시간이 없었기에, **무조건 2주에 한 번씩은 주말에 아이와 나들이를 가기로 약속했습니다. 그리고, 다투더라도 대화하지 않는 시간은 3일을 넘기지 않기로 했지요.** 감정이 좋지 않은 상황이기에, 약속을 어기면 바로 이혼하고 약속을 어긴 사람이 양육권을 포기해 아이를 보지 않는다는 무시무시한 내용으로 합의서도 작성했습니다. 처음에는 함께 생활한다고 해서 큰 변화가 있을까, 관계가 개선되기는 할지 반신반의했습니다. 그런데 걱정과 달리 두 사람의 관계는 빨리 안정되었습니다.

처음에는 의무로 나들이를 갔지만 아이가 엄마 아빠와 함께하며 행복한 모습을 보자, 따로 약속을 바꾸지 않았는데도 자연스럽게 주말마다 가족이 함께 시간을 보내었지요. 그리고 다투더라도 3일을 넘기지 않고 무조건 대화해야 한다는 약속이 관계 개선에 아주 큰 역할을 했습니다. 두 사람은 싸우고 나면 대화는 멈추고 서로를 무시하며 생활했고 이 때문에 갈등이 더 길어지기도 했습니다. 그런데 합의 내용에 따라 억지로라도 대화하게 되니 변화가 생겼습니다. 처음에는 익숙하지 않아 언성을 높이고 모진 말도 하는 등 말 그대로 '난리 대잔치'였지만, 그 과정을 반복하다 각자 서운한 점을 마음에 담지 않고 말로 풀며 '잘 싸우는 방법'을 터득하게 된 것이지요. 이렇게 이혼의 위기에 닥쳤던 이 부부는, 한 공간에서 살을 맞대며 생활하고 다툼을 잘 풀어내는 방법을 익히며 부부 관계를 회복했습니다.

양나래 변호사의 **부부 갈등 해결 팁**

TIP <u>결혼 생활을 원만히 유지하려면, 잘 싸우고 빨리 잘 푸는 것이 중
요합니다.</u>

"저희 부부 사이에서 대화가 사라진 지 오래됐어요. 대화만 하면 다투고 싸우는 데
질려서 아예 대화를 안 하는 걸 선택했죠. 그런데 이렇게 살다 보니까, 이럴 거면
도대체 왜 같이 사나 싶은 거예요. 그래서 이혼하려고요."

배우자의 외도만큼이나 이혼 사유에서 큰 비중을 차지하는 것, 바로 '성격 차이'인
데요. 그중에서도 '대화 방식·갈등을 풀어가는 방식'이 너무 차이가 크면, 그 차이
를 극복하고 갈등을 해결하는 것을 포기해 서로에게 무관심으로 일관하며 남보다
못하게 생활하다가 결국 이혼에 이르는 부부가 많습니다. 그런 모습을 보면 대리
인으로 소송을 진행하는 저조차도 두 사람이 함께 해온 긴 시간이 서로에게 어떤
의미도 없이 건조하고 삭막하기만 했음이 느껴져, 허무하고 안타깝다는 생각이 들
기도 하고요.

아무리 사이좋은 부부도 결혼 생활을 하다 보면 다툼이 생길 수밖에 없습니다. 어
떤 때는 배우자 가족들의 말이 섭섭해서, 혹은 나를 무시하는 것 같아서, 또는 내
희생을 당연하게 여기는 것만 같아서요. 그런데, 상처를 제때 치료하지 않으면 치
료하는 데 오래 걸리고 흉이 남는 것처럼, 지금 바로 갈등을 해결하려는 노력, 서로
대화 방식을 이해하고 맞추려는 노력을 하지 않으면, 나중에는 돌이킬 수 없게 되
어 버립니다. 그러니, 부부 사이에 문제가 생기기 시작했다면 서로 사랑하는 마음
으로 결혼을 약속했던 때를 떠올리면서 마음을 열고 조금씩 양보하며 이해하고 맞
추어 나가야 합니다. 만약 두 사람만으로 그 차이를 극복하기 어렵다고 느껴진다
면 부부 상담 등 전문가의 조력을 받는 것도 아주 좋은 방법입니다. 처음에는 상담
을 받아도 바뀔 리 없다며 상담에 회의적이었다가 상담하면서 배우자와 대화하는
방식이 달라 갈등이 생겼다는 것을 깨닫고, 이후에도 여러 번 상담하면서 관계를
개선하려 노력하기로 했다는 소식을 전하는 분들도 많고요! 혹시, **배우자와 대화
를 시도할 때마다 소모적인 입씨름처럼 느껴져 고민스러우신가요? 대화로 갈등을
해결하는 것에 지쳐 서로를 무시하고 대화가 단절된 생활을 하고 있으신가요? 그
렇다면, 오늘 바로 한발 양보해서 먼저 대화를 시도해 보기를, 혼자 힘으로 어렵다
면 부부 상담을 꼭 해 보기를 바랍니다.**

2

금전 관리
차이 극복

돈 관리하는 스타일이 달라
이혼의 문턱까지 갔던 우리 부부.
오히려 이혼 상담을 받고 나서,
갈등을 극복하게 되었습니다.

결혼은 전혀 다른 환경에서 자라온 두 사람이 만나 한 가정을 이루는 것이기에, 아침을 먹는지, 주말에는 늦잠을 자는지, 설거지는 식후 바로 하는지 나중에 하는지 등 사소한 것들부터, 양가 부모님에게 용돈을 언제 얼마씩 드릴지, 각자 수입을 어떻게 관리할지와 같이 부부의 공동생활에 직결되는 것까지 서로 맞추어야 할 것이 참 많습니다. 차이를 맞추는 과정에서 사이가 더욱 돈독해지기도 하고, 반대로 받아들이지 못해 불화가 생기기도 하고요. 지금 소개할 사연은, '경제권'에 관한 문제로 신혼임에도 이혼을 고민했던 부부가 갈등을 극복한 사례입니다.

부부는 직장에서 만나 교제하다 자연스럽게 결혼까지 한 커플로, 결혼 과정에 드는 모든 비용(신혼집 보증금, 혼수, 예식 비용, 신혼여행 비용 등)을 똑같이 반씩 부담하는 '반반 결혼'을 했습니다. 서로 똑같은 금액을 부담했기에, 누가 더 손해 보고 양보했다는 생각 없이 원만하게 결혼 준비를 했지요. 양가 부모님도 둘이 열심히 모은 돈으로 결혼하는 것이 기특하다며,

예물 예단은 할 필요 없이 부부에게 필요한 것만 장만하라고 하셨고요.

결혼식과 신혼여행까지 마친 후, 부부는 이전에 한 번도 꺼내지 않았던 주제로 대화하다 다툼이 생겼습니다.

"오빠, 우리 이제 혼인신고도 하고 진짜 한 가정을 이뤘는데 경제권도 하나로 합쳐야지! 그래야 돈을 빨리 모은대. 난 내가 관리해도 괜찮고, 오빠가 관리해도 좋아."

"응? 그게 무슨 소리야? 요즘 그렇게 하는 부부 없어. 곽곽하게 용돈 받고 돈 쓸 때마다 검사하고 그럴 거면 회사 왜 다니나, 현타 올 것 같아. 그러니 각자 관리하자."

"각자 벌어서 각자 다 쓴다고? 그러면 평생 이 집에서 전세로 살 거야? 집은 언제 사?"

"우리 결혼 전에 각자 열심히 모아서 이 집 구한 거잖아. 지금도 똑같아 각자 모으면 되는 거지. 결혼했다고 뭐가 바뀌어야만 해?"

아내는 모든 내역을 오픈하고 경제권을 하나로 합치기를 원했지만 그것은 남편의 동의 없이는 불가능하기에, 결국 부부는 각자 수입을 철저하게 각자 관리하게 되었지요. 하지만 각자 수입을 관리하는 것이 불만이었던 아내는 남편 행동 하나하나가 마음에 들지 않기 시작했고, 결국 트집을 잡으며 자주 다투게 되었습니다.

"오빠는 지난달에 공동 생활비로 얼마 썼어? 난 50만 원 썼는데, 오빠 그보다 적게 썼지? 그리고 며칠 전에 어머님 옷 샀더라? 엄청 비싼 거던데. 돈 모으고 있는 거 맞아? 나만 믿고 다 쓰는 거 아니야?"

"오빠, 친한 언니 남편이 바람났거든? 근데 보니까 각자 돈 관리하자더니, 그 돈 하나도 안 모으고 바람피우는 데 썼나 봐. 우리도 서로 안전하게 좀 합쳐서 관리하자, 응?"

남편도 아내가 말하는 바는 이해했지만, 돈 관리를 넘어 경제권을 합치지 않으면 남편이 바람을 피우게 될 것이라며 남편을 '예비 불륜남' 취급하는 아내 말에 큰 상처를 받았습니다. 또, 아내가 매사에 '돈 돈 돈'거리는 것 같아 아내 말이 듣기 싫은 지경이 되었지요. 결혼 초부터 갈등이 극심해지더니 결국 남편은 결혼 1년 만에 아내에게 이혼 이야기를 꺼냈습니다.

"우리 너무 안 맞는 거 같아. 요즘엔 신혼에 헤어지는 사람들도 많다더라. 이혼이 흠도 아니고. 결혼하고 돈 때문에 싸우기만 하는 것 같아. 너무 힘들다. 나 엄마 집에 가 있을게."

아내와 다툼에 지친 남편은 이혼하자는 이야기를 꺼내고 집을 나왔습니다. 갑작스러운 남편의 이혼 통보에 놀란 아내는 남편에게 사과하며 앞으로 경제권에 관해서는 다시는 언급하지 않겠다고 했지만, 남편은 결국 같은 일이 반복될 것이 뻔하니 빨리 정리하는 것이 더 낫지 않을까 하는 생각도 했지요.

남편은 정말 남은 방법은 이혼밖에 없는지 다른 사람들도 이런 이유로 이혼하는지 답답한 마음에 저에게 상담을 요청했고, 저는 남편에게 이런 답변을 드렸습니다.

양나래 변호사의 **부부 갈등 해결 팁**

TIP **부부가 재산을 각자 관리하더라도 최소한의 재산 현황(각자 채무, 기본 수입 등)은 공유해야 합니다.**

부부가 재산을 관리하는 형태는 정말 다양합니다. ① 한 사람이 배우자의 공인인증서까지 관리하면서 두 사람 재산을 완전히 합쳐서 관리하는 방법, ② 각자 정한 생활비와 저축할 금액을 공동 통장에 넣고, 나머지는 자유롭게 사용하는 방법, ③ 부부 중 한 사람 급여는 전부 대출금을 상환하거나 적금에 넣고, 다른 한 사람 급여로 생활하는 방법, ④ 두 사람 급여를 일단 한 통장에 넣고, 필요할 때마다 용돈을 받아서 생활하는 방법 등, 각 가정에서 상황에 맞게 부부가 방법을 협의하여 관리를 하지요. 어떤 방법이 좋고 나쁜지 정할 수는 없지만, 어떤 방법이든 배우자 사이에 급여, 채무 현황, 지출 규모 등의 기본적인 내용을 공유하는 과정은 필요합니다. 각자 자기 재산을 관리하더라도 부부는 서로를 부양할 의무가 있는 경제 공동체이기 때문이지요. 실제로, 자율적으로 돈을 관리하는 상황에서도 과도한 소비 또는 배우자와 의논하지 않은 위험한 투자(채무를 발생시켜 진행한 투자) 등은 가정경제를 위협하는 행동이기에 이혼 사유가 될 수도 있고요.
부부 사이에 신뢰를 쌓고 가정경제의 안정성을 다지기 위해, 모든 지출 명세를 배우자와 공유하는 것까지는 아니더라도 경제 현황을 일정 부분 공유하려 노력하는 것이 좋습니다.

남편은 경제권을 하나로 합치자는 아내의 제안이 부담스러워 극단적으로 선을 긋고 아무것도 공개하지 않으려 한 것이 잘못이라 느껴진다며, 상담 이후 아내와 진지하게 이야기하고 서로 조금씩 양보하며 맞추기로 했습니다.

이런 '경제권'에 관한 다툼은 결혼 1~2년 차 부부에게 많이 발생하는데요, 내 것이 우리 것이 되는 과정에서 오는 자연스러운 다툼이지요. 만약 이 사연과 비슷한 상황이라면 결혼 전에는 없었던 제약이 생겨 불편하더라도 허심탄회하게 현재 재정 상황을 공유하고 향후 가정경제를 위하여 반드시 공유할 것과 각자 관리할 것에 대해 구체적으로 조율하는 과정을 거치기를 권합니다. 이 과정을 지혜롭게 겪는다면, 경제 공동체 기반을 탄탄히 다질 수 있을 것입니다.

3

대화 방식
차이 극복

평생을 독불장군처럼 살아온 남편,
여생을 이런 사람과 살기 싫어
이혼소송을 시작했습니다.
그런데, 제 마음이 이렇게 풀릴지 몰랐어요.

돈독했던 사이가 말 한마디에 멀어져 버리기도 하고, 절대 회복할 수 없을 것 같던 사이가 말 한마디에 회복할 만큼 말이 가진 힘은 참 큽니다. 지금 소개할 사연은 30년이 넘는 시간 동안 배우자의 '말'에 상처를 입어 이혼소송을 진행했지만, 30분이 채 안 되는 시간 동안 대화를 주고받으며 마음을 돌리게 된 60대 아내의 이야기입니다.

결혼한 지 30년이 훌쩍 넘은 아내는 자녀들이 성장하여 결혼하고 나니, 더 이상 남편과 답답하게 살고 싶지 않다는 생각이 날이 갈수록 커져 이혼 상담을 받으러 오셨습니다. 이혼 사유는 남편의 무관심이었고요. 아내는 결혼 생활 30여 년 동안 남편과 제대로 된 대화는 해본 적이 없고, 남편 입에서 나오는 모든 말은 일방적인 통보였다고 했습니다.

"우리 다음 달에 이사 간다. 준비해."

"이번 명절 때 차례는 우리 집에서 하기로 했으니 맞춰서 장만해."

"일이 좀 있어서 다음 달부터 석 달은 생활비 주기 어려우니까, 몇 달만 나가서 아르바이트 좀 해."

남편은 결혼 생활 내내 대출, 이사, 이직과 같은 중대사를 아내와 의논하지 않고 혼자 결정하여 오로지 통보를 해왔다고 했습니다. 아내가 남편에게 이런 중요한 일은 내 의견을 물어봐야 하는 것 아니냐고, 나는 그냥 군말 없이 당신 말에 "네 알겠습니다." 하고 따라야만 하는 것이냐고 울며 따지기도 했지만, 그럴 때마다 남편은 "당신이 바깥일 알아서 뭐 하냐? 머리만 아프지. 내가 알아서 다 해주는데 무슨 걱정이 많아서 그래?"라고 대답할 뿐이었지요. 그렇게 아내는 차츰 남편과의 대화를 포기하고 자녀 양육에만 집중하며 살아왔습니다.

그런 아내가 남편과 이혼을 구체적으로 생각하게 된 계기는 바로 남편의 '퇴직'이었습니다. 남편은 퇴직 후 집에서 보내는 시간이 많아졌는데, 그 말인즉 아내와 함께하는 시간이 많아졌다는 뜻이었지요. 그런데 평소 부부가 살가운 대화를 나누며 지낸 적이 없었기에, "밥 먹어." "밥 줘."와 같은 꼭 필요한 말 외에는 아무런 대화가 오고 가지 않았고, 집안에는 텔레비전 소리만 들릴 뿐이었습니다. 함께 있는 시간이 길어지니 아내의 답답함은 남편 퇴직 전과 비교할 수 없이 커졌습니다. 아내가 '정말 이렇게는 안 되겠다.' 싶어 이런저런 말을 걸어도 남편이 별다른 대꾸도 하지 않아, 아내는 입을 꾹 닫게 되었고요. 시간이 흐를수록 아내는 '내가 집안에서 말도 한마디 못하고 살림이나 해주는 사람인가?' 하는 생각을 지울 수 없습니다. 그런데, 자녀들이 아버지 퇴직을 기념하여 보내준 패키지 여행지에서 아내는 충격을 받았습니다. 평소 아내가 말을 걸어도 별다른 호응도 없었던 남편은 처음 보는 사람들 사이에서는 둘도 없는 수다쟁이였습니다. 아내와 평생 나눈 대화보다 처음 만난 사람들과 고작 며칠간 나눈 대화가 더 많다고 느껴질 정도였지요. 그 모습을 본 아내는 오래도록 잡고 있던 마음의 끈이 '뚝' 하고 끊어진 것을 느껴 이혼을 결심했습니다.

상담을 마무리하며 남편과 마지막으로 한 번만 더 진지하게 대화를 나누어 보고 이혼을 결정하는 것은 어떤지 제안했지만, 아내는 남편과 정상적인 대화가 될 리 없고 더는 상처받고 싶지 않다며 최대한 빨리 소송을 진행하고 싶다는 의사를 밝혔습니다. 아내는 소송을 진행하는 동시에 집에서 나와 여동생 집에서 생활하기 시작했고요. 얼마 지나지 않아 남편은 아내가 남편의 대화 방식 때문에 얼마나 고통스럽고 답답했는지, 일방적으로 소통하는 남편과 혼인 생활을 지속하는 것이 아내에게 얼마나 큰 정신적 고통인지 상세한 내용이 적힌 소장을 받았습니다. 남편은 곧바로 이혼을 원치 않는다는 내용으로 답변서를 제출했지만, 아내는 어림없는 소리라며 무조건 끝까지 소송을 해 이혼하겠다는 강력한 의지를 보였지요.

이혼소송 절차가 본격적으로 시작되어 '조정 기일'이 지정되었습니다. 아내와 남편 모두 변호사와 함께 출석하였지요. 그런데, 조정을 시작하기에 앞서 남편은 그동안 혼자 고민하느라 아내에게 할 말이 있는데도 연락을 못 했다며, 조정실 밖에서 아내와 잠시만 이야기를 나누고 들어오겠다고 했습니다. 평소 먼저 대화를 제안한 적이 없었기에 아내는 이해할 수 없다는 반응이었지요. 그렇게 밖으로 나간 부부는 20여 분이 지나 다시 조정실로 돌아왔습니다. 그리고 아내는 남편과 이혼할지 말지 좀 더 생각해 보아야겠다며 한 달 뒤로 조정 기일을 다시 잡아달라고 요청했습니다.

아내는 "소장을 읽고 지난날을 많이 돌아보았으니, 조정을 조금만 뒤로 미루고 집에서 함께 생활하면서 변하는 모습을 보고 그때 다시 이혼을 결정하면 어떻겠느냐."는 남편의 말에 마음이 흔들렸다고 했습니다. 남편이 처음으로 "미안하다, 당신이 원하는 대로 변하도록 노력하겠다."라는 말을 자기 입으로 하기에 무슨 꿍꿍이가 있는 게 아닌가 하는 생각이 들기도 했지만, 남편에게 한 번은 기회를 주는 것이 아내도 후회가 남지 않을 것 같다고요.

그렇게 두 번째 조정 기일을 앞둔 어느 날, 아내는 저에게 전화해 남편이 아내의 바람대로 부부 상담을 받으며 대화하는 연습도 하고 자녀들에게도 대화에 익숙해질 수 있도록 집에 자주 와 달라고 부탁도 했다는 이야기와 함께, 이혼소송을 취하해 달라고 했습니다. 갑자기 대화가 많아진 것도, 남편의 무뚝뚝한 성격과 딱딱한 말투가 사라진 것도 아니지만, 순간순간 조금이라도 변하려는 노력이 느껴져 '그래도 나를 아내로 생각하기는 했구나.'라는 생각이 들면서 마음이 녹아 다시 살아보겠다는 생각이 들었다고요. 꺾이지 않을 것 같던 아내의 마음이 돌아선 계기는 어떤 대단한 것이 아니라 남편의 진심이 담긴 따뜻한 몇 마디 말이었습니다.

양나래 변호사의 **부부 갈등 해결 팁**

TIP 관계를 회복하기에 가장 쉽고도 빠른 방법은 '따뜻하고 부드럽게 말하기'입니다.

이혼을 원하는 배우자의 마음을 돌리고 싶다며 상담을 요청한 분들과 대화를 나누며 증거 자료를 살펴보면, 가끔 '이 분은 말하는 방법이나 말투를 바꾸면 이 정도까지 분쟁이 극에 달하지는 않았을 것 같다.'라는 판단이 들 때가 있습니다. 그러면 "말씀을 좀 부드럽게 해보시는 게 어떨까요? 감정이 다스려지지 않아 배우자에게 감정적이고 공격적인 말을 할 것 같다면, 그 자리에서 바로 화를 내지 말고 한숨 돌리고 감정이 사그라든 뒤에 대화를 시도해 보는 편이 좋을 것 같아요."라며 '어투나 대화 방법을 바꾸는' 조언을 해드리지요.

그런데 이런 조언을 들은 분들은 대부분 "저도 그러고 싶은데, 제 성격이 이래서 고칠 수 없어요.", "이미 몇 년을 이런 어투로 살았는데, 지금 와서 바꾸라고요? 어휴! 오글거려서 못 해요. 차라리 다른 걸 할게요", "저도 제가 욱하면 막말하는 걸 알긴 아는데, 그거 모르고 결혼한 것도 아니면서 왜 이러는지 모르겠어요."라며 변하려는 시도조차 하지 않고 포기합니다.

하지만 '따뜻하고 부드럽게 말하기'는 갈등 해결의 가장 기초로, 그 어떤 변화보다도 선행해야 합니다. 이전과 달라졌다는 마음을 전달하고 표현하는 수단이 '말'이기에, 말을 바꾸지 않으면 결국 배우자는 말의 의미를 또다시 오해하고 같은 다툼이 반복될 수밖에 없기 때문이지요.

단적인 예로, 아내가 이른바 '독박 육아'를 하느라 부부 갈등이 깊어져서 앞으로는 육아에 적극적으로 참여하겠다고 다짐한 남편이 있습니다. 그런데 아내에게 "야! 너 밥 먹으라고. 너 밥 먹는 동안 내가 애 본다니까?"라는 낯선 말투로 말하며 아내를 돕겠다면, 아내는 남편이 아내를 위해 노력한다기보다 '도와준다더니, 역시 그럼 그렇지.'라고 생각하며 오히려 남편을 믿었던 마음을 포기하게 될 수도 있지요.

멀어진 배우자의 마음을 돌리고 관계를 회복하고 싶다면 "나는 못 해, 나는 그런 성격이 아니야."라고 섣불리 선을 긋지는 말아 봅시다. 한번도 해보지 않아 낯간지럽고 쑥스럽겠지만, 한마디라도 다정하게 따뜻한 말을 건네 보기 바랍니다.

4

고부갈등
극복

시어머니와의 갈등으로

이혼 소장까지 접수했던 아내.

제가 변하자 결국 마음을 돌렸습니다.

고부갈등은 불륜과 함께 아침·주말 드라마의 단골 소재인데요. 고부갈등을 겪어보지 않은 사람은 '어차피 살 맞대고 사는 사람은 남편인데, 요즘 시대에 뭐 그렇게까지 신경 써? 한 귀로 듣고 한 귀로 흘리면 그만이지!'라고 가볍게 생각할 수 있겠지만, 막상 당사자가 되면 '사랑하는 남편을 낳고 길러준 분에게 최소한의 예의는 지켜야 한다.'라는 생각과 '아무리 그래도 어떻게 이럴 수 있어? 이건 진짜 선 넘었지.'라는 생각이 끊임없이 반복돼 하루하루 헤어날 수 없는 스트레스로 고통을 받지요. 그런데, 아내가 이렇게 고부갈등으로 힘든 시간을 보내고 있을 때, 남편이 어떠한 태도로 어떻게 이야기하는지에 따라 이혼에 이르기도, 혹은 고부갈등을 털어내고 화목하게 살아가기도 합니다. 지금 소개할 사연은, 심각한 고부갈등으로 이혼을 결심한 아내에게서 소장을 받았던 남편이 저와 상담을 통해 알게 된 '이 방법'을 바로 적용해 아내의 마음을 돌리고 가정을 찾게 된 이야기입니다.

남편은 동갑내기 아내에게 적극적으로 구애하여 결혼까지 성공해 행복하게 가정을 꾸렸습니다. 남편과 아내는 음식 취향, 취미, 웃음 코드까지도 같아서 다른 누구와 시간을 보내는 것보다 아내와 함께 시간을 보내는 것을 가장 좋아했지요. 그건 아내도 마찬가지였고요. 부부는 서로에 대한 불만으로 다투는 일은 단 한 번도 없었고, 섭섭한 일이 생기면 갈등이 생기기 전에 서로 대화를 통해 잘 해결했습니다. 그런데, 아내와 남편은 유독 '시어머니'와 관련된 문제로 주기적으로 다투었습니다.

"자기야, 외동아들이라서 어머님이 참 귀하게 키웠다는 건 알겠어. 그런데, 그렇다고 내가 자기를 모시고 살아야 하는 건 아니잖아? 나도 우리 엄마한테 귀한 딸이야. 왜 어머님은 자꾸 내가 자기 시중을 들어야 하는 것처럼 말씀하서?"

"아휴. 아까 그 이야기 때문에 그러는 거야? 우리 엄마 옛날 분이시잖아. 그냥 '네 알겠습니다.' 하면 되지 뭘 자꾸 마음에 담아두고 그래. 무시해."

외동아들인 남편은 결혼 후 어머님이 마음이 헛헛하다며 외로워하자, 10분 거리에 위치한 어머니 집을 아내와 함께 자주 왕래하였습니다. 그런데 부부가 어머니 집에 다녀오거나 어머니가 아들 집에 다녀가면, 아내는 꼭 "어머니가 날 하대하고 말도 안 되는 요구를 한다."며 속상해했습니다. 남편도 간혹 '어머니가 이런 이야기는 왜 하시지?'라는 생각도 들었지만 그저 아들을 사랑해서 하는 이야기이니 한 귀로 듣고 한 귀로 흘리면 그만이라는 식으로 치부하고 말았고요.

하지만 아내는 어머니에게 불만이 쌓여갔고, 남편이 아내 이야기를 대수

룹지 않은 듯 대꾸하니 점차 남편에게 어머니 이야기를 하지 않게 되었습니다. 남편은 단순하게 '아내도 이제 어머니와 잘 적응했나 보다'라고 생각했고요. 그 사이에 아내는 임신하고 아이를 낳았습니다. 아내가 조리원에서 집으로 돌아온 날, 아이를 보러 미리 아들네 집에 와있던 시어머니와 아내 사이에 큰 다툼이 생기고 말았습니다. 아내가 어머니를 향한 불만을 풀었다고 생각한 것은 남편 혼자만의 착각이었지요.

"어머니, 해도 너무 하신 거 아녜요? 저, 애 낳고 열흘밖에 안 되었어요. 그런데 어떻게 몸은 괜찮냐고 물어보지도 않고, 빨리 회복해서 남편 밥 챙기라고 말씀하실 수가 있어요? 그리고 애가 절 닮아서 맹하고 덜 떨어지면 어떻게 하냐고요? 평소에 저를 그렇게 생각하셨나요? 앞으로 이런 말씀 하시려면 집에 오지 마세요. 저한테 미리 물어보지도 않고 이렇게 와 계시는 것도 예의는 아니에요!"

아내가 하는 말을 들은 어머니는 내가 아들 뺏긴 죄인이라며 엉엉 울음을 터뜨리셨고요. 어머니의 울음에 당황한 남편은 상황을 모면하고자 아내에게 화를 내며 다그쳤습니다.

"당신 왜 그래? 그게 시어머니한테 할 이야기야? 엄마는 내가 걱정되니까 그런 거지. 엄마가 그렇게 말씀하셨다고 내가 진짜 당신한테 밥해 달라고 이야기한 적 있어? 아니잖아. 왜 당신 유독 어머니 일에만 그렇게 예민하게 구는 거야? 당신이 잘못했으니까 빨리 죄송하다고 해!"

남편 말이 끝나기 무섭게 아내는 아이를 안고 집을 나가 친정으로 갔습니다. 그리고 남편 연락을 모두 차단하고 곧 소장이 갈 테니 법원에서 보자는 문자만 보냈지요. 한 달 뒤, 남편은 정말로 아내에게서 소장을 받아 저에게 상담하러 오셨습니다. 소장에 기재된 이혼 사유는 모두 '시어머니의 부당한 대우, 그리고 그것을 방관하는 남편'에 관한 것이었습니다. 소장 내용을 본 남편은 어머니가 이런 말씀을 했으리라고는 상상도 못했다며, 아내가 평소에 일일이 말하지 않았기에 증거가 없었다면 믿지 않았을 것이라고 했지요.

아내가 보낸 소장 내용 중 일부

○ 귀한 내 아들, 너만 아니었으면 부잣집 딸과 선보고 결혼했을 텐데. 어휴! 어디서 이런 모자란 애를! 내 아들이 아까워서 잠을 못 자, 잠을!

○ 너 혹시 내가 갖다준 반찬 네가 다 먹니? 너는 뭐 그렇게 볼 때마다 돼지처럼 살이 찌는지 모르겠다. 너 먹으라고 주는 거 아니니까 너 먹지 말고 내 아들 먹여라!

○ 너 임신한 걸로 유세 떠니? 나는 애 안 낳아봤어? 아까 보니까 내 아들한테 뭐가 먹고 싶네 어쩌네 하던데, 내 아들이 힘들게 번 돈 그렇게 쓰는 거 아니다!

증거 중에서 몇 개만 보아도 아내가 얼마나 마음에 큰 상처를 입었을지, 이 모진 폭언을 참아온 속도 모르고 시어머니 편만 드는 남편이 얼마나 원망스러웠을지 고스란히 느낄 수 있었지요. 어머니와 사이가 틀어져도 상관없으니 제발 아내의 마음을 돌릴 방법을 알려달라는 남편에게 다음과 같은 조언을 해드렸습니다.

양나래 변호사의 **부부 갈등 해결 팁**

TIP 나에게는 어머니보다도 '내 배우자와 자녀'가 중요하다는 것을 '어머니'와 '배우자'가 모두 느끼게 해야 합니다.

내 아들과 결혼하여 가정을 꾸린 며느리가 마냥 고맙고 예뻐 며느리를 친딸처럼 사랑하는 시어머니가 있는가 하면, 며느리가 내 아들을 빼앗았다거나 혹은 내가 마지못해 아들을 며느리에게 보내주었다는 생각에 며느리에게 늘 무언가를 요구하고 바라며 심지어 이유 없이 못마땅해하는 시어머니도 있지요.

아들을 뺏겼다는 생각은 곧 아들은 내 소유이고 내 품에만 있어야 한다는 데서 기인합니다. 따라서 **결혼하는 순간 나는 부모님에게서 독립하여 새로운 가정을 꾸렸고, 나를 낳고 길러주신 어머니를 존경하고 사랑하지만 종국에 내가 책임지고 지켜야 하는 사람은 내 배우자라는 사실**을 '말'과 '행동'으로 반복해서 어머니가 느끼게 해야 합니다. 그러려면 **'나'도 역시 결혼하는 순간 부모님에게서 온전히 독립한다는 것을 명심해야 하고요.**

TIP 어머니의 생각과 말이 잘못임을 지적하고, 상황을 바로잡을 사람은 '나'뿐이라는 사실을 잊지 말아야 합니다.

어머니가 아내에게 부당한 말을 했을 때 아내가 곧바로 어머니에게 부당함을 지적하고 섭섭함을 토로하는 것은 '다시는 어머니를 보지 않겠다!'는 정도로 큰 결심을 하지 않는 이상 매우 어렵습니다. 여러 번 들은 말로 마음에 큰 상처를 입고 더는 참을 수 없는 지경이 되어 용기를 내어 이야기하더라도, 상황이 개선되기는 커녕 '어른에게 해서는 안 될 버릇없는 행동'을 했다고 치부되어 관계가 더욱 악화할 가능성이 높고요.

하지만 다소 서운한 말도 내 자식이 하면 조금 덜 섭섭하고 마음에도 오래 남지 않기 마련이지요. 그러니 아내와 내가 함께 있는 자리에서 아내가 어머니에게 핀잔을 듣는다면, 혹은 나는 대수롭지 않게 생각했는데 후에 아내가 그때 그 말이 마음에 콕 박혀 섭섭하다고 이야기했다면, **내가 나서서 아내의 방패막이 되도록 노력해야 합니다.**

만약 고부가 함께 있는 자리에서 이야기하는 것이 조심스러우면 일단 중립 입장에서 상황을 마무리합니다. 그리고 나서 배우자에게 "어머니가 해서는 안 되는 말이었는데, 당신이 너무 속상했을 것 같아. 내가 대신 사과할게. 다음에 또 그러시면 다시는 그러지 마시라고 이야기할게."라고 달래는 겁니다. 그리고 어머니에게는 "어머님 하신 말씀을 장모님이 저에게 했으면 전 정말 너무 속상했을 겁니다. 나쁜 뜻으로 말씀하신 건 아니었겠지만, 그 말은 속상할 것 같아요."라고 이야기하는 방식으로요. **배우자에게는 속상했을 마음을 공감하며 따뜻한 말로 위로해 주고, 어머니에게는 아들에 대한 마음은 존중하지만 며느리는 큰 상처를 받을 수 있음을 분명하게 말해야 합니다.**

남편은 상담한 후에 아내를 찾아가 아내가 이렇게 어머니에게 시달렸는지 몰랐고, 이런 어머니라면 다시는 보지 않아도 괜찮다고 강력하게 이야기하며 아내를 설득했습니다. 혹시 이혼 상황을 모면하려 거짓말한다고 생각할까 봐 걱정되는 마음에, 남편은 아내와 함께 있는 자리에서 어머니에게 전화를 걸어 어머니가 잘못하신 부분은 아내에게 진심으로 사과해 달라고도 부탁했고요. 시간이 조금 걸렸지만 남편이 진심으로 아내를 위하고 상황을 적극적으로 해결하려는 모습을 보고, 아내는 다행히 소송을 취하하고 관계 회복을 위해 노력하기로 했습니다.

최근에는 고부갈등만큼이나 장서갈등(장모와 사위의 갈등)으로 인한 이혼도 늘어나고 있습니다. 고부·장서 갈등은 모두 없는 것이 가장 좋겠지만, 이미 갈등이 일어나 부부 사이에 조금씩 문제가 생기고 있다면 그 갈등을 가장 현명하게 해결할 사람은 갈등 당사자가 아니라 중간에서 두 사람을 연결하는 '배우자'라는 점을 꼭 기억하길 바랍니다.

남편과 성관계가 너무 불편했어요.
그러다 보니 자연스럽게 사이도 멀어졌고요.
하지만 제가 노력해야 할 부분이라는 걸
인정하니 관계가 개선되기 시작했습니다.

결혼 후 혼인신고를 하고 법률상 부부가 되는 순간, 부부에게는 다양한 법률상 의무가 발생하는데요. 이 의무에는 결혼 생활을 지속하는 동안 오로지 배우자와만 성관계하겠다는 약속인 '정조의무'도 포함됩니다. 배우자가 이유 없이 성관계를 거부해도 이혼 사유가 되기에, 단순히 다른 사람과 성관계하지 않는 것으로 정조의무를 다했다고 볼 수 없으며 정조의무에 내포된 성적 성실의무를 다하는 것도 중요합니다. 지금 소개할 사연은 배우자와 성관계에 부담감을 느껴 막무가내로 회피하다가 이혼할 위기에 처했던 아내의 이야기입니다.

결혼한 지 4년 차인 아내는 남편이 어느 날 "당신이 계속 이런 식으로 나오면 나도 자괴감이 들어서 힘들다. 이거 이혼 사유인 거 당신도 조금만 검색해 보면 다 알 테니, 계속 이렇게 사는 게 맞는지 당신도 진지하게 고민해 봐."라며 집을 나갔는데, 이혼은 하고 싶지 않지만 도무지 이 상황을 어떻게 해야 할지 막막하다며 방문했습니다.

아내의 성관계 거부로 부부는 결혼한 지 4년 동안 성관계 횟수가 총 열 번 미만이었습니다. 아내는 딱히 남편이 싫지는 않지만 성관계를 왜 하는지, 무엇이 좋다는지에 대한 근본적인 의문이 있고, 성관계를 할 때마다 남편이 시도하는 다양한(?) 요구사항이 정말 너무 낯부끄러워 '제발 이 순간이 빨리 끝났으면 좋겠다'는 마음만 든다고 했습니다. 남편이 아내에게 맞추려고 대화를 시도하려면 그 대화도 너무 낯간지러워 말을 돌리며 회피했고요. 이렇게 한두 번 스트레스를 받기 시작하니 남편이 각종 기념일에 분위기라도 잡으려면 아내는 슬쩍 피곤하다거나 몸이 아프다는 거짓말로 상황을 모면해 왔다고 했습니다.

이런 상황이 반복되니, 단순히 성관계 자체만이 문제가 아니라 둘 사이도 서먹해져 결혼 생활 전반에 문제가 생겼습니다. 남편도 차츰 무뚝뚝해졌고요. 남편이 이혼을 생각해 보자고 이야기한 결정적 계기는 아내의 '시험관 시술' 발언 때문이었습니다. 남편이 술에 취해 분위기를 잡았는데, 아내는 평소처럼 피곤하다는 이유로 남편을 밀어냈습니다. 그러자 화가 난 남편이 "이렇게 아무것도 안 하는데 애는 어떻게 낳으려고 그래? 애 낳겠다는 이야기는 왜 한 거야?"라고 물었고, 아내는 "시험관 시술로 애 낳으면 되잖아. 난 시험관 하고 싶어. 비용은 내가 낼게."라고 대답한 것이지요. 아내 말을 들은 남편은 앞으로 영원히 관계가 나아질 수는 없을 것 같고, 나는 이렇게는 살 수 없으니 이혼을 고민해 보자고 했습니다. 아내 이야기를 모두 듣고 아내에게 다음 이야기를 해드렸습니다.

양나래 변호사의 **부부 갈등 해결 팁**

TIP 성관계도 싫고, 이혼도 싫다는 것은 나의 이기심입니다.

내가 한 사람과 '결혼'을 한다는 것은 배우자에게 성적 성실의무를 다하겠다는 약속을 한 것입니다. 결혼 생활을 온전하게 유지하기 위해 배우자가 나 아닌 사람과는 절대 성관계하면 안 된다고 생각하면서도 나는 배우자에게 최소한의 의무를 이행하려는 노력조차 안 한다면, 배우자가 성관계하며 살아갈 권리를 박탈하는 일종의 폭력이고요. 따라서, 배우자 상호에 성관계하지 않는다는 명시적인 합의가 없다면, **배우자와 건강한 성관계를 하기 위해 최소 노력을 해야 하며 이조차도 할 생각이 없다면 배우자를 놓아주는 것이 맞습니다.**

TIP 성관계를 하지 않는 때에도 성관계에 관한 대화를 나누는 것은 지극히 자연스러운 일입니다. 두 사람 힘으로 개선되지 않을 것 같다면 '부부 성관계 개선을 위한 부부 상담'을 받는 것도 좋습니다.

사실, 성관계를 하는 순간에 어떤 게 좋고 어떤 것이 싫은지 세세히 말하기란 아주 어렵습니다. 따라서 만족스러운 부부 관계를 하려면 부부가 평소 성관계에 관하여 자주 대화를 나누는 것이 좋습니다. 실제로 부부·심리 상담 전문가들은 부부 관계를 개선하려면 부부가 자연스럽게 성인 영화 등을 함께 시청하며 구체적으로 생각이나 느낌을 말하면서 다양하고 새로운 시도를 해보는 것을 적극적으로 추천하기도 하고요. 이런 대화가 너무 낯설고 민망해 마음을 열고 이야기하기가 어렵다면 부부 상담을 받는 것도 좋습니다. 부부 성관계 고민도 부부 상담하면서 도움받을 수 있는지 모르는 분도 많습니다. 부부 상담은 부부 관계 전반을 모두 다루며, 특히 성관계 고민에 대한 상담만 전문적으로 진행하는 상담소도 있습니다.

아내는 저와 상담한 후, 남편과 부부 관계 개선을 위한 상담을 시작했다고 했습니다. 그동안 성관계를 거절한 이유는 남편이 싫어서가 아니라 성관계를 제대로 받아들이지 못해서임을 설명하고 남편에게 이해를 구하기도 했고요. 상담도 하고 부부 성관계 문제로 고민하는 사람들과 정보를 나누는 카페 등에도 가입해서 활동해 보니 자신이 성관계 자체에 너무나 무지했다는 것도 깨달았다고 합니다.

부부간 성관계에 고민이 있어도, 왠지 이런 고민은 이상해 보일까 봐 두려워 털어놓고 해결하기보다는 더 꼭꼭 숨겨 고민을 키우는 분들이 많습니다. 나와 가장 가까운 사람인 배우자에게도 내가 원하는 바가 무엇인지, 성관계를 할 때 어떤 점이 좋고 어떤 것이 싫은지 이야기하지 못하기도 하고요. 하지만 노년까지 행복한 부부 관계를 유지하려면 꾸준히 건강하고 즐거운 성관계를 하는 것이 참 중요합니다. 더는 부끄럽다고 숨기지 말고, 배우자와 함께 더 좋은 성관계를 즐기려는 다양한 노력을 해보길 추천합니다.

결혼 생활을 유지하는 것이 아무 의미가 없다는 것을 알면서도 이혼한 후의 삶에 대한 두려움, 혹은 처음 겪는 이혼 과정에 대한 막연한 불안으로 이혼을 결정하지 못하는 사례가 참 많습니다. 부부 사이에 갈등이 생겼을 때 이혼만이 정답은 아니지만, 오랜 고민 끝에 이혼이 답이라고 생각한다면 망설임 없이 이혼하는 것이 행복한 삶으로 가는 지름길이 될 수 있지요. 다양한 이유로 이혼을 망설이는 분들을 위해, 이혼 이후에도 후회 없는 행복한 삶을 찾게 된 사례들을 소개합니다. 이혼을 고민 중인 분들이 어느 쪽이든 확실히 방향을 정하는 데에 도움이 되기를 바랍니다.

PART
3

그때
이혼하길 정말
잘했어요!

: 이혼 후 행복해진 사례

1

배우자 불륜 해방

바람난 남편이 상간녀와 새살림을
차리겠다고 끝없이 이혼을 요구했어요.
그런데, 이혼하고 2년 뒤에
남편이 울면서 절 찾아오더군요.

배우자의 불륜은 처음 알았을 때 충격도 엄청나지만, 불륜을 들킨 배우자가 잘못을 인정하고 용서를 구하기는커녕 적반하장으로 바람피운 원인이 너에게 있다며 이혼을 요구할 때의 충격과 배신감은 이루 말할 수 없을 만큼 클 겁니다. 나의 결혼 생활을 모두 부정당하는 것 같아 삶이 허무하다고까지 느껴질 테고요. 지금 소개할 사연은 남편의 불륜 및 이혼 요구로 마음에 큰 상처를 입고 고민하다가 어렵게 이혼했는데, 2년이 채 지나지 않아 찾아온 전 남편을 보고 '이혼하길 정말 잘했다.'라고 안도한 어느 아내의 이야기입니다.

아내와 남편은 소개팅으로 만나 결혼했고, 3살 터울로 아이 둘을 낳아 평범하고 화목한 가정을 꾸려나갔습니다. 아이들도 건강히 잘 자라고 있었고 부부 사이에도 아무 문제가 없었지요. 그런데, 어느 날 남편이 10년이 넘게 다니던 회사를 그만두고 퇴직금을 받아 창업 비용으로 투자해 요식업을 해보고 싶다고 했습니다. 아내는 갑자기 안정적인 회사를 그만두고 무슨 요식업이냐고, 개인 사업은 위험 부담이 크니 다시 한번 잘 생각해 보라고 남편을 여러 차례 설득해 보았지만, 남편은 꿈쩍도 하지 않았습니다. 오히려 남편은 회사 동기가 먼저 퇴사해서 가게를 시작했는데 너무 잘되어서 1년 반만에 투자금을 모두 회수하고 높은 수익을 내고 있다며, 구체적인 사업 계획서까지 작성하여 아내에게 보여주며 설득했지요. 아내는 남편이 허파에 바람든 것은 아닌가 불안하기도 했지만, 본인은 안정된 직장에 다니는 중이니 '그래, 나한테 안정적인 수입이 있으니까 어떻게든 되겠지.'라고 생각해 남편의 결정을 과감히 동의해 가게를 운영해 보기로 했습니다.

남편은 퇴직금을 다 투자한 만큼 밤낮으로 최선을 다해 가게를 운영했습니다. 평소 SNS를 전혀 하지 않았지만 가게를 홍보하려고 각종 SNS도 열심히 하고 인건비를 최소화하겠다고 본인이 할 수 있는 것들은 모두 했지요. 아내도 퇴근 후에 아이들 저녁을 챙겨주고 나면 가게에 나가 일손을 거들기도 했고요. 부부는 신체적으로 매우 힘들기는 했지만 단골손님도 생기고 동네에 입소문이 좋게 나 매출이 오르는 것이 느껴지자 아무리 지쳐도 다시 힘을 내며 버티고 있었습니다.

가게는 점차 입소문을 타면서 '대박'이 났고, 1년 반 만에 투자금을 모두 회수한 것은 물론 직원도 여럿 채용하여 이전보다 여유롭게 일하게 되었습니다. 남편은 그 기세를 모아 지점을 하나 더 냈는데, 역시 개업하자마자 대박이 났지요. 남편의 가게가 매출이 크게 오르자 가정경제도 한결 여유로워졌습니다. 더 이상 아내가 저녁때 가게 일을 도울 필요도 없었지요. 아내는 차곡차곡 저축도 하고 가족 여행도 자주 다니면서, 행복한 날들만 이어지리라 생각했고요.

남편이 사업을 시작한 지 4년이 지난 어느 날, 남편은 아내에게 골프를 시작하겠다고 했습니다.

"여보, 나 이제 골프 시작하려고. 우리 가게 주변 사장님들도 다 하나 봐. 이제 가게도 자리 잡아서 저녁에만 양쪽 돌면서 보면 되고, 낮에는 당신이 출근해서 없으니까 너무 심심해."

아내는 남편이 가게가 자리 잡을 때까지 누구보다 고생했고, 매출도 많이 올라 취미 생활로 골프를 시작한다고 해도 경제적으로 문제가 생길 것도 아니었기에 동의했습니다. 그날 이후, 남편은 하루도 빠지지 않고 레슨을 받으며 골프 연습에 매진했고, 3~4개월 지나면서부터는 주변 사장님들과 함께 스크린 골프 모임에도 다니기 시작했지요.

하지만 남편이 취미로 시작한 골프에 지나치게 빠지면서 서서히 갈등이 시작되었습니다. 남편은 하루도 빠짐없이 골프 모임을 가는 것은 물론 스크린 골프는 너무 시시하다며 일주일에 2~3회씩 라운딩을 다니기 시작했지요. 심지어는 라운딩 이후 술자리에 참석한다며 가게를 비우는 일도 허다했습니다. 아내가 남편에게 사장이 없는 가게가 잘 돌아갈 리 있냐, 정신 차리라고 진지하게 말하고 화도 내봤지만, 남편은 이미 다른 데 정신이 팔린 것 같았지요. 결국, 손님들의 불만이 생기면서 매출은 조금씩 떨어져 갔습니다.

남편은 아내가 이런저런 것을 지적할 때마다 "내가 돈 많이 벌어 가방도 많이 사주고 빚도 갚았는데 사회 생활하는 사람을 이렇게 숨 막히게 할 수 있냐."며 아내 말은 들으려고 하지 않았습니다. 그러더니 어느 순간부터는 아내 옷차림이 너무 노티 나고 살이 쪘다는 둥 외모 지적을 하더니 살가운 애교도 없는 사람이랑 사는 것이 숨 막힌다는 말을 입에 달고 다니기 시작했습니다. 아내는 남편이 변한 모습에 마음이 아팠지만, 두 아이를 생각하며 남편이 원래대로 다시 돌아오기만을 바랐지요.

그런데, 어느 날 남편 대신 가게에 들른 아내는 개업 초기부터 일해 온 직원에게서 놀라운 이야기를 듣게 됩니다.

"사모님, 제가 이런 얘기는 말씀을 해야 하나 말아야 하나 정말 고민을 많이 했는데요. 사모님이 가끔 가게 오실 때마다 죄짓는 것 같아서 그냥 말씀드려요. 사장님이 골프 다니면서 여자가 생긴 것 같아요. 저녁엔 같은 모임 사람들과 우리 가게로도 많이 오는데, 볼 때마다 심상치 않았거든요. 그런데 최근 뒤편에서 사장님이랑 그 여자가 스킨십하는 걸 제가 봐버렸어요. 평소에도 좀 수상하다 싶었는데⋯. 제가 말했다고는 하지 말아 주세요. 저는 너무 마음이 불편해서 이번 달까지만 일하고 그만두려고 합니다."

그 이야기를 들은 아내는 좀 더 정확하게 사실을 확인하고 증거를 확보하기 위해 가게의 CCTV를 모두 보았고, 직원 말처럼 술에 취한 남편이 한 여성과 진하게 스킨십하는 모습을 발견하고 말았습니다. 심지어 하루이틀이 아니었지요. 상대 여자는 CCTV라 흐릿하게 보였지만, 남편이 그동안 왜 아내에게 "살이 쪘다, 노티가 난다."라고 말했는지 알 수 있을 것 같았지요. 아내는 침착하게 증거를 확보했고, 그날 저녁 바로 남편을 추궁했습니다.

"나 가게 CCTV 다 봤어. 당신 바람피우더라? 미쳤어? 어쩐지 정신 못 차리고 밖으로 돌더라니!"

"그래, 안 그래도 말하려고 했어. 이혼해. 나 당신한테 질려서 못 살겠으니까!"

남편이 불륜을 들켜서 용서해 달라며 빌 것이라 생각한 아내는 적반하장으로 이혼을 요구하는 남편의 태도에 큰 충격을 받았습니다. 하지만, 아내는 이혼하면 곧 사춘기를 겪을 아이들에게 부정적인 영향을 줄까 걱정돼 절대 당장은 하고 싶지 않았지요. 그렇다 보니 오히려 전세는 역전되고 말았습니다.

"내가 용서해 줄 테니까 정신 차리고 집으로 돌아와. 한번쯤은 그럴 수도 있어. 난 괜찮으니까 애들 생각해서 현명하게 선택해."

"당신은 자존심도 없냐? 나는 당신이 싫어. 당신이랑 남은 인생을 살 걸 생각하면 끔찍해. 당신은 남편이 바람피워도 애들 생각해서 그냥 살고 싶은 거잖아. 당신도 날 사랑하는 게 아니라고. 이렇게 사는 게 의미가 있니? 나 그 여자랑 헤어져도 당신이랑 못살아. 이혼 좀 하자. 제발!!!"

상황을 알게 된 시댁도 아내 편이 되어 남편의 마음을 돌리기 위해 노력했지만, 남편은 집을 나가 이혼해 달라면서 생떼를 썼지요. 본인이 유책 배우자이기에 이혼소송을 해봐야 이혼이 성립할 가망이 없다는 것을 알고는 아내에게 더 난리를 쳤습니다.

"해달라는 대로 다 해줄게, 이혼 좀 하자. 제발! 당신이 이러니까 더 진절 머리나!!!"

아내는 아이들을 생각해서 이혼하지 않겠다고 생각했지만, 남편이 집을 나간 이후 아이들이 부모의 상황을 눈치채고는 "우리는 신경 쓰지 말고 엄마가 하고 싶은 대로 했으면 좋겠다."고까지 말하자, 결국 이혼을 결심했습니다.

"그래, 이혼해 줄게. 대신 위자료랑 재산 분할로 집은 나한테 다 넘겨. 나도 애들이랑 살아야 하잖아. 당신 때문에 갑자기 이혼하게 된 건데. 당신은 그 잘난 가게 잘되니까 가게만 있으면 되는 거 아니야?"

남편은 가게를 계속 운영하면 돈은 금방 더 벌 수 있다며, 곧바로 아내가 제시한 조건을 받아들였고 그렇게 두 사람은 이혼하게 되었습니다. 아내는 남편과 이혼한 후 남편을 통해 알게 된 사람들과 연락을 전부 끊었지요. 전 남편이 아내보다 한참 어린 그 여자와 골프 치러 다니며 공개 연애를 하는 것은 물론, 가게에도 그 여자가 들러서 안주인 노릇을 한다는 이야기를 전해 듣자 전 남편 때문에 더는 고통받고 싶지 않아서였습니다.

그런데, 이혼 후 2년 반이 지났을 때 갑자기 전 남편에게서 연락이 왔습니다.

"여보, 내가 잘못했어. 나 아이들이랑 당신이랑 지내던 때가 그리워. 당신은 이혼을 원하지 않았잖아. 당신한테 돌아가도 될까? 사실 그 여자랑 헤어졌어. 당신이 그 여자한테 상간자소송 할 수 있게 내가 예전부터 갖고 있는 거 증거로 다 줄게. 당신 그 여자한테 소송할래?"

'새 여자친구'와 연애하는 데 정신이 팔려 가게 운영을 소홀히 하고 돈 쓰기에 급급했던 전 남편은 결국 가게 상황이 나빠져 하나를 정리하게 되었습니다. 그 모습을 지켜보며 불만을 터뜨리던 여자친구는 전 남편이 아내에게 재산 분할로 집도 다 넘겨주고 가게만 남았다는 사실을 알게 되자, 곧바로 이별 통보를 했고요. 이런 상황이 되어서야 아내에게 돌아오겠다고 애원하는 전 남편을 보자, 아내는 오히려 내가 빨리 결단을 내려 이혼하길 잘했다고 생각하게 되었지요.

양나래 변호사의 **후회 없는 이혼 팁**

TIP 배우자가 불륜을 저지르고도 적반하장으로 이혼을 요구한다면,
마음이 아프더라도 냉정하게 이혼을 고민할 필요가 있습니다.

배우자가 불륜을 들키고도 적반하장으로 이혼을 요구하지만, 절대 이혼하길 원치 않는다는 분들에게 그 이유를 여쭤보았습니다. 그러면 ① "저도 이거(배우자 불륜) 다 알고도 이혼하지 않는 건 고통스러워요. 그런데 제가 이혼해 주면 저는 여전히 불행하고 두 사람만 행복할 것 같아서요, 그 꼴은 보기 싫어요." ② "저도 '내가 왜 이런 대우를 받아야 하나?'싶어 너무 속상하고 화가 나서 이혼하고 싶지만, 애들 때문에 그럴 수 없어요." 라는 답변을 가장 많이 듣습니다. 이렇게 말하시는 그 마음, 정말 백번 천번 이해합니다.

하지만 이혼을 원치 않는 이유가 '배우자를 사랑하는 마음이 남아서 어떻게 해서든 배우자의 마음을 돌려 다시 예전 관계로 돌아가고 싶고, 이렇게라도 붙잡아 보지 않으면 두고두고 후회할 것 같아서'라는 의미가 아니라면, **자신을 위하여 이혼을 진지하게 고민해 볼 필요가 있습니다.**

지금 당장은 마음을 내려놓기가 참 많이 어려울 수 있지요. 하지만 내가 배우자를 잡으려 하면 할수록 배우자는 '협의이혼 해주지 않는 이상, 나는 이혼할 수 없다.'라는 생각에 반발심이 커져 오히려 가정을 더 외면하며 밖으로 돌고, 불륜 상대를 향한 애틋한 마음이 커져 불륜 관계를 더욱 적극적으로 이어 나갈 수도 있습니다.

그뿐 아니라 이렇게 고통스럽게 배우자를 붙잡고 있는 경우는 함께 생활하는 자녀들도 엄마 아빠의 감정을 고스란히 느끼는 것은 물론, 갈등 원인과 상황을 모두 인지하고 부정적인 영향(결혼에 대한 부정적 가치관, 극심한 스트레스, 불안한 환경 및 불확실성에 따른 우울증 등)을 받기도 하고요.

상대방을 향한 분노와 복수심 때문에 한 번뿐인 내 삶을 스스로 고통 속에 가두고 슬픔과 분노에 휩싸여 살아가는 것이 더 억울하지 않을까요? 만약 이런 상황에 처했다면, **나를 갉아먹는 선택보다 정신적 고통에서 벗어날 선택을 하시길, 정말로 나와 내 자녀가 행복해지는 길이 무엇인지 고민해 보길 바랍니다.**

2

사랑 없는
결혼 해방

이혼을 결정하지 못하고 오래도록
남보다 못하게 살다가 이혼했습니다.
그냥 그렇게 쭉 살았다면
더 많은 재산을 뺏겼을 수도 있었다고
생각하니 끔찍합니다.

재산 분할은 이혼 이후의 현실적인 '삶'의 문제와 직결되어, 이혼소송 진행 시 가장 큰 쟁점이고 많은 시간이 할애되기에 흔히 '이혼소송의 꽃'이라고 표현합니다. 특히 재산 분할 기여도는 단순히 결혼 전 보유 재산의 규모와 혼인 기간 중 번 돈만이 아니고, 혼인 기간, 자녀의 수, 이혼 이후 부양의 측면, 이혼 이후 자녀 양육에 관한 사항 등 다양한 사정을 종합적으로 고려하기에, 재산 분할을 해주는 쪽도 받는 쪽도 자기 생각과 다른 결과라 느끼고 어느 정도 억울할 수밖에 없지요. 지금 소개할 사연은 억울한 재산 분할이 싫어 이혼을 피했던 아내가 더 억울한 상황이 발생하기 전에 결단을 내리고 이혼해, 안도하게 된 사연입니다.

아내와 남편은 약 10년 전, 여행지에서 우연히 만나 연락을 주고받다가 교제를 시작했습니다. 정식으로 교제하고 3개월이 채 되지 않아 두 사람에게는 아이가 생겼습니다. 두 사람은 만난 기간이 짧았기에 진지하게 결혼을 고민해 본 적이 없어, 아이를 어떻게 할지 결정을 못 내리고 발만 동동 구르고 있었지요. 그러던 중, 임신 사실을 알게된 아내의 부모님이 두 사람 모두 나이도 찼으니 서둘러 결혼하는 것이 좋겠다는 이야기를 꺼내었습니다. 남편은 사귄 지 3개월 만에 결혼은 너무 성급할 뿐 아니라 현실적으로 결혼할 수 있는 상황이 아니기에 결혼이 망설여진다고 말했지요. 이 이야기를 들은 아내의 부모님은 신혼집은 아내 쪽에서 마련할 테니 걱정하지 말라고 했고요. 결국 부부는 처가 도움을 받아 결혼하게 되었습니다.

아내는 만난 기간이 짧기는 하지만 서로 사랑하는 마음이 있기에 사귀었고 두 사람 사이에 아이도 있으니 행복한 결혼생활을 할 수 있으리라 생각했지만, 아이가 태어난 직후부터 두 사람 사이는 크게 삐걱거렸습니다. 아내도 남편도 아이를 키우기 힘들 때마다 서로를 원망하는 말을 하고, 이로 인해 다툼이 끊이지 않았거든요.

"왜 애를 나 혼자 봐? 당신은 애 아빠 아니야?"

"나도 원치 않은 육아 하느라 힘들다고, 노력하는 거 안 보여? 하, 내가 진짜 어쩌다가."

"뭐? 원치 않은 육아? 내가 억지로 발목 잡고 결혼했어? 우리 엄마 아빠가 집 해준다니까 좋아서 결혼할 땐 언제고? 애를 나 혼자 만들었니?"

사소한 다툼도 모두 서로에 대한 원망과 결혼에 대한 후회로 이어져, 두 사람 사이는 하루가 다르게 나빠졌지요. 하지만 두 사람 모두 태어난 아이를 책임져야 한다는 생각은 같았기에 아이를 생각해서 쉽게 이혼을 선택할 수 없었습니다. 부부로서 역할을 기대할 때마다 다툼이 생기고 아이 앞에서까지 다툼이 이어지기를 반복하자, 두 사람은 결국 서로를 단순 동거인으로 대하며 각자 삶에 크게 관여하지 않고 생활하기로 암묵적인 합의를 했습니다.

남편은 매달 아내에게 아이 양육비와 생활비를 지급하고, 한 집에서 생활하지만 마치 면접 교섭을 하듯 정해진 날에만 아이를 전담하여 돌보았지요. 아이에게 추억을 만들어 주려는 목적으로 한 달에 한두 번 정도만 세 가족이 함께 외출하였고요. 아이가 이상하게 생각할까 걱정되어 명절에만 당일, 혹은 1박 2일의 짧은 일정으로 함께 양가에 방문하였습니다. 양가 부모님조차도 형식적인 부부 관계를 유지하는 두 사람을 그대로 받아들이고, 관계를 회복하게 하는 것을 포기했지요.

남편은 아이가 어려 손이 많이 가는 시기에도 아내와 약속한 날에만 아이를 전담하여 양육하고, 그 외에는 캠핑, 자전거, 낚시 등 본인이 하고 싶은 모든 취미활동을 즐기며 생활했습니다. 남처럼 지내는 생활에 아직 적응하지 못한 시기에는 남편의 이런 모습에 가끔 큰 화가 치밀기도 했지만, 7~8년 동안 동거인처럼 지내다 보니 섭섭한 마음은커녕 아예 주말마다 취미 활동하러 나갔으면 좋겠다는 생각이 들기 시작했지요. 친구들이 "그렇게 살 거면 차라리 이혼하는 게 낫다."고 이야기해도, 이혼하면 아이에게 '이혼 가정에서 자란 불우한 아이'라는 꼬리표가 달릴 것 같아 불안감에 이혼은 절대 할 수 없다고 선을 그었습니다.

그렇게 10년이 흘러 어느덧 아이의 11번째 생일을 앞둔 때였습니다. 아내가 아이에게 이번 생일에는 엄마 아빠랑 어디로 놀러 가고 싶은지 물었는데, 아이는 아내가 상상하지도 못한 말을 했습니다.

"그냥 엄마랑 나랑 둘이 놀고 나서, 나중에 나랑 아빠랑 따로 놀면 안 돼? 엄마 아빠 서로 싫어하는 사이잖아. 나 엄마 아빠랑 같이 가는 거 싫어."

그동안 아내가 아이를 위해 '행복한 가정의 외형'을 유지하려고 노력했지만, 아이는 커가면서 엄마와 아빠는 서로 사랑하는 사이가 아니라는 것도 알고 함께 보내는 시간도 오히려 불편하게 느껴왔습니다. 아이의 대답을 듣고 충격을 받은 아내는 '어차피 아이도 엄마 아빠의 사이가 좋지 않다고 느끼는데 이렇게 억지로 결혼을 유지할 필요가 없겠다'는 생각이 들었고, 이혼이 가능한지, 이혼소송을 하면 어떤 조건으로 이혼하게 될 것인지 상담을 받았습니다. 그런데, 남편이 아내와 결혼할 때 약 2000만 원 정도 혼수를 마련하고, 다달이 아이 양육비와 최소한의 생활비를 지급한 것이 전부였음에도, 아내 명의인 집에 대해 남편의 기여도가 일부 인정되어 아내가 남편에게 재산 분할을 해주어야 한다는 이야기를 듣게 되었습니다.

아내는 결혼하며 부모님이 아내에게 증여해 주신 집이므로 남편은 집에 대한 권한이 조금도 없으리라 생각했는데, 아내가 아파 입원한 시기에도 자기 취미는 실컷 즐기는 등 가정에 대한 책임감 없이 자유롭게 살아온 남편이 아내의 재산까지 분할받는다는 사실에 큰 충격을 받았습니다. 그래서 어차피 지금껏 남처럼 지내왔는데 이제 와 재산을 떼주느니 양육비와 생활비를 받으며 지금처럼 살아야겠다고 다짐했지요. 그런데, 이로부터 6개월이 채 지나지 않아 아내는 우연히 남편이 새벽에 친구와 통화하는 것을 듣게 되었습니다.

"야, 내 인생이 진짜 꿀이라니까!? 나 월급 받는 족족 다 써. 저축을 왜 해. 처가가 진짜 잘살아. 처가가 나랑 무슨 상관이냐고? 얘가 진짜 모르는 소리 하네. 이대로 쭉 살다가 이혼하면 마누라 앞으로 된 재산을 분할받을 수 있어. 지난번에 슬쩍 들어보니까 상가도 하나 증여해 줄 건가 보더라고. 이대로 계속 살면 나 그 상가도 받을 수 있다니까? 마누라가 외동딸이라 더 좋아. 적당히 지금처럼 즐기면서 살다가 이혼해서 돈 받고 그걸로 노후 즐길 거다."

아내가 결혼 생활 10년 동안 이혼·재산 분할에 대해서 한 번도 생각하지 않았던 것과 달리, 남편은 아내에게 생활비와 양육비를 지급하며 부부 생활을 유지하면 아내 재산에 본인의 기여도가 인정되어 재산 분할을 받을 수 있다는 사실과 향후 아내가 받을 재산 역시 결혼 생활을 지속하면 기여도를 인정받을 수 있다는 사실을 사전에 알아보고 이를 위해 결혼을 유지했던 것이었습니다.

아내는 남편의 이야기를 듣고 현재 이 시점에서 이혼하고 재산 분할하는 것이 가장 적은 금액으로 남편을 떼어낼 수 있다는 것을 깨달았습니다. 그리고 곧바로 이혼을 진행했습니다. 남편은 갑자기 왜 이러느냐며 애를 생각해서 어른이 될 때까지만 참고 살자며 아내를 설득하려고 했지요. 아내는 남편의 속내가 훤히 들여다보여 참으로 어처구니가 없었습니다. 그리고 이제야 진짜 마음은 사랑이었는데 표현하지 못했던 것뿐이라는 남편의 절규를 뒤로하고 아내는 이혼했습니다. 아내가 재산 분할에 대해서 제대로 모른 채로 세월을 보냈다면 얼마나 억울한 상황이 펼쳐졌을지, 너무도 끔찍했지요. 아내는 지금이라도 남편을 떼어내서 정말 다행이라 생각하며 아이와 새 출발을 시작했습니다.

양나래 변호사의 **후회 없는 이혼 팁**

TIP 현재 재산을 분할해 주는 것이 억울해서 억지로 결혼 생활을 유지하면, 흘러간 시간만큼 배우자의 기여도가 커져 나중에는 더욱 억울한 상황에 놓일 수 있다는 점을 반드시 기억하세요.

"제가 배우자보다 소득이 두 배는 많았는데, 왜 이렇게 많이 나눠야 하죠?"

"오롯이 저만 경제 활동을 해서 제가 다 벌고 모은 건데, 왜 나눠야 하죠?"

이혼을 앞둔 부부에게 혼인 기간과 생활 양상에 따른 재산 분할을 설명해 드리면 "이럴 줄 알았으면 억지로 버티면서 살지 않고 빨리 이혼했을 텐데요. 남남처럼 살다가 이혼하는 마당에 재산까지 나눠야 한다니 말도 안 돼요!"하고 억울해 하는 분들이 참 많습니다.

그런데, 혼인 기간이 부부 공동재산에 대한 기여도를 결정하는 유일한 요소는 아니지만, **특별한 사정*이 없으면 혼인 기간에 비례하여 부부 공동재산에 대한 양 당사자의 기여도가 커지는 것이 사실입니다. 따라서 만약 '마지못해서' 나 '남보다 못한 사이라고 생각하는데도 불구하고' 계속 결혼 생활을 유지하면, 내가 느끼기에 배우자가 재산 증식에 별로 이바지한 바가 없는 것 같아도 공동생활을 유지하느라 길어진 혼인 기간만큼 배우자의 기여도가 커질 수 있다는 사실을 반드시 참고해야** 합니다.

실제로 부부 사이는 나쁜데 자녀를 위해 억지로 결혼 생활을 유지하다가 뒤늦게 이혼하며 부모에게 상속(또는 증여)받은 재산에 대한 배우자의 기여도가 인정되어 재산 분할을 해줄 수밖에 없는 상황에 처해, 이혼하지 않고 불행한 결혼을 억지로 이어간 것을 후회하는 사례도 많습니다. 그러므로 심사숙고 끝에 이혼하기로 결심했다면 이혼 과정이 다소 불편하고 어려울지라도 미루지 말고 신속하게 진행하여, 현실적인 불이익을 당하지 않아야겠습니다.

---

* 특별한 사정: 당사자가 법률상 혼인 관계를 유지하지만, 서류상 부부 관계를 유지하고 있을 뿐 별거하며 아무 교류도 하지 않고 지내온 경우에는 별거 기간에 일방 배우자가 형성한 재산에 대한 상대방 배우자의 기여도는 인정되지 않습니다.

3

가정 폭력
해방

가정 폭력에서 벗어나는 건
불가능할 줄 알았어요.
이혼하고 나니 드디어
숨통이 트이는 것 같습니다.
저 같은 피해자가 더는 없었으면 좋겠어요.

가정 폭력에 시달리다 어렵게 이혼한 분들은 "진작에 이혼하지, 가정 폭력을 왜 참은 거예요?"라는 말을 들을 때 정말 힘들다고 합니다. 오랜 시간 가정 폭력에 시달린 사람들은 가정 폭력을 참아내며 이혼을 '안' 한 것이 아니라 '못' 하는 상황이었을 가능성이 매우 높습니다. 당장 가정 폭력에서 벗어나고 싶어서 법률 상담도 받아보고 도망갈 준비도 해보지만, 오랫동안 심각한 폭력에 시달려 왔기에 배우자를 자극하면 또다시 끔찍한 폭력을 당하는 것이 아닐까 극도로 두려움이 생겨, 결국에는 포기하는 지경에 이르는 것이지요. 지금 소개할 이야기는 남편이 휘두른 끔찍한 가정 폭력에 시달리며 여러 차례 큰 고비를 넘기고 이혼하게 된 아내의 사연입니다.

아내는 결혼 초부터 남편의 폭력에 시달렸습니다. 남편은 처음에는 폭언으로 시작했지만 이내 욕설까지 퍼붓다가 화가 풀리지 않으면 손에 잡히는 물건을 방바닥에 마구 던지고는 했지요. 남편이 물건 던지는 소리 때문에 아랫집에서 여러 차례 항의를 하자, 남편은 물건을 던지는 대신 체구가 작은 아내를 밀치며 화를 풀기 시작했습니다.

남편이 아내를 밀어 넘어뜨리는 등 직접적인 물리력을 행사한 지 얼마 되지 않았을 때, 남편에게 밀린 아내가 넘어지며 거실 테이블에 가슴팍을 부딪쳐 갈비뼈에 금이 가고 말았습니다. 순간적으로 숨이 쉬어지질 않아 남편과 함께 병원에 간 아내는 다친 경위를 묻는 의료진에게 남편과 다투다가 다쳤다고 이야기할 수 없었습니다. 남편과 몸싸움하며 살고 있다는 것을 누군가에게 말하는 게 왠지 초라하게 느껴졌거든요. 이에 아내는 집에서 혼자 발에 걸려 넘어져 다쳤다고 대답했습니다. 이 사건으로 아내가 다쳐도 별 탈 없이 넘어갈 수 있다는 것을 알게 되어서 그런 걸까요? 그날 이후 남편은 조금만 화가 나거나 아내 말이 거슬리면 아내를 폭행하기 시작했습니다.

처음엔 아내도 남편의 폭행에 맞서 남편 팔을 잡고 늘어지거나 손을 있는 힘껏 깨물며 저항하기도 했습니다. 그런데, 그럴 때마다 남편은 "그래~ 이러면 쌍방 폭행이라서 나는 더욱더 죄 없는 거야."라며 아내를 더욱 심하게 구타했습니다. 그 말에 겁을 먹은 아내는 혹시 자신이 불리한 상황에 놓일지 걱정되어 남편에게 적극적으로 반항할 수도 없었습니다.

아내는 남편과 대화를 통해 부부 관계를 회복해 보려고 노력했지만, 남편은 전혀 변할 기미가 보이지 않았습니다. 이에 아내는 누군가의 도움을 받는 것이 최선이라는 생각에 남편이 또다시 폭행을 시작하자 곧바로 112로 전화를 걸어 긴급 신고를 했습니다. 그 모습을 본 남편은 "야, 네가 신고해 봤자 아무 소용 없어. 내 친구 중에 경찰 있는 거 모르냐? 내가 부탁하면 그동안 네가 나 폭행한 걸로 신고해서 무고죄랑 폭행으로 감방 가."라고 이야기했습니다. 실제로 남편의 절친 중에는 경찰이 있었고, 평소 남편은 아내에게 "내가 마음만 먹으면 뭐든 하는 사람이다."라는 말을 자주 했기에 아내는 남편의 말을 곧이곧대로 믿을 수밖에 없었지요. 이날 신고를 받고 출동한 경찰이 아내에게 무슨 일인지, 남편에게 폭행당한 것이 맞는지 물었는데, 결국 아내는 단순 부부싸움이고 폭행은 없었지만 남편의 버릇을 고치려고 신고했다고 대답하고 말았습니다.

아내가 남편 말을 그대로 믿고 폭행에 별달리 조처하지 못한다는 걸 알게 된 이후, 남편의 폭언과 폭행은 갈수록 그 정도가 심해졌습니다. 남편이 폭행한 다음 날 우연히 만난 옆집 아주머니가 "괜한 참견일지 모르지만, 맞는 소리가 들릴 때마다 뭔가 사달이 날 것 같아 걱정돼서 잠을 못 자겠어요. 빨리 경찰에 신고하고 이혼하는 게 어때요?"라고 권유하기까지 했지요. 옆집에서조차 안위를 걱정하는 상황이 되자 아내는 이번에는 정말로 남편한테서 벗어나겠다는 강한 의지로 변호사와 상담했습니다. 아내는 상담하면서 남편이 그간 했던 각종 위협성 발언(너는 아무것도 할 수 없다. 쌍방 폭행으로 널 감방에 넣겠다 등)은 사실이 아닐뿐더러, 남편의 상습 폭행 및 상해는 당연히 형사 고소할 수 있고, 경찰 지인이 있다고 해서 남편이 처벌을 피하는 것은 불가능하다는 사실도 확인했습니다.

상담한 이후 아내는 남편에게 이혼하자고 했습니다. 이렇게 폭행당하면서 살 수 없고, 한 번만 더 때리면 예전에 때린 것까지 모두 고소하겠다고, 변호사와도 상담했다고 이야기했지요. 앞으로는 친정에 가서 지내겠다고도 이야기했습니다. 그러자 남편은 무섭게 돌변했습니다.

"너, 내가 마음만 먹으면 뭐든 할 수 있다는 거 잊었어? 어디 이상한 데서 상담하고 와서 미쳤구나? 이혼 절대 안 해. 너 친정 가면 너희 부모도 네 꼴 날 줄 알아. 노인네들 고생시키고 싶으면 그렇게 하라고, 알았어?"

남편은 위협의 대상을 처가로 바꾸었는데, 그동안 남편에게 끔찍하게 폭행당한 아내는 남편이라면 조금도 망설이지 않고 부모님도 폭행할 것이고, 덩치가 큰 남편이 폭행하면 연로하신 부모님도 아내와 마찬가지로 폭행에서 벗어날 수 없으리라 확신했지요. 아내는 자신 때문에 부모님마저 위험한 상황에 놓이게 할 수 없다고 생각해, 결국 이혼을 포기했습니다. 남편에게서 벗어날 수도, 이혼할 수도 없다는 생각이 들자 아내는 너무나 절망스러워 삶을 포기한 듯 생활했습니다. 유일하게 아내의 상황을 아는 사람은 옆집 아주머니로, 오며 가며 아내를 만날 때마다 무슨 일이 있으면 꼭 이야기해라, 경찰에 대신 신고해 줄 수도 있다며 당부와 위로를 해주었지요.

아내의 머릿속에 모든 걸 내려놓고 싶다는 생각만이 가득 찼을 때, 남편은 또 술에 취해 아내를 때리기 시작했습니다. 순간 아내는 이렇게 두려움에 떨며 살 바에 어떻게 해서든 이 상황을 끝내고 말겠다고 생각하고 식탁 의자를 휘두르며 남편에게 달려들었습니다. 아내가 할 수 있는 최후의 발악 같은 것이었지요. 그 모습을 본 남편은 주방에서 칼을 들고 와 아내에게 휘두르기 시작했습니다. 남편은 오늘이 네가 죽는 날이라며 눈이 뒤집혀 무섭게 몰아쳤습니다. 아내는 남편에게서 살기를 느끼자 살려달라고 소리를 지르며 집 밖으로 뛰쳐나왔습니다. 남편은 칼을 든 채로 아내를 쫓아갔고요. 그런데, 그 순간 기적적으로 경찰이 왔고 남편은 경찰에게 칼을 빼앗기고 제압당했습니다.

알고 보니 아내가 평소와 달리 절박하게 살려달라고 소리 지르는 것을 옆집 아주머니가 듣고 경찰에 신고해 출동한 것이었습니다. 남편은 곧바로 유치장에 수감되었고, 아내는 보호 센터에 들어가 남편과 격리되었습니다. 조사가 시작되자 옆집 아주머니는 참고인으로 아내가 장기간 폭행에 시달렸다는 사실을 모두 진술해 주었고요. 아내는 남편과 격리되어 생활하면서 이혼소송을 진행할 수 있었습니다. 경찰서에서 연결해 준 센터에서 심리상담도 받았고요. 아내는 용기 내 한 발짝만 밖으로 나서면 고통에서 해방될 수 있었는데 오랫동안 반복된 폭행과 위협 때문에 한 발만 내디디면 벼랑 끝으로 떨어진다고 생각했다며, 할 수만 있다면 남편의 기억을 전부 지워버리고 싶다고 했습니다. 덧붙여, 자신처럼 가정 폭력에 시달리는 분들은 겁먹지 말고 뛰쳐나와 도움을 요청했으면 좋겠다는 이야기도 전했고요.

양나래 변호사의 **후회 없는 이혼 팁**

TIP **가정 폭력, 벗어날 수 있습니다.**

가정 폭력은 말 그대로 한 공간에서 생활하는 가족에게 폭언·폭행 등을 당하는 것이기에, 신고하더라도 가해자의 영향력에서 벗어나기란 불가능하다고 생각하기 쉬워 신고도 포기하는 경우가 있습니다. 하지만 「가정 폭력 범죄의 처벌 등에 관한 특례법」(이하, '가정폭력처벌법'이라 한다)에 따라 가정 폭력 범죄의 피해자는 신변을 보호받으며, 피해자를 구제하는 법률적 조치가 있으므로 가정 폭력을 당하면 주저하지 말고 신고 등 절차를 진행해야 합니다.

① **배우자에게 가정 폭력 범죄를 당하면 곧바로 112로 전화 걸어 긴급 신고해야 합니다.** 만약, 가해자의 억압 등으로 신고를 할 수 없는 상황이라면, 주변 이웃들에게 도움을 요청하는 소리가 들리면 경찰에 대신 신고해 달라고 부탁해 놓는 것도 좋은 방법입니다.

② 피해자는 가정 폭력이 재발할 우려나 보복으로 신변에 위협이 있으리라 의심되는 경우 **경찰에 '임시 조치'를 요청할 수 있습니다.** 경찰의 요청을 받은 검사가 법원에 **가해자가 피해자의 주거에서 퇴거하는 등의 격리, 피해자 100m 이내 접근 금지, 전화·문자·이메일 등 전기 통신을 이용한 접근 금지 등 임시 조치를 청구**하면, 법원이 요건 검토 후 임시 조치 명령을 내립니다.

그런데, 이 과정들은 절차상 어느 정도 시간이 걸릴 수밖에 없습니다. 따라서 경찰이 출동하여 가정 폭력 가해자와 피해자를 분리하고 가해자에 대한 조사 등의 **응급 조치를 진행했음에도, 가해자가 이전의 범죄 사실 등에 비추어 재발 가능성이 매우 높고 피해자가 심각한 정도로 위협받는 경우**에 피해자는 경찰에 위 과정을 생략하고 곧바로 임시 조처를 할 수 있는 **'긴급 임시 조치'를 진행해 달라고 강력하게 요청해야 합니다.**

③ 만약 가정 폭력 가해자가 **주거에서 퇴거, 접근 금지 등 임시 조치를 위반**하여 가정 폭력 범죄가 재발하거나 혹은 재발 우려가 있는 행동을 했다면 **유치장 또는 구치소 유치와 같은 임시 조치를 청구**할 수 있습니다.

④ 가정 폭력 가해자를 신고한 이후 긴급 피난처가 필요한 경우 **1366(여성 긴급 전화, 24시간 운영)으로 전화를 걸어, 의료·법률 지원 요청과 상담소에서 운영하는 쉼터에 입소를 요청할 수 있습니다.** 상담소에서는 피해자와 상담을 진행한 다음 피해자에게 가장 적합한 쉼터를 연결해 줍니다. 쉼터는 가해자로부터 피해자를 보호하는 것이 주된 목적이므로, 입소 이후 입소자 모두(여러 입소자들이 공동생활을 합니다.)의 안전을 위해 철저하게 보안에 관한 규칙(외박·음주 금지, 휴대전화 사용 금지 등)을 준수해야 합니다. 또한, **자녀와 동반 입소할 수 있는 가족 쉼터도 있습니다.** 자녀가 걱정되어 쉼터 입소를 고민 중이라면 가족 쉼터를 안내받아 자녀와 함께 가정 폭력에서 벗어나 일상으로 회복할 수 있기를 바랍니다.

긴 시간 심사숙고하여 결심한 이혼소송. 이제 변호사에게 소송을 맡기고 결과를 기다리기만 하면 될 줄 알았지만, 생각지도 못한 문제에 직면하여 소송을 포기하고 싶은 순간이 오기도 하지요. 흔히 일어나지만 어디에서도 말해주지는 않는, 소송 외에 발생하는 '진짜' 현실 분쟁을 정리했습니다. 소송 과정과 그 외에 발생할 수 있는 다양한 문제를 미리 알고 단단히 준비하면 어렵게 결심한 이혼 소송을 끝까지 완주하고 반드시 좋은 결실을 볼 수 있을 것입니다.

PART
4

이혼 결심 후
마주치는 '진짜'
이혼의 현실

: 이혼소송 전 꼭 알아야 할 상황

'돈'이 없으면 제대로 싸워보지도 못할 수 있습니다.

○ 변호사님, 배우자 때문에 이혼하는 것도 서러운데 돈이 없으면 제대로 싸워보지도 못하나요? 세상이 어떻게 이렇게 불공평한가요? 전 가정주부였고 남편이 경제권을 가지고 있어서 당장 제 이름으로 된 예금, 적금 하나도 없다고요. 저는 이제 어떻게 해야 하죠?

저에게 이혼소송 상담을 요청하는 분 중 상당수는, 이혼소송을 진행할 계획은 있으나 시간을 두고 무엇을 미리 준비하면 좋을지 상담해서 대비하려는 분들입니다. 상담 과정에서는 배우자의 유책을 입증할 증거가 충분한지, 재산 분할로 받을 수 있으리라 예상하는 금액은 얼마인지, 아이들의 친권 및 양육권 주장이 유리한 상황인지 등 이혼소송에서 주로 다투는 쟁점을 구체적으로 살펴봅니다. 그리고 의뢰인이 따로 질문하지 않으셔도 **제가 꼭 챙겨서 조언하는 부분이 바로 '돈'에 관한 내용입니다.**

배우자와 이혼에 대해 협의는 안했지만 이혼소송으로 다투려는 부분이 위자료에 한정되고, 배우자의 유책을 입증할 증거가 충분한 경우 등 다소 간단하게 진행될 사안이면 변호사를 선임하지 않고 '나홀로 소송'으로 진행할 수 있습니다. 다만, 양육권, 재산 분할 등에 치열한 다툼이 있어 소송 중에 비교적 복잡한 절차를 거치리라 예상되는 상황이라면 변호사의 조력을 받아야만 합니다. 물론 변호사 선임이 법률상 필수 조건은 아니니 변호사 없이 진행할 수도 있지만, 재산 분할은 아주 특별한 사정이 아니면 **판결이 확정된 후에는 다시 다툴 수 없으므로 재산 분할이 주된 쟁점이고 금액이 일정 수준 이상이라 예상한다면 가급적 변호사를 선임하기를 추천합니다.**

변호사를 선임하여 소송을 진행하면 변호사 선임 비용이 발생합니다. 변호사 선임료는 사건의 난이도, 지역, 변호사 사무실 등에 따라 천차만별이기는 하지만 통상 550만~1100만 원 사이에서 정합니다. 또한 성공 보수 약정도 진행할 수 있는데, 보통 소송에서 득한 금액의 3~10% 사이에서 정합니다. 성공 보수는 사건을 모두 마무리하고 난 후에 지급하는 것이기에 소송 초기 단계에서는 지출 비용으로 고려하지 않아도 됩니다. 하지만 **변호사 선임료는 완납한 후에 사건 소송을 진행하는 것이 관행이므로 미리 준비해야 합니다.**

어렵게 변호사 선임 비용을 마련하여 선임 계약을 하고 나면 이제 비용 걱정은 끝일까요? 아닙니다. **변호사 선임 후 필수 비용이 있는데, 바로 '인지대·송달료'입니다.** 간단히 설명하면, 인지대는 '법원의 사무 처리를 위해 법원에 납부하는 돈', 송달료는 '내가 법원에 접수한 소장 등의 서류를 당사자에게 보내는데 드는 우편 비용'입니다. 특히 인지대는 소가(訴價, 내가 상대에게 청구하는 소송목적물의 가액)에 비례해서 책정하기 때문에, 변호사와 상담 후 청구할 금액을 대략 확인하면 인지대도 어느 정도인지 예상이 되니 맞춰서 준비해야 합니다. 변호사를 선임하여 소장 접수를 완료해도 인지대·송달료를 내지 않으면 소를 각하* 당할 수 있으니 유의해야 합니다.

이혼에 들어가는 비용, 이게 끝이 아닙니다. 부부 사이에 다툼이 심해져 이혼에 관한 이야기가 나올 때 부부 중 한 사람이 배우자와 재산을 나누지 않을 심산으로 재산을 처분해 은닉하려는 모습을 보인다면, 이혼소송을 시작하기 전에 지체하지 않고 가압류 등 재산 보전 절차를 진행합니다. 이때도 예상치 못한 비용이 발생합니다. 실무에서는 이혼 말이 나오자마자 본인 명의의 부동산을 처분하는(제3자에게 매도 혹은 다른 가족에게 명의 변경 등) 경우가 많아서, 부동산 가압류를 가장 많이 진행하는데요, 부동산 가압류를 하는 데 변호사 선임료 등이 발생하는 것은 물론이고 **가압류 신청에 인용 결정이 나오면 '보증보험료, 등록세, 등기 수수료' 등의 부대 비용이 발생**하므로 이를 미리 준비해야 합니다. 의뢰인들이 **특히 예상치 못한 큰 금액이 나와 당황하는 것이 등록면허세입니다.** 부동산 등기로 인한 등록면허세 채권액 (청구 금액)의 1000분의 2에 해당하는 금액이 발생** 하고 나중에 회수할 수 없는 돈이므로, 보전 처분을 시작하기 전에 등록세가 어느 정도 나올지 예상 금액을 꼭 확인해야 합니다.

참 냉정하고 가혹한 현실입니다만, 이혼소송은 '돈의 싸움'이기도 합니다. 그래도 내가 그 비용 지출을 감내하고 소송을 하기로 했다면, 그리고 그 비용 지출이 피할 수 없는 필수라면 비용이 어느 정도나 들지 예측하고 대비하여 돈 때문에 정당한 권리를 행사하지 못하는 일은 없도록 해야겠습니다.

---

* 각하: 소송이 형식적인 요건을 갖추지 못한 경우, 부적법한 것으로 보아 내용에 대한 판단 없이 소송을 종료시키는 것을 말합니다.

** 1000분의 2에 해당하는 금액이 발생: 2023. 11. 기준. 가령 재산 분할로 10억 원을 청구하면서 이를 보전하기 위해 가압류한다면, 등록면허세는 200만 원 가량이 발생합니다.

02 소송을 끝까지 마무리하는 것을
포기하고 싶은 순간이 올 수도 있습니다.

○ 변호사님, 사람이 이렇게까지 치졸하고 옹졸해질 수 있나요? 그 사람은 소장을
받자마자 생활비용 신용카드를 전부 정지해 놓고, 아이 양육에 필요한 최소한의
양육비도 보내지 않습니다. 애가 아파서 병원에 가야 한대도 이혼 소장 보내고
무슨 돈타령이냐며 들은 척도 안 하네요. 이럴 수가 있나요?

보통 결혼 전에는 몰랐던 배우자의 어떤 모습이나 행동 때문에 갈등이
심해지다 이혼을 결심하게 되는데요, 이혼을 진행하면 또 그전에 몰랐던 배
우자의 나쁜 점(?)을 새록새록 알게 되어 이혼을 결심한 자신을 칭찬하게
되는 아이러니한 상황이 생기곤 합니다.

제가 이혼 사건을 진행하면서 참 많이 목격하면서도 '최악'으로 꼽는 것
이 바로 '소송 진행과 동시에 모든 경제적 지원을 차단'하는 것인데요. 이런
상황은 주로 남편이 외벌이로 경제 활동을 하고, 아내는 오롯이 아이 양육
에 전담하는 경우에 발생합니다.

"내가 쓸 돈 달라는 게 아니잖아. 우리 애한테 들어가는 최소한의 양육비

는 줘야지. 법률상, 이혼해도 양육비는 주게 되어 있어. 변호사님한테 물어봤다고! 그러니까 빨리 돈 줘! 애 데리고 병원 가야 돼!"

"어~. 그래, 나도 알아. 그럼 법원에서 판결 나면 그때부터 돈 주면 될 거 아니야. 그러게 왜 이혼소송을 하고 그래? 돈도 없으면 그냥 곱게 내가 하라는 대로 했어야지. 내가 지금 너 때문에 소송당해서 법원에 다녀야겠냐? 어? 그렇게 자신 있어서 소송했으면 혼자 알아서 애 키워!"

소송 중에 양육비를 받는 방법이 아예 없는 것은 아닙니다. 소송 중에도 '사전 처분'을 신청하여 임시 양육자로 지정받고 상대에게 양육비를 받을 수 있지요. 그런데 사전 처분을 신청하더라도 심문 기일이 지정되고 결정이 나올 때까지 시일이 상당히 오래 걸립니다. (이혼소송 중에 판사가 직권으로 사전 처분을 내리는 경우도 있지만, 이것도 소송이 본격적으로 진행된 후에 이뤄지기 때문에 오래 걸립니다.) 또, 오랜기간 기다려 사전 처분 결정을 받아도 배우자를 압박하기 위해 '안 주면 기껏해야 과태료 좀 나올 텐데 그거 내고 말지, 너한테는 돈 안 줘!'라는 심보로 양육비를 안 주는 경우가 많아, 꽤 많은 분이 곤란을 겪습니다.

경제력이 있는 배우자가 치졸하고 옹졸하게 최소한의 양육비도 지급하지 않는 이유는, '배우자를 돈으로 압박하여 좀 더 빨리 원하는 대로 이혼하기 위함'입니다. 실제로 외벌이 가장인 남편이 소송 기간 중이지만 양육비를 지급하라고 조언하는 저에게 이렇게 대답하기도 했습니다.

"변호사님, 애한테 좀 미안하긴 하지만 저 아내한테 단돈 100원도 안 줄 겁니다. 저 사람이 나 몰래 적금 든 걸로 변호사 선임은 했을지 몰라도, 그 돈이 전 재산인 거 제가 알거든요. 친정도 어려워서 도와줄 수도 없을 거고요. 이렇게 돈으로 압박하면 애 못 키우겠다고 저한테 넘기겠다고 할 거예요. 그러니 시간 오래 끌어 주세요. 나랑 살 때가 좋았지, 혼자 어떻게 살 수 있다고 저러는지. 쯧. 아내는 좀 당해봐야 해요."

실제로 이러한 상황에 놓인 분 중에는 가족에게 금전 도움을 받을 여력조차 없어 생활고에 시달리다가 판결까지 기다리기를 포기하고 상대방에게 유리한 조건으로 소송을 끝내길 원하는 분도 있습니다. 판결까지 진행하면 절대로 그 조건으로 마무리되지 않으니, 조금만 더 힘내서 판결받자고 권해도 당사자가 현실을 감당할 수 없어 모든 걸 내려놓겠다고 하시면 저도 어찌할 방법이 없지요. 물론, 치졸하고 옹졸한 돈 장난을 이겨내고 소송 과정을 완주하면, 소송 기간에 못 받은 양육비를 과거 양육비로 받고 배우자의 치졸한 행동을 소송 중에 주장하여 우리에게 유리한 방향으로 판결을 받을 수도 있습니다. 그런데, 이는 어디까지나 그런 치졸한 돈 싸움을 견뎠을 때의 결과이므로 이 힘든 과정을 버티지 못하면 나와는 상관없는 '남의 이야기'가 될 뿐이지요.

이렇게 의뢰인이 '법'으로 당장 해결할 수 없는 현실 문제에 부딪혀 소송을 포기하려 할 때, 조금만 힘내서 견디면 반드시 좋은 결과가 있으리라는 응원밖에 할 것이 없다고 느껴지면 마음이 참 많이 아픕니다. 소송을 진행하면서 현실적인 '돈 싸움'으로 힘들어질 수도 있다는 점을 꼭 기억하고, 이혼을 결심하는 동시에 세상에서 홀로서기 할 준비도 해나가기를 바랍니다.

03 한 집에서 생활하며 이혼소송을 진행하는 경우, 크고 작은 다툼이 계속 발생할 수 있습니다.

○ 변호사님, 전 절대로 집에서 나갈 수 없는데 남편도 집에서 나가질 않네요. 이미 남보다 못한 사이인데 한 공간에 있자니 진짜 미칠 지경이에요. 남편을 집에서 나가게 할 수 없나요?

일반적으로 이혼소송을 진행하는 동시에 별거하거나 이전에 별거하다가 이혼소송을 진행하기에, 사실상 부부 공동생활은 이혼 판결보다 좀 더 먼저 정리되고는 합니다. 그런데, ① 공동생활을 하던 주거 공간이 공동명의이고 향후 해당 부동산을 어떤 방식으로 청산할지(일방에게 지분을 이전하고 현금 정산할지 혹은 공동 지분권을 유지할지 등) 다툼이 있어, 양 당사자가 집을 점유하려는 경우, ② 집이 상대방 명의지만 이혼 이후 거주지 변화 없이 자녀 양육을 희망하여 점유하며 소송을 진행하고, 집 명의자도 역시 양육권을 주장하며 점유하는 경우, ③ 경제력이 여의찮아 재산 분할 판결 및 집행이 이루어지기 전까지 별다른 주거지를 구하기가 현실적으로 어려운 때에는 이혼소송을 진행하는 동안에도 공동생활을 유지할 수밖에 없지요.

이혼소송이 진행되는 동안 소송에 관한 모든 것을 변호사에게 위임하고 내 생활에 집중하려고 노력해도, 당사자인 내가 보기에 「오로지 자기 관점에서, 본인이 잘못한 부분은 전혀 언급하지 않을 뿐 아니라 전후 사정에 대한 설명 없이, 자기에게 유리한 대로 이리저리 교묘하게 말을 꾸민 것 같은」 상대방의 서면을 받으면 다시금 화가 치밀어 일상생활에 집중하기가 참 어렵습니다. 그런데, 그 서면을 제출한 장본인과 한 공간에 있다면 어떨까요? 서면 다툼은 자연스럽게 집안까지 이어져, 서로 더욱 힘들어지고 말지요. 이렇듯 공동생활을 유지하면서 소송을 진행할 때는 서면이 접수된 다음 날 집안에서 다툼이 연속으로 발생합니다. 따라서 의뢰인이 폭력 성향이 있는 배우자와 공동생활을 유지하며 이혼소송을 하는 때는 서면 제출에 앞서 안전하게 잠시 다른 곳으로 가 있거나, 집으로 다른 가족을 불러 함께 있기를 권유하기도 합니다.

간혹, 이혼소송보다 더 힘들고 지치게 만드는 '숨 막히는 동거 생활'에서 하루라도 빨리 벗어나고 싶은 마음에 배우자가 집을 비운 사이 짐을 밖에 내놓고 비밀번호를 바꾸어 내쫓는 사례도 있습니다. 하지만 소송에서는 이혼 및 공동 주거지 부분이 명확히 정리되기 전까지 배우자는 공동으로 거주할 권리가 있어, 쫓겨난(?) 배우자가 문을 부수고 집에 들어온다고 해도 주거침입죄가 성립하지 않습니다. 따라서 이조차도 뾰족한 해결책은 아닙니다. (대법원 2021. 9. 9. 선고 2020도6085 전원합의체 판결) **결과적으로는 양쪽 당사자가 집을 점유하려는 의사가 명확하고, 일방 배우자가 가정 폭력을 행사하여 접근 금지 등 잠정 조치를 받은 것이 아니라면, 이 불편한 동거는 소송이 끝날 때까지 지속할 수밖에 없습니다.**

따라서 소송 진행 중 공동생활을 유지하는 때, **특히 미성년 자녀가 있다면** 서면이 오가며 상대방을 향한 감정이 더욱 악화할 수 있다는 점을 충분히 인지해, **집안에서 소송 외 다툼이 없도록 배우자와 생활방식을 사전에 조율하는 등 함께 노력하기를 추천합니다.**

04

내가 내 아이를 데려오는 것도
상황에 따라 '약취유인죄'가 성립합니다.

○ 변호사님. 아내가 애를 안 보여 주길래 너무 답답해서, 아내가 애 데리고 나오기만을 기다렸다가 애를 데리고 왔습니다. 그런데, 제가 미성년자 약취죄를 저지른 거라네요? 내가 내 아들 보겠다는 건데 이게 말이 됩니까?

이혼소송을 고민해 보았다면 인터넷 검색 등을 통해서 "양육권 다툼에서 이기려면 소송 중에 무조건 아이를 데리고 있어야 한다."라는 말을 한 번쯤은 본 적이 있을 텐데요. 이 말은 반은 맞고 반은 틀립니다. 법원은 자녀의 양육을 포함한 친권은 부모의 권리이자 의무로서 미성년인 자의 복지에 직접 영향을 미치므로, 부모가 이혼할 때 부모 중 누구를 미성년인 자의 친권자 또는 양육자로 지정할 것인가를 정함에 **미성년인 자의 성별과 나이, 자녀에 대한 부모의 애정과 양육 의사의 유무는 물론, 양육에 필요한 경제적 능력의 유무, 부 또는 모와 미성년인 자 사이의 친밀도, 미성년인 자의 의사 등 모든 요소를 종합 고려하여 미성년인 자의 성장과 복지에 가장 도움이 되고 적합하다고 판단하는 방향으로 결정합니다.** (대법원 2010. 5. 13. 선고 2009므1458, 1465판결 참조) 간단히 정리하면, 미성년 자녀의 친권자 및 양육권자는 '누가 더 미성년 자녀의 복리 증진에 도움이 되는가'를 절대 기준으로 결정한다는 것이지요.

어린이는 생활환경(거주환경, 어린이집·학교 등 교육환경)이 바뀌면 새 환경에 적응하는 과정에서 혼란이 생겨 정서적으로 불안정해질 위험이 있기에, 재판부는 양측 양육권에 관한 주장을 충분히 검토한 뒤, 기존의 양육환경을 유지하는 것이 자녀의 복리에 더 긍정적인 영향을 주리라 판단하는 경우 소송 기간 중 주 양육자였던 일방을 친권자 및 양육권자로 지정합니다. 하지만, 앞서 살펴보았듯 **'누가 더 자녀의 성장과 복지에 도움이 되는지'가 양육자 결정에 절대 기준으로 적용하기 때문에, 소송 진행 중에 아이를 데리고 있지 않았더라도 자녀와 친밀도, 양육자로서의 적합성, 장래의 양육계획 등을 구체적이고 강력하게 주장하여 친권자 및 양육권자로 지정될 수도 있습니다.** 실제로, 소송 중 자녀의 주 양육자가 아니었지만 자녀의 양육권을 인정받은 사례가 많기도 하고요.

그럼에도, 인터넷에서 얻은 부정확한 정보만 믿고 아이와 떨어져 있으면 양육권을 무조건, 100%! 뺏기리라는 불안감에 **아이가 배우자와 잘 지내는데도 배우자에게 무력을 행사해 아이가 놀라고 따라가기 싫다며 떼쓰는데 강제로 데리고 오면, 미성년자 약취죄가 성립할 수 있습니다.** "내가 아이 엄마인데(혹은 아빠인데) 무슨 미성년자 약취죄냐? 절대 말이 안 된다!"라며 억울함을 호소하기도 합니다. 하지만, 미성년자를 보호할 권리(친권)가 있는 사람이라도 다른 보호자(공동 친권자)의 감호권을 침해하거나 자기 감호권을 남용하여 미성년자의 이익을 침해하는 경우, 미성년자 약취·유인죄가 성립할 수 있다는 것이 우리 법원의 일관된 입장입니다. (대법원 2008. 1. 31. 선고 2007도8011 판결 등 참조) 그러므로, 결코 무리해서(폭력 등 유형력을 행사하거나 가족의 도움을 받아 아이를 탈취하는 등) 자녀를 데려오는 행동은 하면 안 됩니다.

나아가, 이렇게 무리해서 아이를 데려왔는데 형사적으로 문제가 생기면 이런 사정이 양육권자 지정에 부정적인 영향을 미치게 되어, 아이를 데리고 있어도 양육권을 뺏길 가능성이 높다는 점도 유념해야 합니다.

05

이혼소송이 시작되면 부부싸움이 집안 싸움으로 번져, 이 이혼이 어떤지 제대로 판단하기가 어려울 수도 있습니다.

○ 내가 상견례 할 때부터 그 집 부모 본새가 껄쩍지근해 보였다니까!? 당장 이혼
  해! 그리고 절대로 지면 안 되니까 그쪽에서 합의하자고 하면 다 무시하고 끝까
  지 가! 엄마 말 잘 들어. 알겠지?

연차가 아무리 쌓이고 쌓여도, 수없이 많은 사람을 만나고, 셀 수 없이 많
은 사건을 처리해 내도 변함없이 상당한 긴장감이 드는 순간은 바로, '원·피
고 양측 당사자 모든 가족이 함께하는 조정'입니다. 법원에서 조정 절차가 진
행되는 때 원칙상 조정실 안에는 원·피고 당사자와 각 당사자를 대리하는 변
호사만 들어갈 수 있어 가족이 동행해도 조정실 앞 의자에 앉아 당사자들이
나오기만 기다리는 일 외에는 특별하게 할 것이 없습니다. 그렇지만 오가며
마주치는 상대방(사위, 며느리 혹은 그와 동행한 가족)에게 그간 못했던 한
소리라도 하기 위해서 함께 있는 것이지요. 이에 따라 가정법원 복도에서는
가족 간에 다툼이 생겨 서로 소리를 지르고 욕설을 주고받다가, 경위에게 끌
려 나가는 일도 빈번하게 일어납니다. 조정실 안에서 성사되던 합의가 조정
실 밖에서 일어난 가족 간 다툼 때문에 허무하게 엎어지기도 하고요.

결혼은 단순히 개인과 개인이 결합하는 것이 아니라, 가치관과 생활방식이 다른 두 가족이 결합하는 과정이기에 결혼 당사자인 부부 사이가 원만했어도 남편과 아내의 가족, 아내와 남편의 가족, 또는 부부간 상대 가족(사돈지간) 사이에 불화가 생겨 이혼에 이르기도 합니다. 특히 이런 가족 간 불화로 이혼하는 경우 앞서 제가 말씀드린 '모든 가족이 함께하는 조정/소송'이 진행될 가능성이 매우 높지요.

○ 소송을 진행하면서 아내에게 미안한 마음이 커져서 진심으로 사과하고 다시 잘살아 보고 싶거든요. 그런데, 어머니가 소송 과정을 지켜보시더니 아내와 재결합하면 저와 인연을 끊는다고 하시네요. 어떻게 하죠?

○ 저, 사실 애 양육할 자신이 없어요. 그런데 아버지가 애 뺏기면 다 뺏기는 거라고 애는 무조건 데려오라고 해서 어쩔 수 없이 데려왔는데, 번복할 수 없나요?

○ 이혼하고 애가 엄마랑 지내는데, 집이 불안하면 안 되잖아요. 그래서 우리 애 생각해서 재산 분할을 양보하겠다고 했죠. 근데 부모님이 그 집에서 결혼할 때 해 온 것도 없는데 누구 마음대로 우리가 준 돈을 양보했느냐고 화가 많이 나셨어요. 수개월째 대화 단절 상태입니다.

위에 나열한 것들은 모두 실제 있었던 사례인데요. 소송에 가족이 너무 깊게 관여한 나머지 주객이 전도되면, 내 인생에 큰 영향을 미치는 나의 일인데도 가족 눈치를 보느라 내가 원치 않는 방향으로 결정을 내리고 시간이 흐른 뒤에는 가족을 원망하는 안타까운 상황에 놓일 수 있습니다. 따라서, **가족의 응원과 지지를 받아 이혼소송을 진행하더라도 소송의 당사자는 나이고, 모든 결정에 따른 책임은 오롯이 내 몫이니 단단히 중심을 잡는 것이 중요하다는 점, 잊지 말아야 합니다.**

06 이혼소송, 아무도 모르게 조용히(?) 진행하지 못하는 경우도 있습니다.

○ 변호사님, 아무리 이혼하는 마당이라지만 제가 이혼소송하는 걸 그런 식으로 회사에 알려야만 속이 시원한 걸까요? 저, 정말 얼굴을 들고 다닐 수가 없어요!

가장 친한 친구, 또는 사랑하는 가족이 결혼 생활이 참을 수 없이 고통스러운데도 '내가 이혼소송을 진행한다는 사실을 주변에서 알면 혹시 나를 흠 있는 사람이라 생각하지는 않을까?' '늘 행복하게 잘 사는 모습만 보이고 싶었는데 다른 이들이 내 행복이 가짜였다고 생각하지는 않을까.'라는 남의 시선이 두려워 이혼을 주저한다면, "요즘 이혼이 무슨 흠이라고 다른 사람을 신경 써? 가장 중요한 건 너야. 너만 생각해. 이혼하고 잘 사는 게 오히려 현명한 거야!"라고 애정 가득 담은 조언을 해주실 텐데요.

평소 이혼은 손가락질받을 일도, 흠도 아니라고 생각해 온 사람도 막상 나의 일이 되면 '그래도 아직은 사회 시선이 곱지 않지, 아예 흠이 아닌 건 또 아닐 거야.' 하고 주변을 신경 쓰고 두려워하지요. 그래서인지 소송을 본격적으로 진행하기 전, "변호사님, 저 소송 끝나고 마음 정리가 다 될 때까지는 주변에 이혼 사실을 알리고 싶지 않은데, 혹시 이혼소송이 진행되는 걸 다른 사람이 알 수도 있나요?"라는 질문을 많이 합니다.

변호사를 선임해서 이혼소송 절차를 진행하면 소송 관련 모든 서류(변론 기일통지서 등 법원에서 송달하는 서류 및 상대방이 제출하는 서류와 증거 등 일체)는 법원에서 변호사에게 송달합니다. 또한 가사 조사·부부 상담 등 조정 조치 절차나 조정 기일을 제외한 변론 기일 등 소송 절차는 법원에 변호사가 단독 출석해도 진행할 수 있기에, 당사자가 직접 알리지 않는 한 주변에서 소송 진행 사실을 알기 어렵습니다.(조정 기일에는 당사자 출석이 의무는 아니지만, 원만한 합의를 위하여 가급적 변호사와 함께 출석하는 것을 추천합니다.)

그런데, 만약 소송에서 재산 분할과 양육비를 다투고 있고 상대방은 내 급여와 예상 퇴직금 등을 잘 모르는 경우, 상대방이 내가 재직하는 회사에 **① 예상 퇴직금·퇴직연금* 등의 조회를 요청하는 사실 조회 신청, ② 소득** 을 정확히 확인할 급여 자료를 요청하는 사실 조회 신청을 진행하게 되는데 요, 법원이 이 신청을 채택하여 사실 조회서를 보내면 해당 서류를 수령한 회 사에서는 자연스럽게 당사자의 이혼소송 진행 사실을 알게 됩니다.** 상대방

---

* 예상 퇴직금 · 퇴직연금: 퇴직 급여는 이혼 당시 부부 일방이 아직 재직 중이어서 실제 받지 않았더라도 이혼소송의 사실심 변론 종결 시점에 잠재적으로 존재한다고 봅니다. 따라서 경제적 가치의 현실적 평가가 가능한 재산인 퇴직 급여채권은 재산 분할의 대상에 포함할 수 있습니다. 구체적으로는 이혼소송의 사실심 변론 종결 시점에 퇴직할 경우 수령할 수 있으리라 예상되는 퇴직 급여 상당액의 채권이 그 대상입니다.(대법원 2014.7.16.선고 2013므2250 전원합의체 판결 참조)

** 소득: 자녀의 양육비는 가정법원에서 제공하는 양육비 산정 기준표에 따라 자녀 나이와 부모 합산 소득의 교차점으로 정해지기에, 배우자의 정확한 소득을 아는 것은 양육비 청구를 위한 필수적인 과정입니다.

이야 소송에 필요한 정보를 얻으러 적법한 절차를 진행한 것이지만, 회사에 소송 진행 사실을 알고 싶지 않았던 당사자는 잔인하게 회사에 이혼소송 사실을 알렸다며 속상할 수밖에 없고요.

이렇게 소송이 진행되면 양쪽 당사자가 소송에 필요한 정보를 얻기 위해 금융거래정보 제출 명령, 사실 조회 신청, 문서 제출 명령 등을 다방면으로 활용할 수 있습니다. **만약 누군가 나의 소송 진행 사실을 간접적으로라도 알기를 극도로 꺼린다면, 소송에 필요한 자료들을 임의 제출하여 상대방이 각종 조회를 하지 않게 하고 불필요한 감정 소모를 막을 수 있습니다.** 상대방이 각종 조회를 통해 쉽게 확인할 수 있는 정보는 원만한 합의 시도와 소송을 신속히 신행하기 위해서도 자발적으로 임의 제출하는 것이 좋습니다.

07 소송은 양쪽 당사자가 법원을 통해 진행하는 과정이기에, 나 혼자 아무리 서둘러도 소송을 빨리 끝낼 수 없습니다.

○ 변론 기일을 또 진행한다고요? 저는 이미 증거도 다 냈고 더 할 것도 없는데 왜 또 잡히죠? 이 지긋지긋한 소송, 제발 빨리 좀 끝내고 싶어요.

　의뢰인들이 상담하면서 이혼소송 기간이 어느 정도 걸리는지도 많이 궁금해합니다. **이혼소송은 통상, 소장 접수 후 판결 선고 기일까지 1년 정도는 걸린다고 안내**하고 있지만, 부부 상담·가사 조사 등의 조정 조치 절차 및 분할 대상 재산 가액 확정을 위해 각종 감정, 금융거래정보 조회 등의 절차를 모두 진행하는 경우, 1심 사건이 2년 넘게 진행되는 예도 있습니다. 참 길고 긴 싸움이지요. 그런데 2년 동안 질리도록 다투어 어렵사리 1심 판결을 받아도, 한쪽이라도 판결에 불복하여 항소하면 다시 한 번 그 긴 싸움이 시작되기도 합니다. (통상 2심인 항소심은 1심보다는 빨리 종결되는 경향이긴 합니다.)

　이혼소송, 왜 이렇게 시간이 오래 걸리는 것일까요? 우선 이혼소송은 양쪽 당사자가 각자의 입장을 주장·증명하고 법원의 판단을 받는 절차이기에 **양 당사자가 동등하게 변론할 기회(각종 증거 신청의 기회 등)를 얻습니다.** 또한, 재산 분할에 관해서는 법원이 직권으로 사실을 조사하고 필요한 증거를 조사할 수 있는 직권탐지주의에 따르고 있습니다. 따라서 **법원이 양쪽의 주장 및 증거를 검토한 뒤 입증 자료가 충분하지 않다고 판단할 경우 양쪽 당사자에게 추가 입증을 촉구할 수 있어 시간이 더 오래 걸릴 수 있습니다.**

조금 더 구체적으로 살펴볼까요?

○ 배우자의 3년분(일반적으로 현재부터 과거 3년간 조회를 허가합니다.) 금융 거래 내용을 조회하기 위해 법원에 금융거래정보 제출 명령을 신청하면, 법원에서 직접 금융 자료를 조회하지는 않습니다. 법원이 당사자의 신청을 채택하여 금융기관에 제출 명령을 보내고 ▷ 금융기관이 이를 확인하여 조회한 내용을 법원에 회신한 뒤 ▷ 법원에서 이를 스캔해서 전자소송에 업로드해야 비로소 당사자가 확인할 수 있지요. 이 과정이 통상 1~2개월 걸립니다. 요청한 금융기관에서 모두 회신이 와야 재산 목록을 확정할 수 있기에, 한 기관에서라도 회신이 늦게 오면 상대방이 자발적으로 금융 자료를 제출하거나 내가 그 재산의 조회를 포기하지 않는 이상 회신이 올 때까지 소송 절차가 지연될 수밖에 없습니다.

○ 소송을 신속히 진행하기 위해 소송 초반에 상대방의 재산을 모두 조회했더라도, 상대방이 초반에 대응하지 않아(변호사를 선임했으나 변호사가 위임장만 제출하고 소송 내용에 구체적인 답변을 하지 않는 경우 등) **내가 모든 조회를 완료한 후에 상대방이 각종 조회를 신청한다면, 상대가 회신**

내역을 확인하고 재산 목록 작성 및 재산에 대해 충분한 주장을 할 때까지 기다려야 합니다. 따라서 우리가 아무리 부지런히 진행한다 해도 상대방 때문에 소송이 지연될 수 있습니다.

○ 소송의 양쪽 당사자가 추가로 주장·입증할 것이 없다는 의사를 밝혀 변론이 종결되고 판결 선고 기일이 지정되었다 해도, 재판부에서 기록을 검토한 결과 주장에 대한 입증이 부족하다고 느껴지면 변론을 재개해 양쪽 당사자에게 석명 준비 명령*을 보내고 재판부가 의문을 가진 구체적인 사항에 추가 입증을 요구할 수 있습니다.

○ 변론 기일이 지정되었으나 해당 변론 기일에 우리 또는 상대방 변호사의 다른 사건 기일(변론·조정 기일 등)이 이미 정해진 경우에는 **기일 변경 신청이 진행되어 한 달~한 달 반 정도 연기될 수 있습니다.** 기일 변경이 2회만 진행되어도 사건 진행은 3~4개월은 뒤로 밀리는 것이고요.

그렇다면 변호사를 선임하여 소송하는 경우, **사건을 신속히 진행하기 위해 담당 변호사에게 어떤 요청을 하는 것이 좋을까요? 어디서도 말해주지 않는 꿀팁을 소개합니다!**

○ 소송 초반에 조정 등 합의를 우선 전략으로 하는 등의 아주 특수한 경우가 아니면, **소장은 청구 원인을 구체적으로 적어 진행해 달라고 요청하세요.** 1~3장 정도 되는 형식적 소장으로 접수하면, 소장을 받은 상대방이 이혼 청구에 대한 세부적인 내용을 알지 못해 구체적인 대응을 할 수 없고, 무

---

* 석명 준비 명령: 법원이 소송 관계를 명확히 하기 위해서 당사자들에게 설명 또는 증명하거나 의견을 진술할 사항을 지적하여, 변론 기일 이전에 해당 사항들을 서면으로 준비하여 제출할 것을 명하는 것입니다.

익하게 시간이 흘러갑니다. 따라서, 빨리 진행하려면 내가 이혼소송에서 상대방에게 청구하는 사항에 대한 구체적인 이유를 담고 있는 청구원인(위자료 청구의 경우 상대방의 유책 사유, 재산 분할 청구의 경우 향후 재산 분할 진행 방향, 미성년 자녀가 있는 경우 자녀의 친권자 및 양육권자로 누가 지정되는 것이 타당하다고 생각하는지 등)을 처음부터 상세히 작성하여 상대방이 나의 청구 내용을 빠르게 파악하고 대응할 수 있도록 해야 합니다.

○ 내가 소장을 받은 피고여서 답변서를 제출해야 할 때는, **형식적 답변서 말고 구체적인 내용이 담긴 답변서를 제출해 달라고 요청하세요.** 해당 변호사 사무실에서 업무 진행상 반드시 먼저 형식적 답변서를 제출하게 되어 있다고 한다면, **소장에 대한 구체적인 반박 내용이 담긴 준비 서면을 형식적 답변서 제출 이후 2~3주 내에는 제출해 달라고 요청하세요.** 단, 이 경우 구체적인 답변은 소장 내용에 대한 당사자의 의견을 변호사에게 알려 주어야 가능하므로, 소송 당사자도 부지런히 변호사에게 진술서 등을 작성하여 전달해야만 합니다. 변호사 선임 이후 형식적 답변서만 제출하고, 변론 기일이 지정되기 전까지 아무것도 진행하지 않으면서 3~4개월을 허비하다가, **변론 기일 2~3일 전에야 서면을 제출하는 방식으로 소송을 진행한다면 더더욱 재판 진행에 신경을 써달라고 요청해야 합니다!**

○ **소송 초반에 조회를 원하는 상대방 정보(보험사, 증권사, 은행 등)를 정리·전달하고, 빨리 조회해 달라고 요청하세요.** 소송 중·후반부에 이런 정보를 조회하다가 시간을 허비할 수 있어요. 거래 내역 등을 확인하다 보면 필연적으로 추가 조회할 사항이 있으므로, 소송 처음 단계부터 부지런히 절차

를 진행하는 것이 좋습니다.

○ 상대방이 서면을 변론 직전에 제출하는 등의 특별한 사정이 있지 않는 한, **우리의 견해를 밝힌 서면은 지정된 변론 기일의 7~10일 전에 제출해 달라고 요청하세요.** 이는 원활한 재판 진행을 위하여 재판부에서도 권고하는 내용입니다. 다만, 이 경우도 당사자가 소송에 필요한 자료 전달이나 사실 확인에 협조해야 가능하므로, 변호사가 필요한 자료를 요청하면 적극적으로 협조해야 합니다. 간혹 상대방이 우리 서면에 반박할 기회를 주고 싶지 않다며, 변론 기일 1~2일 전에 서면을 제출하고 재판을 종결하고 싶다는 분들이 있습니다. 하지만 서면을 변론 기일 직전에 제출하면, 서면이 상대방에게 송달되지 않거나 송달되어도 당사자의 방어권 보장을 위하여 소송이 속행*될 가능성이 매우 높아서 오히려 소송이 지연될 수도 있습니다.

---

* 속행: 재판이 계속 진행되는 것.

변호사를 만날 기회의 문턱이 많이 낮아졌지만, 막상 상담하려면 두렵고 막막하기도 해 쉽게 결정하지 못하고 시간만 보내는 분들이 많지요. 그런 분들을 위해 준비했습니다. 언제, 누구에게 상담받을지, 상담 시간을 100% 활용하려면 상담 전에 어떤 것을 준비하면 좋을지 명쾌하게 정리했습니다. 법률 상담은 내 상황을 객관적으로 파악하여 현재의 위기를 극복하고 더 나은 미래를 위한 예방책을 세우는 데에 큰 도움이 됩니다. 이혼 상담, 두려워하지 마세요!

PART
5

이혼 상담 절차,
어떻게
진행 되나요?

: 궁금한 Q & 친절한 A

이혼소송 상담은
언제 받아야 할까요?

제가 책을 써야겠다고 마음먹게 된 가장 큰 계기는 바로 "이혼소송 상담은 어느 시점에 받아야 할까요?"라는 질문 때문입니다. 예전에 비하면 변호사 수가 훨씬 많아져 변호사를 만날 수 있는 문턱도 낮아졌습니다. 내가 원하는 분야의 전문 변호사를 거주지 근처에서 쉽게 만날 수 있죠. 그런데도 소송을 할지 말지 아직 결정은 못 했는데 변호사를 만나면 바로 소송을 진행해야만 할 것 같아 부담스럽다거나, 변호사는 어쩐지 딱딱하고 냉철할 거라는 이미지 때문에 내 상황을 편히 얘기하기에는 덜컥 겁이 난다는 분도 많았습니다. 이렇다 보니 법률적으로 궁금한 것이 많은데도 변호사에게 연락하는 대신, 인터넷 검색으로 얕은 정보를 접하거나 접근하기 편한 사무장·실장 등 법률 사무소에 근무하는 일반 직원에게 상담받는 분들이 꽤 많지요.

하지만, **내 머릿속에 '이혼'이라는 단어를 떠올렸고 동시에 '어떻게 되는 건지 궁금한데, 상담이라도 한번 받아볼까?'라는 생각이 잠깐이라도 스쳤다 면 망설이지 말고 변호사와 상담해 보는 것이 좋습니다.** 상담을 통해 내 상황을 객관적으로 파악하는 것은 관계 개선을 위해 현실적인 노력을 할 계기가 될 뿐 아니라, 배우자가 나의 노력에도 불구하고 전혀 달라지지 않아 미련 없이 이혼하게 될 때 대비책을 미리 알아 추후 안전하게 이혼소송을 준비하는 데도 도움이 되기 때문이지요. 실제 **저와 상담한 분들은 이후 곧바로 '이혼'을 결정하는 사례보다 상담 내용을 토대로 결혼 생활을 개선하기 위해 마지막으로 한 번 더 노력하는 분들이 훨씬 많습니다.** 또, 상담 시 다양한 이혼 사례를 듣다 보면 '다른 사람도 다 이렇게 사는구나, 내가 지금 당장 소송을 할 만큼 최악은 아니구나, 나만 이렇게 힘들게 사는 줄 알았는데 이런 갈등을 겪는 사람이 많구나.' 등 생각지도 못한 위안을 얻어 마음속 응어리가 풀어지면서 이혼을 재고하기도 하고요.

대부분 이혼은 한 번도 경험해 보지 못했기에, 당연히 이혼 후의 삶을 전혀 예측할 수 없습니다. 이런 예측 불가능성 때문에 이혼에 더욱 거부감이 들고 무섭게 느껴 결혼 생활에 문제가 있다고 생각하면서도 억지로 참고 버티는 것이고요. 하지만 그렇게 상처를 방치한 채 시간이 흐르면, 관계가 곪고 곪아 손쓸 수 없는 지경이 되어 남은 선택지가 오로지 이혼이 되어버리는 상황이 될 수도 있습니다. 그러니, **이혼에 관한 법률 상담은 이혼을 잘하는 방법을 아는 과정이면서, 내게 찾아온 결혼 생활의 위기를 현명하게 헤쳐 나가는 방법을 알아내는 과정이 될 수 있다는 것도 꼭 기억하길 바랍니다.** 머릿속에 이혼이라는 단어가 맴돌기 시작했다면 내가 선택한 결혼 생활에 후회가 남지 않게 편안한 마음으로 상담해 보기를 바랍니다.

상담은 누구에게 어떻게
받아야 할까요?

이혼 상담을 받기로 결심했지만, 주변에 아는 변호사도 없는데 어디로 가서 어떻게 상담할지 막막한 분들에게 누구와 어떤 방법으로 상담해야 하고 유의할 점은 무엇인지 등을 속 시원하게 정리해 드리겠습니다.

1. 누구와?

이혼 상담. 무조건 TV에 출연한 유명한 변호사와 해야만 좋은 걸까요? 아닙니다! 내가 인터넷을 검색해서 찾은 변호사도, 혹은 가까운 법원을 지나다가 발견한 법률사무소의 변호사도 모두 괜찮습니다. 다만, **반드시 이혼 사건을 전문으로 하는 변호사여야 합니다.** 이혼사건은 일반 민사사건, 형사사건과 다른 특수성이 있어 이혼소송을 해 본 경험이 없으면 진행이 원활하지 않거나 실무 경향과 동떨어진 주장을 하여 소송 결과가 아쉬워질 가능성이 있습니다. 따라서, 내가 상담하고 나아가 사건을 맡기려는 변호사가 이혼 사건 전문가인지 확인하는 것은 무엇보다 중요합니다. **대한변호사협회에 가사법 전문 또는 이혼 전문 변호사로 등록되었는지 확인하면 판단에 도움이 됩니다.**

간혹, '우리 사무실 변호사님은 너무 바빠서, 사무장과 상담하고 이후 사건을 진행할 때만 변호사님을 만날 수 있다.'라고 안내하는 곳이 있습니다. 하지만 법률 전문가가 아닌 사람과 상담하면 틀린 정보를 듣고 잘못된 대응을 하게 될 위험이 있으니, **구체적인 법률 상담은 반드시 '처음부터' 법률 전문가인 '변호사'와 해야 합니다.**

2. 어떤 방법으로?

통상적으로 상담은 전화 상담, 방문 상담으로 이뤄지는데 일부 사무실에서는 방문 상담만을 진행하기도 합니다. 보통 상담을 원하는 내용이 단순 비용, 소송 기간이거나 현재 상황이 곧바로 이혼을 진행할 정도로 심각하지는 않지만 갈등이 심화할 경우를 대비하여 사전에 법률적인 쟁점을 간단히 알아두고 싶은 상황이라면 전화로 상담해도 충분합니다. 하지만, 가까운 시일 내에 이혼소송을 진행할 계획이거나 상대의 유책 사유를 입증하려 확보한 증거가 소송 진행에 충분한지 검토가 필요한 경우, 재산 분할이 핵심 내용이 될 것으로 보이는 상황이라면 가능한 방문 상담해 구체적이고 심도 깊게 상담하기를 추천합니다.

3. 상담 전에 유의해야 할 점은?

변호사와 법률 상담을 너무 어려워하지 않고 필요할 때 편안하게 상담하는 것은 맞지만, 그렇다고 해서 '큰 문제는 없지만 궁금하니까 한번 물어나 볼까?'하는 식으로 **너무 가볍게 상담에 임하는 것은 좋지 않습니다.** 간혹 변호사 사무실에 전화를 걸어 "2~3분만 시간 내주세요, 간단한 질문 하나만 하고 싶은데, 빨리 대답해 줄 수 없나요?"라는 분도 있는데, 그런 경우 상담의 질이 현저히 떨어집니다. 변호사는 '유료 법률 서비스'를 제공하는 사람이기에, 현실적으로 단순 문의에 모두 답변할 수 없기도 합니다. **법률 상담은 원칙적으로 '유료'입니다.** 이혼 상담은 혼인의 구체적인 양상에 따라서 같은 질문에도 답변이 완전히 다를 수 있기에, 사실관계를 명확하게 설명하지 않은 채 가볍게 질문하고 답변을 듣는 것은 지양하길 권합니다.

상담은 상담을 원하는 당사자가 직접 해야 합니다. 상담 시간을 내기가 어렵거나 변호사에게 사안을 직접 이야기하는 것이 껄끄러워 부모님이나 형제·자매에게 간략하게 사실관계를 알려주고 대신 법률 상담을 하고 결과를 공유해 달라고 요청하는 분들도 계십니다. 하지만, 최대한 자세히 사실관계를 전달하더라도 사건 당사자가 아닌 이상 세부 내용을 빠짐없이 전달하기는 불가능합니다. 상담하면서 사실관계가 부정확하면 뜬구름 잡기식으로 추상적인 상담만 하게 되므로 '대리 상담'은 피하는 것이 좋습니다. 가족이 상담 내용을 전달하는 과정에서 내용이 와전되어 틀린 정보를 토대로 잘못된 대응을 하는 예도 있고요. __내 몸이 아플 때는 내가 병원에 가서 진료받고 처방받는 것처럼, 법률 상담도 내가 직접 해야만 정확하게 받을 수 있다는 점 잊지 마세요!__

03 변호사 상담 시 준비물은 무엇인가요? 상담 시간 100% 활용법

방문 상담은 보통 1시간 정도 진행합니다. 예약하면 더 할 수도 있지만, 시간당 통상 11~33만 원의 상담 비용이 들기 때문에 원하는 만큼 오래 상담할 수 없는 것이 현실이지요. 미리 준비하지 않고 상담하게 되면 혼인 생활 전반에 걸친 갈등 상황만 하소연하듯 이야기하다가, 정작 변호사에게 질문하려 할 때는 궁금했던 것이 무엇인지 정리되지 않아 시간을 허비하게 되기도 하고요. 따라서 상담 시간을 100% 활용하여 궁금한 사항을 빠짐없이 질문하고 답을 들으려면 상담 전 다음 내용을 정리하여 방문하는 것이 좋습니다.

1. 상담 목적(내가 원하는 사항)을 확실히 하기

상담을 진행하다 보면, 상당수의 내담자는 정해진 시간에 최대한 많은 얘기를 전달하려는 마음이 앞서 정작 **'상담을 통하여 알고 싶은 정보가 무엇인지, 내가 가장 원하는 것이 무엇인지'**는 이야기하지도 못하고 단순 사실관계를 나열하듯 전달하기만 합니다. 이러한 경우, 내담자가 원하는 바를 질문하고 확인하는 데만도 시간이 꽤 오래 걸려, 질문에 대한 답을 자세히 상담하지 못하는 때도 많지요.

따라서 본격적으로 상담하기에 앞서, **이 상담이 필요한 이유가 무엇이고, 무엇을 가장 중점적으로 알고 싶은지 변호사에게 전달할 내용을 미리 명확하게 정리하는 것이 좋습니다.**

- 아직 이혼에 대해서 구체적으로 이야기가 오가지는 않지만, 갈등이 심해져 이혼하게 된다면 양육권은 어떻게 되는지 가장 궁금합니다.
- 이혼을 확실하게 결심해서 전체적인 절차나 내용이 궁금합니다. 제가 아닌 배우자가 유책 배우자가 맞는지, 위자료가 얼마나 나올지 가장 궁금합니다.
- 저는 이혼을 원치 않는데 배우자가 일방적으로 이혼을 요구합니다. 배우자가 OOO을 이야기하는데, 이게 이혼 사유가 되는지 궁금합니다.
- 이혼할 생각은 없지만 배우자의 버릇을 고치고 싶어요. 구체적으로 상담한 내용을 이야기하면서 "이혼하면 현실이 이렇다, 그러니 가정에 충실해."라고 겁주고 싶어요.

2. 상담 전, 나의 결혼 생활을 글로 정리해 보기(큰 갈등 위주로)

이혼 상담은 배우자와의 갈등을 이야기하는 것부터 시작하므로 미리 생각을 정리하지 않으면 어디서부터 어디까지 얘기해야 하는지, 어느 시점부터 갈등을 이야기해야 하는지 혼란스러울 수 있습니다. 따라서, 상담하기 전 ① 배우자의 거짓말 ② 배우자의 폭언·폭행 ③ 고부·장서 갈등(배우자 가족 간의 갈등) ④ 배우자의 불륜 ⑤ 가정에 대한 무관심 및 소홀 등으로 항목을 나누어 시간 순서대로 구체적인 갈등 사항을 정리해 보는 것이 좋습니다. 특히, 증거 검토를 원하는 경우에는 증거를 따로 정리해 상담 자리에서 바로 보여주는 것이 좋습니다.

만약, 상담 **방문하기 전에 시간이 있다면 갈등 사항을 글로 정리해 변호사에게 이메일 등으로 미리 전달하여(증거가 있다면 증거도 함께) 검토 후 상담을 요청하는 것도 아주 좋습니다.**

3. 위자료, 친권·양육권·양육비, 재산 분할 항목별로 궁금한 사항 정리하기

이혼소송은 크게 세 개 항목(위자료, 재산 분할, 친권·양육권)으로 나누어 주장을 펼칩니다. 따라서 항목별로 궁금한 사항을 정리하고, 법률적인 타당성은 차치하고 본인의 우선 순위가 무엇인지, 원하는 소송 결과는 무엇인지부터 정리해 보는 것이 좋습니다. **당사자가 항목별로 원하는 바를 상세히 피력하면 변호사는 현실적으로 실현할 수 있는 주장인지 살펴봅니다. 그리고 만약 현재 상황에서 상대가 수용하기 어려운 주장이라면, 향후 소송을 대비하여 어떤 자료를 어떻게 준비해야 할지 구체적으로 안내를 할 수 있기 때문이지요.**

이혼소송으로 내가 꼭 얻고 싶은 것

☑ 재산 분할 ⇒ 현금을 조금만, 집은 무조건 내 명의로!
☐ 위자료
☑ 친권, 양육권 ⇒ 아이는 무조건 내가! 양육비 상관없음.
◪ 양육비 지급 청구 ⇒ 재산을 많이 분할받으면 양육비 안 받아도 됨.

상담에 대비해 자료를 얼마나 준비하느냐에 따라 상담의 질이 달라집니다. 상술한 내용을 토대로 꼼꼼히 준비하셔서 상담 시간을 100% 활용하길 바랍니다.

04 | 재산 분할에 관한 상담을 받을 땐, 사전 준비가 필수입니다.

상담하기 전에 미리 준비하지 않으면 상담이 의미가 없다시피 되는 부분!
바로 '재산 분할'입니다. 위자료와 친권·양육권은 (시간이 오래 걸리더라도)
변호사가 사실관계를 확인한 뒤 궁금한 사항을 질문하고 답변하는 과정을 거
치면서 내용을 파악하며 상담하지만, 재산 분할은 배우자와 나의 재산 현황,
재산 형성 경위, 결혼 초부터 현재까지 소득 활동 등을 자세히 알아야만 구체
적으로 상담할 수 있습니다. 따라서 이 같은 내용들은 사전에 준비하지 않으
면 변호사 질문에 바로 답변하기가 상당한 어려울 수 있으므로, 재산 분할을
구체적으로 상담하고 싶다면 반드시 아래 내용을 미리 준비해야 합니다.

1. **나와 배우자의 적극재산 정리(언제, 어디서, 어떻게 취득했는지를 명의**
   별로 자세히): ① 부동산(아파트, 토지 등은 정확한 주소와 KB부동산
   사이트에서 확인한 시세) ② 금융 재산(주거래 은행, 보유 중인 보험·
   주식·채권 등의 종류) ③ 동산(자동차, 값나가는 전자기기나 기계, 시계
   등), ④ 사업체(배우자가 개인사업자면 파악 가능한 매출 규모 등)

2. **나와 배우자의 소극재산 정리:** ① 전세 자금 대출, ② 주택담보 대출, ③ 마
   이너스 통장 등 각자 명의의 채무와 각 채무 발생 시기 및 채무 발생 사유

3. 결혼 생활을 시작할 때 나와 배우자가 가지고 온 금액(부모님이 주신 자산도 포함)

4. 혼인 기간 중 나와 배우자의 수입(근로 소득, 투자 수익 등)

재산 분할 대비

1. 남편 주거래 은행 : 신한, 국민은행인 듯(이전에 기업은행 통장도 본 적이 있음.)

2. 현재 집 명의 : 공동명의, 집 주소 (서울시 ○○구...)

3. 집 대출 : 국민은행에 ○○○원 남아 있음. 대출 명의는 남편.

4. 보험 : ○○생명에 종신보험, 연금보험 있음. 결혼 전부터 있던 것.

5. 주식 : 어떤 주식인지는 모르겠으나 주식이 있음. 주식으로 이익을 얻었다고 했음.

6. 결혼 전 자금 : 집 매매할 때 시댁에서 ○○○원 지원해 주셨음. 나는 결혼 전에

　모아 놓은 돈 ○○○원 보탰음.

※ 변호사님에게 궁금한 것 : 재산 분할할 때 돈 대신 집을 선택할 수 있는지 꼭 여쭤보기!

물론, 이혼소송이 진행되면 재산 명시 신청 및 각종 조회 절차를 진행하여 배우자의 세부 자산을 정확하고 상세하게 파악할 수 있습니다. 하지만, 소송 전에 대략적으로나마 배우자 재산을 파악해야 재산분할액을 예측하고, 배우자가 재산을 은닉할 위험이 없는지 분석·검토하여 보전 처분하는 등 소송을 안전하고 신속하게 진행하는 데 큰 도움이 됩니다. 따라서 재산 분할을 상담받기 전, 반드시 꼼꼼히 준비하기를 추천합니다.

05 상담 이후 변호사 선임 결정 시 유의 사항

1. 내가 이혼할지 결정하지 못했는데도, 선임을 강요하는 곳은 피하세요.

단순히 현재 상황을 털어놓고 상담하며 생각을 정리하고자 했을 뿐인데 이런 상황에서 이혼하지 않는다니 말도 안 된다며 지금 당장 소송하라고 부추기거나, 협의이혼을 고려한다고 했음에도 무조건 소송을 권하는 등 분위기에 휩쓸려 선임을 결정하는 것은 좋지 않습니다. 상담한 내용을 토대로 이혼 여부를 충분히 심사숙고한 후에 변호사 선임 및 소송 진행 여부를 결정해야만 소송하는 내내 마음이 흔들리지 않고 좋은 결과를 향해 차근차근 진행할 수 있습니다.

2. 여러 곳에서 상담을 받고 선임을 결정해도 좋습니다.

어떤 분은 냉철하게 사건에 관한 조언만 해주는 변호사를 선호하기도 하고, 또 어떤 분은 나의 정신적인 고통, 감정까지 들어주고 보듬으며 사건을 진행하는 변호사를 선호하기도 합니다. 이혼소송은 한 번 시작하면 1~2년 동안 진행되기에 선임한 변호사가 나와 잘 맞아 그 긴 시간 동안 의지하고 기댈 수 있는 사람인지도 참 중요합니다. 간혹, 변호사의 소송 수행 능력은 별 문제가 없는데도 단순히 성향이 맞지 않다며 소송 중간에 기존 변호사를 사임시키고 새 변호사를 선임하려는 분도 있습니다. 하지만 힘든 소송 도중에 변호사를 다시 찾는 일은 비용도 부담일 뿐 아니라 정신적으로도 힘들 수 있습니다. 따라서, 초기에 다양한 변호사와 상담하면서 나에게 맞는 변호사를 선임하기를 추천합니다.

3. 우리와 함께하면 100% 승소한다며 결과를 보장하는 곳은 피하세요.

이혼소송은 사실 전부 승소, 전부 패소의 개념이 거의 없습니다. 내가 주장하는 부분을 일부 인정받고, 일부는 상대 주장이 인정되는 일부 승소, 일부 패소의 싸움이지요. 그런데 당사자가 매우 간절한 상황이라는 점을 이용해, "이건 소송만 하면 100% 승소다. 질 수가 없다. 상대방은 아무것도 가진 것 없는 빈털터리를 만들 수 있다."라는 식으로 말하며, 당사자를 현혹하는 곳도 있습니다. 물론 경우에 따라, 그 말이 사실일 수도 있지요. 하지만 소송은 결국 양쪽 당사자가 주장하고 판사가 판단하는 것이기에, 당사자 한쪽이 모든 결과를 100% 예측하는 것은 불가능하다고 봄이 합리적입니다. 그러니 무조건 100% 이기게 해주겠다는 말에 마음이 흔들리고 있다면 한 박자 쉬면서 신중하게 선임 여부를 결정하기를 권합니다.

어떤 방법으로 이혼할지 아직 결정하지 못한 분들을 위하여 이혼 방법과 각 방법마다 절차 및 장단점을 한눈에 확인할 수 있게 핵심만 쏙쏙 뽑아 정리했습니다. 나아가, 세 가지 이혼 방법 중 소송을 택한 분들이 복잡하고 어려운 소송 과정에서 어려움을 덜 겪길 바라는 마음으로, 소송 전후 궁금해하는 대표 질문을 추려 쉽게 설명하였습니다. 이를 참고하여 각자 상황에 맞는 최선의 이혼 방법을 선택하고, 새로운 출발을 위한 이혼 절차를 성공적으로 진행하기를 바랍니다.

PART
6

이혼소송 절차,
어떻게
진행 되나요?

: 쉽게 따라가는 단계별 키 포인트

나에게 맞는 이혼 방법은?
협의이혼 vs 이혼소송 vs 이혼 조정

이혼 방법은 협의이혼과 이혼소송이 있고, 이혼 조건(위자료, 양육권, 재산 분할 등)을 다투지 않고 모든 부분을 원만히 합의했다면 협의이혼을, 세부 조건에 다툼이 있으면 이혼소송을 진행한다는 것은 이미 잘 알고 계실 겁니다. 그런데 이 두 가지 외에도 '조정 신청'이라는 방법이 있습니다.

조정은 쉽게 말해 '법원에서 이루어지는 합의' 절차입니다. 한쪽 당사자가 조정을 진행할 목적으로 법원에 조정 신청서를 제출하면, 법원이 상대방에게 신청서를 송달하고 조정 기일을 지정합니다. 조정 기일에는 양쪽 당사자가 직접 출석하거나 선임한 변호사가 대리 출석하여 조정 위원과 함께 이혼의 세부 조건을 조율하게 되지요. 우리나라의 가사소송은 해당 사안을 법원에서 직접 판단하기 전에 조정 절차를 거쳐야 하는 조정전치주의(調停前置主義)를 채택하고 있습니다. 따라서 이혼 소장을 접수하면 판결 전 조정 절차를 거치고, 조정이 결렬되면 다시 변론으로 회부되어 이혼소송을 진행하게 됩니다. 그렇다면 이혼소송에서도 조정을 할 수 있는데, 왜 처음부터 이혼소송을 진행하지 않고 군이 이혼 조정 신청을 하는 것일까요? 그것은 바로 조정 신청만이 가지고 있는 '장점' 때문입니다.

① 조정을 신청하여 이 단계에서 사건이 종결되면 조정 조서(조정한 내용을 담아 작성한 문서)는 판결문과 같은 효력의 '확정력'이 생깁니다. 이는, 당사자가 합의 내용을 이행하지 않으면 합의서를 토대로 소송을 진행하고 판결을 받아야만 압류 등 강제집행을 할 수 있는 협의이혼과는 달리, 조정 조서를 가지고 바로 집행 절차를 진행할 수 있다는 장점이 있지요. 또한 **②** 협의이혼은 반드시 두 당사자가 함께 법원에 출석하여 이혼 신청 및 숙려 기간 이후 의사 확인을 진행해야 하지만, **조정 신청은 변호사를 선임하여 변호사에게 절차 진행에 관한 모든 사항을 위임할 수 있다는 장점도 있고요.**

이혼 조건은 완전히 합의하지 않았으나 그 이견에 차이가 적어, 객관적인 제3자의 조력을 통해 어느 정도 조율될 가능성이 있고, 당사자가 혼인 파탄 사유를 감정적으로 다투고 싶지는 않은 때에는 앞서 살펴본 장점을 활용하기 위하여 조정 신청 절차를 진행합니다.

다만, ① 조정 신청 절차에서는 상대방의 재산을 조회(금융거래정보 제출 명령 신청 등)하기가 어려우므로, 상대방의 재산 목록 등을 확인할 필요가 있다면 처음부터 이혼소송을 진행하여 분할 대상 재산을 확실하게 확정해야 좋습니다. 또한, ② 양 당사자가 양육권을 한 치의 양보 없이 치열하게 다투는 예처럼 합의할 여지가 전혀 없는 경우는 조정 신청을 해도 조정이 결렬되어 다시 재판 절차로 회부되어 시간과 비용을 낭비할 수 있으므로, 그런 경우 역시 곧바로 이혼소송을 진행하시길 추천합니다.

단계별로 보는 이혼 재판 절차

협의이혼

부부 쌍방 이혼 합의
위자료, 재산 분할, 친권 양육권 등 모든 부분에 합의해야 함.

관할 법원 서류 접수
등록 기준지, 또는 주소지를 관할하는 가정법원에 접수. 반드시 부부 쌍방 함께 출석해야 함.

숙려 기간
이혼을 다시 고민해 보는 기간. 미성년 자녀가 없으면 1개월, 미성년 자녀가 있으면 3개월.

조정이혼

조정 신청
1. 부부 중 일방이 법원에 조정 신청서 제출함. 법원이 배우자에게 조정 신청서 송달함.(송달 기간 1~2주)
2. 미성년 자녀가 있으면 조정 신청 후 자녀 양육 안내를 이수해야 함.(온라인 교육 후 소감문 제출)

답변서 제출
1. 소송의 경우, 피고가 답변서를 안 내면 무변론 판결로 피고가 패소. 하지만, 조정 신청의 경우, 재판장이 판결하는 절차가 아니기 때문에 무변론 판결 없음.
2. 미성년 자녀가 있으면 답변서와 함께 자녀 양육 안내를 이수해야 함.(온라인 교육 후 소감문 제출)

조정 기일
1. 일반적인 조정 기일은 1회, 조율할 여지가 있으면 2회까지 진행.
2. 조정 신청 절차에는 가사조사 등을 진행하지 않음.
3. 금융거래정보 제출 명령 신청 등 조회 절차 진행하지 않음.

이혼소송

소장 접수
1. 부부 중 일방이 법원에 이혼 소장 제출함. 법원이 배우자에게 조정 신청서 송달함.(송달 기간 1~2주)
2. 미성년 자녀가 있으면 이혼 소장 접수 후 자녀 양육 안내를 이수해야 함.(온라인 교육 후 소감문 제출)

답변서 제출
1. 소장을 받은 후 답변서를 내지 않는 등 무대응으로 일관하면 원고 청구 사항에 자백한 것으로 보아, 무변론 판결 선고 기일이 지정되어 원고의 청구가 모두 인정될 수 있음. 이혼을 원하든 원치 않는 소장을 받으면 빨리 대응해야 불이익을 피함.
2. 미성년 자녀가 있으면 자녀 양육 안내를 이수해야 함.(온라인 교육 후 소감문 제출)

조정 기일
1. 우리나라는 '조정전치주의'를 택하고 있어, 대부분 변론 기일 전에 조정 기일을 먼저 지정함.
2. 재판부 진행에 따라 변론 기일을 먼저 지정해 사건을 일부 정리한 후, 조정 기일을 지정하는 경우도 있음.

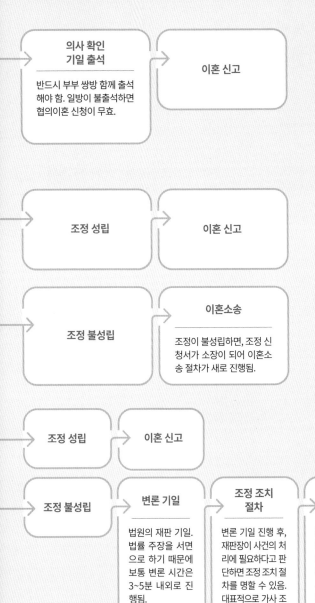

의사 확인 기일 출석

반드시 부부 쌍방 함께 출석해야 함. 일방이 불출석하면 협의이혼 신청이 무효.

이혼 신고

조정 성립

이혼 신고

조정 불성립

이혼소송

조정이 불성립하면, 조정 신청서가 소장이 되어 이혼소송 절차가 새로 진행됨.

조정 성립

이혼 신고

조정 불성립

변론 기일

법원의 재판 기일. 법률 주장을 서면으로 하기 때문에 보통 변론 시간은 3~5분 내외로 진행됨.

조정 조치 절차

변론 기일 진행 후, 재판장이 사건의 처리에 필요하다고 판단하면 조정 조치 절차를 명할 수 있음. 대표적으로 가사 조사, 부부 상담 등이 있음. 법원마다 다르지만 2~3개월 소요.

변론 기일

조정 조치 절차가 마무리되고 조사관 보고서 등이 재판부에 제출되면 다시 변론 기일 지정. 양측 주장 정리 및 재산 조회 등을 하기 위해 변론 기일 3~6회 진행함.

판결 신고

02 이혼방법별 장단점은 무엇일까요?

	협의이혼	조정 신청	이혼소송
이혼까지 걸리는 시간	미성년 자녀가 없는 경우 1개월, 미성년 자녀가 있는 경우 3개월	조정 신청서 접수일부터 3~4개월(평균)	이혼소장 접수일부터 1~2년(평균)
장점	① 혼인 관계를 빨리 정리할 수 있음. ② 당사자 간에 원만히 합의해 이혼하므로, 소모적인 감정 싸움 없이 이혼 가능.	① 변호사가 대리출석 할 수 있어, 당사자가 직접 마주치는 부담이 없음. ② 확정력이 발생하여, 상대방이 조정 조서 내용을 이행하지 않으면 신속하게 집행 절차 진행 가능. ③ 판결과 효력은 같지만, 판결보다 유연하게 당사자의 합의 내용을 구체적이고 세세하게 정할 수 있음.	① 사실 조회, 문서 제출 명령, 금융거래정보 제출 명령 등을 통하여 상대방의 정보를 합법적으로 확보할 수 있음. ② 소송 중에도 조정 기일을 진행할 수 있어, 양쪽 당사자의 주장을 충분히 정리하고 난 후 합의 시도 가능.
단점	① 숙려 기간 이후 한쪽 당사자가 마음이 바뀌어 의사 확인 기일에 출석하지 않으면, 기존에 진행한 합의 절차가 모두 없던 것이 되어 시간낭비가 될 수있음. ② 이혼 이후, 당사자가 합의 내용을 이행하지 않을 시 강제집행을 하려면 별도로 소송을 진행해야 함.	상대방이 조정 기일에 불출석하거나, 조정 의사가 없어 불응할 경우 조정 신청의 실효성이 전혀 없음.	판결 선고까지 시간이 오래 걸림.

03 이혼소송 시작 시,
준비해야 할 자료는?

이혼소송을 하기로 마음먹으면, 생각보다 준비해야 할 자료가 많습니다. 가끔 "변호사를 선임했는데 제가 증거 정리도 해야 한다고요? 변호사님이 알아서 다 해주시는 것 아닌가요?"라고 놀라시는 분들이 계시는데요, 변호사가 한두 번 상담만으로 **당사자가 겪은 모든 일을 정확히 알기 어렵습니다.** **따라서, 당사자에게 사실관계를 구체적으로 정리한 서류와 증거자료를 받아 그 내용에 의존하여 소송을 진행할 수밖에 없지요.** 그러므로, 소송에서 주장해야 하는 내용을 놓치거나 증거가 빠져 불이익을 입지 않도록, 변호사의 무기가 되는 자료들을 꼼꼼히 정리해서 전달하는 것이 중요합니다.

1. 이혼소송 진술서

변호사를 선임하여 사건을 진행할 때 해당 변호사 사무실에서 이혼하고 싶은 이유와 결정적인 이혼 사유를 알아서 작성해 달라고 하면, 어떤 내용을 어떻게 작성할지 막막할 수 있습니다. 내가 미리 꼼꼼하게 정리해 둔 내용을 토대로 구체적인 상담도 하고 소송을 빨리 진행하고 싶다거나, 혹은 변호사 선임 이후 진술서를 작성해 달라는 요청을 받았는데 어떻게 할지 모르겠다면, 다음을 참고하기 바랍니다.

1) 기초 인적 사항

- 성명, 주민등록번호, 결혼식 날짜, 혼인신고일, 별거 여부
  (별거 중이라면 별거 시작 시점)
- 자녀 유무, 자녀의 생년월일 및 성별

2) 결혼 후의 생활(혼인의 파탄 경위 및 사유)

- 혼인 파탄 사유를 기재할 때는 해당 사유가 발생한 시기를 구체적으로 특정하고, 시간 순서대로 써야 합니다.
- ① 배우자의 거짓말
- ② 배우자의 폭언
- ③ 배우자 가족과의 갈등
- ④ 배우자의 불륜
- ⑤ 가정에 대한 무관심 및 소홀함
- ⑥ 경제적 유기(생활비 미지급 등)
- ⑦ 별거 중이라면 별거에 이르게 된 경위
- ⑧ 이혼을 결심하게 된 결정적인 사건

3) 현재의 재산 상황

- **적극재산**(현재 시점 소유한 것을 모두 기재하되, 해당 자산을 언제 어떻게 형성하였는지가 매우 중요하므로 이를 반드시 적습니다.)
- ① 부동산(아파트, 토지 등 정확한 주소)
- ② 금융 재산(예금, 적금, 주식, 펀드, 채권, 코인, 보험 등)
- ③ 동산(자동차, 값나가는 물건)
- ④ 사업체(배우자가 사업체를 운영하는 경우, 운영 형태 및 운영 규모 함께 작성)
- **소극재산**(소극재산 역시 현재 시점 진행 중인 각종 채무를 모두 기재하되, 언제 무슨 이유로 생겼으며 배우자가 아는지까지 구체적으로 서술하는 것이 매

우 중요합니다.)

- ① 주택 관련 채무(전세 자금 대출, 주택담보 대출 등)

- ② 개인 채무(마이너스통장, 신용대출 등)

4) 기타 재산 분할을 위한 내용

① 결혼 당시 가지고 온 나와 배우자의 자산

② 현재 월 수입 / 고정 수입이 없으면 수입이 있던 기간과 그 금액

③ 생활비 지출 형태(맞벌이로 각자 수입을 관리하는지, 배우자에게 생활비를 받는지, 생활비는 얼마를 받으며 부담하는 지출 항목은 무엇인지 등)

5) 자녀의 양육에 관한 사항

① 현재 자녀 양육 상황

② 이혼 이후 양육자가 누구로 지정되기를 희망하는지(상대방이 양육자로 부적합하다고 생각하는 구체적인 사유, 또는 내가 양육자로 적합하다고 생각하는 구체적인 사유 등)

③ 별거하며 양육하고 있는 경우 현재 양육비를 받고 있는지(혹은 지급하고 있는지)

6) 나의 불리한 점

- 당사자가 나의 유책 사유라고 주장할 것으로 예상되는 사건이 있으면 최대한 구체적으로 서술하는 게 좋습니다.

2. 증거자료

증거 없는 주장은 소송에서 아무 힘이 없지요. 그만큼 증거를 수집하고 정리하는 것은 소송에서 가장(!) 중요하다고 해도 과언이 아닙니다.

① 사본 또는 스캔본도 OK!

증거를 정리하여 변호사에게 전달할 때, 서류 등 자료를 반드시 원본(실물) 자료로 전달해야 하는 것은 아닙니다. 가사사건은 전자소송으로 진행하는데 변호사가 원본을 받아도 스캔하여 PDF 파일로 법원에 제출하기 때문에, 분실이나 훼손을 막으려면 원본은 안전하게 집에 보관하고 스캔하여 파일로 변호사에게 전달해도 됩니다.

② 유리한 내용만 담은 녹취록

음성녹음 파일은 그 자체로 증거 제출이 가능하지만, 가급적 녹취록으로 제작하여 제출하는 것이 좋습니다. 단, 녹취록 제작에는 녹음 시간당 비용이 드니, 나에게 유리한 부분을 발췌하여 녹취록을 제작해 비용을 줄이는 것도 괜찮습니다.

③ 꼼꼼하게 정리한 금융 자료

은행 계좌의 거래 내역 등을 증거로 제출할 때는 해당 내역이 어떤 내용인지 증거 자체를 자세히 정리하는 것이 좋습니다. 간혹, 거래 내역을 전부 조회해서 변호사에게 주고 그중 유리한 것만 알아서 법원에 제출해 달라는 분도 계십니다. 하지만 그 양이 너무 방대할 뿐 아니라, 당사자가 아닌 이상 거래 명세 각각을 정확하게 알기 어렵기 때문에, 특히 금융 자료는 당사자가 꼼꼼히 분석하여 전달해야 좋습니다.

④ 날짜가 표시된 대화 내용 캡처

대화(카톡, 라인 등 메신저 및 문자 등) 화면을 캡처하여 대화 내용을 증거로 제출할 때는 대화를 주고받은 날짜가 표시되도록 캡처하는 것이 좋습니다.

3. 이혼소송 필수 구비 서류

① 당사자의 기본증명서(상세), 혼인관계증명서(상세), 가족관계증명서(상세), 주민등록초본(주소 변동 사항 모두 표시), 주민등록등본 각 1통

② 배우자의 기본증명서(상세), 혼인관계증명서(상세), 가족관계증명서(상세), 주민등록초본(주소 변동 사항 모두 표시), 주민등록등본 각 1통

③ 미성년 자녀가 있으면 미성년 자녀(들)마다 각각 기본증명서(상세), 가족관계증명서(상세), 주민등록등본 각 1통(성년과 미성년 자녀 중에는 미성년 자녀만 서류 구비)

04 이혼소송 시작 전, 보전처분 (가압류, 가처분)은 필수일까요?

그동안 부부로 산 시간을 생각하여 서로에게 마지막 예의를 다한다는 의미로 정당하게 소송 절차에 임하면 좋으련만, 씁쓸하게도 재산 분할 몫을 최대한 줄여 배우자에게 재산을 나누지 않거나 최소한만 줄 목적으로 **소송 전에 재산을 처분하고 은닉하려는 경우가 아주 많습니다.** 소송 직전 처분한 재산은 해당 재산이 현존한다고 추정하여 분할 대상에 포함할 수는 있지만, 판결 이후 상대방이 돈을 다 빼돌리고 재산이 없다며 '배 째라'는 식으로 나온다면 판결을 받고도 채권을 회수하지 못할 수 있지요. 따라서, **① 이혼 이야기가 나오기 시작한 후, 배우자가 집을 급매로 내놓는 등 재산 은닉 시도 정황이 있는 경우, ② 배우자가 다른 채권자들에게 채무 상환 압박을 받고 있어 이혼소송이 종결되기 전에 다른 채권자들이 배우자의 재산을 강제집행할 위험이 있다면, 이혼소송에 앞서 가압류·가처분 등 보전처분을 최대한 빨리 진행해야 합니다.**

1. 가압류와 가처분의 차이는 무엇일까요?

가압류는 보호하려는 권리가 '금전채권*'인 경우에, 가처분은 보호하려는 권

---

* 금전채권: 돈을 지급받을 것을 내용으로 하는 채권

리가 부동산 소유권 이전 청구권과 같이 '금전채권 이외의 권리'인 경우에 신청합니다. 일반적으로 이혼소송에서는 분할 대상 재산 목록을 확정하고 기여도에 따라 각자 몫을 산출한 뒤, 자기 몫에서 부족한 부분을 상대방에게 현금으로 받는 **'현금 정산' 방법으로 재산분할청구를 진행하기에, 실무에서는 가처분보다 가압류를 더 많이 진행합니다.**

2. 가압류와 가처분은 신속히 진행하세요.

상대 배우자가 재산을 은닉할 낌새가 있어 가압류, 가처분 등 보전처분**을 진행할 때, 더러 배우자에게 "어디 숨기려면 해봐! 내가 가압류하면 당신 그거 팔지도 못해!"라며 보전처분을 진행할 계획을 밝히는 경우가 있습니다. 하지만 보전처분을 진행하더라도 결과가 하루 만에 나오지 않고, 신청이 인용되어 효력이 발생할 때까지 최소 7~10일이 걸립니다. 법원에서 보전처분 필요성을 추가로 소명할 것을 요구하면 최대 2~3주도 걸릴 수 있습니다. 때문에 보전처분을 진행하리라는 말을 들은 배우자가 그새 재산을 빨리 처분할 경우, 보전처분 신청이 무용해질 수도 있습니다. **보전처분은 상대에게 알리지 말고 최대한 신속히 진행하는 것이 무엇보다 중요합니다.**

3. 배우자의 모든 재산에 가압류가 인정되는 것은 아닙니다.

배우자가 재산을 은닉할 가능성이 높아 내 권리를 보호하기 위해 보전처분이 필요한 상황이라도, 배우자의 모든 재산에 광범위하게 가압류가 되는 것은 아닙니다. 보전처분이 이루어지면 개인의 재산권 행사에 큰 제약이 생

** 보전처분: 권리를 보전하기 위하여 소송의 확정 또는 집행 사이에 법원이 명하는 잠정적인 보호처분

기기 때문에, **원칙적으로 나의 채권액 상당액(재산 분할과 위자료 청구 금액의 합계) 범위에서만 가압류가 인정됩니다.**

4. 가압류 가처분 이후 일정기간 내에 소송을 하지 않으면 효력이 사라집니다.

당장 이혼소송을 진행할 생각은 없으나, 배우자가 재산을 처분·은닉할 것을 염려하여 가압류·가처분을 해놓고 소송을 진행할 수 있느냐는 문의도 많습니다. 우선, 보전처분은 본안 소송을 진행할 것을 전제로 소송 기간 중 채무자의 재산을 묶어놓는 것입니다. 따라서 가압류·가처분 결정 이후, 민사집행법 제287조에 따라 채무자가 채권자에게 시간 끌지 말고 바로 소송을 진행하라는 **'제소명령'을 신청하였음에도 채권자가 일정 기간(통상 2주) 본안 소송을 진행하지 않으면 채무자는 가압류·가처분 취소를 신청할 수 있습니다. 채무자가 제소명령을 신청하지 않아도 민사집행법 제288조 제1항 제3호 및 민사집행법 제301조에 따라 3년간 본안의 소를 제기하지 않으면 채무자가 가압류·가처분 취소를 신청할 수 있고요. 따라서, 막연히 보전처분을 신청했다고 마음 놓기보다는, 보전처분 이후 본안 소송을 진행할 준비를 하는 편이 좋습니다.**

05 변론 기일, 조정 기일은 차이가 무엇인가요? 반드시 출석해야 하나요?

소송을 진행하면서 어떤 때는 '변론 기일 통지서'가, 또 어떤 때는 '조정 기일 통지서'가 송달됩니다. 변론 기일과 조정 기일은 무엇이 다를까요?

변론 기일은 쉽게 말해 '재판하는 날'입니다. 영화, 드라마 등에 자주 등장하는 장면처럼 법정에서 판사, 원고, 피고, 각 당사자의 대리인인 변호사가 변론을 진행하는 날이지요. 의뢰인에게 "변론 기일이 지정되었습니다." 라고 말하면, 대부분 매우 긴장해서 "변호사님, 저도 가야 하는 거죠? 시간은 얼마나 걸리나요? 저에게는 어떤 질문을 하시나요?"라고 묻습니다. 그런데 영화, 드라마와 달리 **실제 변론 기일은 2~3분 내외로 빠르게 진행되며, 판사님이 서면으로 검토하며 궁금했던 것 한두 가지를 간단히 묻고 다음 기일을 지정하면 끝납니다.** 양측에서 변론 기일 전에 서면으로 각자 입장을 충분히 밝히기에, 변론 기일에는 서면 및 증거를 제출했다는 것을 확인한 다음(이를 '서면을 진술한다'고 합니다.) 끝나는 것이 일반적입니다. 따라서, **당사자가 법정에 참석하고 싶지 않으면 변론 기일에는 직접 참석할 필요는 없습니다.**

조정 기일은 '법원에서 합의 절차를 진행하는 날'입니다. 변론 기일에는 보통 10분 간격으로 3~5개 사건을 진행하는 데 반해, 조정 기일은 보통 한 사건을 1시간 간격으로 진행합니다. (길게는 2시간~2시간 반까지 진행하는 때도 있습니다.) **조정은 분쟁을 합리적이고 빨리 해결하려는 시도이므로, 당사자 출석이 의무가 아니기는 하나 되도록 변호사와 함께 동석하기를 추천합니다.** 사전에 우리 측 조건을 당사자와 변호사가 충분히 대화했더라도, 합의는 양쪽 당사자 간에 생각지도 못한 조정안이 나올 수도 있고, 사전에 생각한 조건에 딱 맞지 않더라도 다른 사항을 유리하게 조율한 조정안이 나올 수도 있습니다. 이런 면에서 당사자가 직접 참석해 실시간으로 조건에 대한 의견을 제시하면서 좋은 기회를 잡는 것이 좋습니다.

06 가사 조사는 어떻게 진행되나요?
변호사님이 대신 해주실 수 없나요?

가사 조사는 재판장이 가사조사관에게 구체적인 조사 사항을 위임하여 진행합니다. 당사자의 서면 주장만으로는 타당성 및 혼인 생활의 실체를 파악하기에 부족하여, 혼인 생활 전반에 대한 당사자의 의견을 직접 듣고 나아가 법정에서는 확인할 수 없는 배우자에 대한 태도, 양육 환경 등을 심도 있게 살펴볼 필요가 있다고 판단할 때 시행합니다. 혼인 파탄 사유와 양육권 분쟁을 하는 사건들은 대부분 '가사 조사' 절차를 거칩니다.

가사 조사는 일반적으로 양 당사자가 법원에 직접 출석해 조사관과 면담하는 방법으로 진행되며, 양육권 다툼이 치열할 때는 양육 환경 등을 직접 확인하러 조사관이 당사자 집을 방문하여 조사하기도 합니다. 자녀가 어느 정도 성장하여 자기 의사를 명확히 표현할 수 있는 경우(중학생 이상), 부모의 이혼 및 양육자 지정에 대한 자녀의 의사를 확인하기 위하여 자녀와 전화 조사를 하는 경우도 있고요, 통상적으로 법원 출석 가사 조사는 총 2~3회, 1회당 2시간 내외로 진행됩니다.

조사관이 가사 조사를 마치면 양쪽 당사자와 재판장이 모두 열람할 수 있는 공개 조사 보고서와 재판장만 열람할 수 있는 비공개 의견서를 제출합니다. **가사 조사는 당사자가 직접 출석하여 진술하는 방식이라 변호사를 통해 제출한 서면보다 당사자의 실제 생각, 가치관을 잘 나타내기 때문에 조사 보고서와 비공개 의견서는 재판부의 판단에 큰 영향을 미칠 수밖에 없습니다.** 따라서, 아래 주의 사항을 참고하여 가사 조사에 철저히 대비하기 바랍니다.

1. 절대 감정적으로 답변하면 안 됩니다.

가사 조사는 양 당사자가 법원에 출석해 진행합니다. 조사관이 양 당사자에게 ① 혼인에 이르기까지 경위 및 전반적인 혼인 생활, ② 혼인이 파탄에 이른 경위(배우자의 구체적인 유책 사유), ③ 재산 형성 경위 및 재산 분할에 대한 견해, ④현재 양육 상황과 추후 양육에 관한 의사를 질문하고 양당사자는 질문에 대한 각자 의견을 번갈아 답변하는 방식입니다.

일반적으로 당사자들은 질문에 답변할 때 자기에게 유리한 내용 위주로, 상대방에게 불리한 부분은 더욱 확대하고 과장하여 이야기하는 경향이 있습니다. 가사 조사 결과가 판결에 영향을 미칠 수 있다는 생각에서 비롯된 자연스러운 현상이지요. 그렇다해도 상대 답변에 감정적으로 동요되어 얼토당토않은 말이라며 상대의 말을 끊고, 발언 기회도 얻지 못했는데 감정적으로 반박하는 행동은 절대! 해서는 안 됩니다. **조사 진행 중 상대를 향해 부적절한 언행(상대 말을 끝까지 경청하지 않고, 비난하는 어조로 반박하는 등)을 반복하거나, 흥분해 화를 내면 그 태도가 혼인 파탄의 원인으로 비칠 위험이 있기 때문이지요.**

상대방이 조사 중 사실관계를 부풀리거나 왜곡하거나 거짓말만을 늘어놓더라도, 이후 소송 진행 과정에서 서면으로 주장·증명하지 않는 이상 그 내용이 진실로 인정되어 판결에 영향을 미치지 않습니다. 또, 조사 과정에서 상대방이 부당한 주장을 하여 억울한 마음이 든다면 조사 이후 서면으로 상대 주장 및 태도를 반박할 기회도 있고요. 그러니, **상대방의 진술 하나하나에 감정적으로 흔들리지 말고, 최대한 침착하고 차분하게 '나의 이야기'를 하는 것이 무엇보다 중요하다는 점, 잊지 마세요!**

2. 진술은 가사 조사 전에 제출한 서면들과 일관성이 있어야 합니다.

가사 조사는 조사관의 질문에 내 생각을 있는 그대로 차분하고 편하게 답변하면 되지만, 그 진술은 **조사 이전에 서면으로 밝힌 나의 주장과 일관성이 있어야 합니다.** 가사 조사는 당사자가 직접 진술하기에 서면 진술과 일관성이 있으면 서면 주장에 신빙성을 더할 수 있지만, 반대로 서면 주장과 전혀 다른 진술을 해버리면 가사 조사 이전에 진행한 주장의 신빙성이 떨어져 소송 진행이 다소 까다로워질 수 있기 때문이지요.

따라서, **서면의 주장과 일관성 있게 진술할 수 있도록 조사 기일 전까지 제출된 우리 측 서면과 증거를 꼼꼼히 확인하고 숙지하여 가사 조사에 대비하는 것이 좋습니다.**

3. 메모지 등을 지참하는 것이 가능하나, 모든 진술을 메모에 의존해서는 안 됩니다.

가사 조사를 받으러 법원에 출석해야 한다고 하면, '조사'라는 말 때문인지 마치 경찰 조사처럼 느껴져 대부분은 심적 부담을 많이 느낄 수밖에 없습니다. 게다가 변호사의 조력 없이 혼자 출석해 일관성 있게 답변해야 한다니, 긴장해서 말실수하지 않을까 불안해하고요. 그래서 대답할 내용을 미리 메모해서 가지고 가 답변할 때 그대로 보고 읽어도 되는지 궁금해하는 분들이 많습니다.

예상하지 못한 질문을 받으면 긴장한 탓에 바로 답변이 생각나지 않을 수도 있으므로, 전체적인 답변의 맥락을 확인할 목적으로 메모지를 지참하여 '참고'하는 것은 가능합니다. 하지만, 모든 질문에 메모지를 보고 그대로 읽으면 마치 사전에 각본을 짜고 만든 답변처럼 보여 조사관에게 부정적인 인상을 줄 수 있으므로 추천하지 않습니다. 가사 조사의 질문은 당사자가 직접 겪은 혼인 생활에 관한 내용인데, 모든 내용을 사전에 적어 온 답에 의존하여 그대로 읽는 것은 그 자체로 부자연스럽지요.

07 제가 먼저 소장을 접수하려고 했는데, 배우자가 선수 쳤어요! 제가 피고라니 말도 안 됩니다. 저도 소장 접수하고 싶은데, 못하나요?

혼히 형사재판에서 범죄 혐의로 재판받는 이를 '피고인'이라고 칭해서 그런 기분이 드는 걸까요? 배우자가 나보다 먼저 소장을 접수해 소장을 받은 분들은 본인이 '피고'가 되었다는 사실에 대개 놀라고 분노합니다. '피고' 입장에서 소송이 진행되면 재판부에서 부정적인 예단을 해서 소송에서 불리해지는 것은 아닌지 걱정하기도 하고요. 하지만 **'원고'와 '피고'는 소송에서 각 청구인과 피청구인을 지칭하는 용어일 뿐, '피고'라 지칭한다고 해서 소송상 불리한 지위는 아닙니다.**

다만, **소송이 진행되면 법원의 판단은 원고의 '청구'를 기준으로 진행한다는 점은 유념해야 합니다.** 가령 부부 사이에 다툼이 있었는데, 내 배우자가 먼저 "1) 이혼한다. 2) 위자료로 3000만 원을 지급해라."라고 청구했고, 모든 재산은 배우자의 명의인 상황이라고 가정해 보겠습니다. 소장을 받아 내가 '피고'가 되어, "이혼은 동의하지만, 유책 배우자는 내가 아닌 남편이기 때문에, 도리어 내가 위자료를 받아야 하고 재산 분할도 받아야 한다."라며 소송이 끝날 때까지 배우자의 청구에 항변만 한다면 어떨까요? 판사가 원고·피고의 주장을 살펴본 결과, 피고에게는 유책 사유가 없고 오히려 소를 청구한 원고에게 유책 사유가 있어 보인다는 생각이 들어도 원고가 제기한 위자료 청구를 기각할 뿐, 원고가 피고에게 위자료를 지급하라는 판결은 할 수 없습니다. 또 원고가 피고에게 재산을 분할해 주라고 판단할 수도 없고요. 왜냐하면 이 소송에서 **재판부의 판단 범위는 원고가 '청구'한 건에 한정하는 것이 원칙이기 때문이지요.**

따라서, 위 사안에서 '나도 이혼을 원하지만, 오히려 내가 위자료를 받아야 하며 이혼과 동시에 재산 분할도 받을 권리가 있다.'라고 주장하고, 이를 인정받으려면 배우자에 대한 **'반소 청구'를 진행하여 '반소 원고'로서 배우자에게 이혼에 수반한 각종 청구를 해야 합니다.**

여기서 한 가지 주의할 점이 있습니다. 배우자에게 반소를 청구하는 것은 이혼을 전제로 배우자와 이혼은 받아들이되, 그에 뒤따르는 위자료, 재산 분할, 양육권 관련 문제를 다투려 진행하는 것입니다. 만약 유책 배우자인 상대방이 이혼을 청구했는데 나는 이혼 청구를 기각하고자 하는 입장이라면 반소 청구가 적합하지 않습니다. 따라서, **반소 청구는 내가 원하는 바와 이혼소송을 통해 어떤 것을 주장하여 얻어내고 싶은지 변호사에게 충분히 전달하여 구체적인 법률 상담을 받은 뒤에 결정하는 것이 좋습니다.**

08 이혼소송은 반드시 판결로 끝나는 것 아니었나요? 화해권고결정은 무엇인가요?

이혼소송을 진행하면 모든 소송은 판사가 법정에서 주문(재판서의 결론)을 낭독하는 판결 선고로 끝난다고 생각할 텐데요. 사실 이혼소송은 판결 선고 외에 **'화해권고결정'으로 마무리되기도 합니다.** 민사소송법 제225조는 '법원·수명법관 또는 수탁판사가 소송에 계속 중인 사건에 대하여 직권으로 당사자의 이익, 그 밖의 모든 사정을 참작하여 청구의 취지에 어긋나지 아니하는 범위 안에서 사건의 공평한 해결을 위한 화해권고결정을 할 수 있다.'고 정합니다.

화해권고결정은 쉽게 말해 **재판장이 양측의 주장을 상당 부분 파악한 후, 양쪽 당사자에게 직권으로 정한 합의안(중재안)을 보내는 것입니다.** 판결문에 구체적인 판결 이유(당사자들 주장의 정당성과 부당성에 대해 구체적인 판단)가 기재되는 것과 달리, 화해권고결정에는 재판장이 직권으로 결정한 '결정 사항'만 기재되어 있지요. 통상적으로 원고와 피고가 증거와 함께 각각 주장을 밝히고, 상대 주장을 서면으로 반박하는 과정을 충분히 거치고 각종 사실 조회를 통하여 재산 내용이 상당 부분 정리되어 판결 선고를 앞둔 시점에서 화해권고결정이 내려오고는 합니다. 이는 철저히 재판장의 재량이므로, 모든 소송에서 화해권고결정이 나지 않으며 화해권고결정이 나오는 시점도 제각각 다릅니다.

화해권고결정은 재판부가 '직권'으로 정한 결정을 양쪽 당사자에게 보내는 것이기는 하나, 당사자가 이를 무조건 받아들여야 하는 것은 아닙니다. 양쪽 당사자는 결정문을 송달받고 그 내용을 받아들일 수 없다고 생각한다면, 결정문을 받은 날로부터 2주 이내에 이의 신청하여 그 결정대로 사건이 종결되는 것을 막을 수 있습니다. 다만, 이의 신청은 양쪽 당사자가 모두 할 수 있으므로 나는 화해권고결정에 만족하지만 상대방이 이의를 신청한다면 정해진 소송 절차가 다시 진행됩니다. 변론 기일이 지정되었다면 그대로 진행되고, 선고 기일이 지정되었다면 정해진 선고 기일에 판결이 납니다. **즉, 화해권고결정은 양쪽 당사자가 결정문을 송달받고 양쪽 모두 이의 신청하지 않은 경우에만 확정 판결과 같은 효력이 생기고, 확정 이후 번복할 수 없습니다.**

간혹, 이의 신청을 하고 싶은데 그것이 재판장의 결정에 반기를 든 것으로 보여 판결에 불이익을 받는지 걱정하는 분도 있지만, 합법적인 절차상 권리 행사로 불이익이 발생할 리는 없으니 전혀 걱정할 필요 없습니다.

다만, 화해권고결정은 재판부에서 일정 부분 심증을 형성* 하고 판결을 간소화하며 사건의 빠른 해결을 위하여 보내기도 합니다. 특히, 판결 선고에 앞서 화해권고결정을 보내는 경우가 그렇습니다. 그때는 판결 이유에 구

---

* 화해권고결정은 재판부에서 일정 부분 심증을 형성: 화해권고결정이 반드시 판결과 같은 내용으로 나오지는 않습니다. 양쪽 당사자가 서로 일정 부분 양보하고 타협할 수 있으리라 생각되는 범위 내에서, 사건의 빠르고 원만한 해결을 위해 내리는 판단입니다. 만약 화해권고결정이 판결로 갔을 때 얻을 결과보다 우리가 더 손해 보는 내용이라는 판단이 들고, 판결까지 조금 더 시간이 걸려도 상관없다면, 이의 신청 후 판결받는 것이 좋습니다.

체적인 판단을 기재하지 않게도 할 수 있고**, 소송 비용의 부담을 덜 수 있다는(대부분 화해권고결정은 소송 비용과 조정 비용을 각자 부담하는 내용이 포함) 장점이 있으니, 소송 진행 경과를 보면서 담당 변호사와 충분히 논의한 뒤에 이의 신청 여부를 결정하는 것이 좋습니다.

** 판결 이유에 구체적인 판단을 기재하지 않게도 할 수 있고: 반대로, 판결문에 배우자의 유책 사유가 명확히 기재되기를 원한다면, 배우자에게 위자료를 받는 내용으로 화해권고결정이 나왔다고 하더라도 이의 신청 후 판결문을 받아야 합니다. 간혹 이런 사정을 고려하여 위자료 액수를 좀 더 높게 정하여 화해권고결정이 나오는 경우가 있습니다. 그럴 때는 평균적인 판결보다 위자료가 높다는 점에 만족하여 결정을 받아들일지, 화해권고결정의 내용보다 위자료가 더 낮아지더라도 이의 신청하여 유책 사유가 기재된 판결문을 받을지를 담당 변호사와 깊이 논의해 보셔야 합니다.(이는 상간자소송에서도 같습니다.)

맑고 화창한 날만 계속되면 결국에는 사막이
된다지요. 나에게 찾아오는 궂은 날들은 나의
삶을 더 풍요롭고 행복하게 만들기 위한 여정
중 하나라 믿습니다. 이 책이 궂은날을 보내고
계신 분들에게 잠시나마 쉬어갈 수 있는 쉼터
가 되었길, 여러분의 앞날에 찬란한 행복만이
가득하길 바랍니다.

99